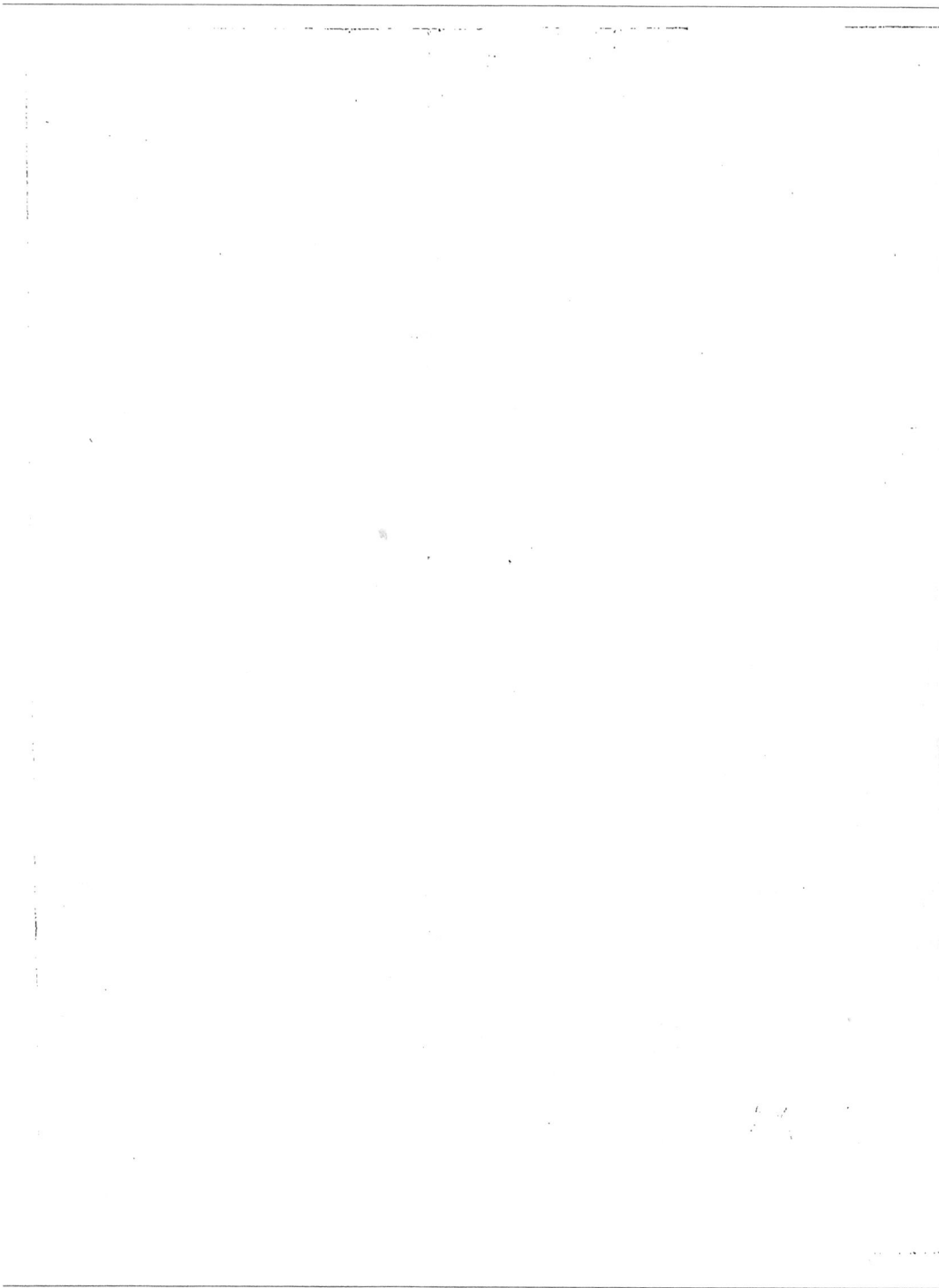

RECUEIL

CHRONOLOGIQUE

DE LOIS

ET ACTES DE L'AUTORITÉ PUBLIQUE.

Dette Publique

A PARIS,

DE L'IMPRIMERIE DU DEPOT DES LOIS.

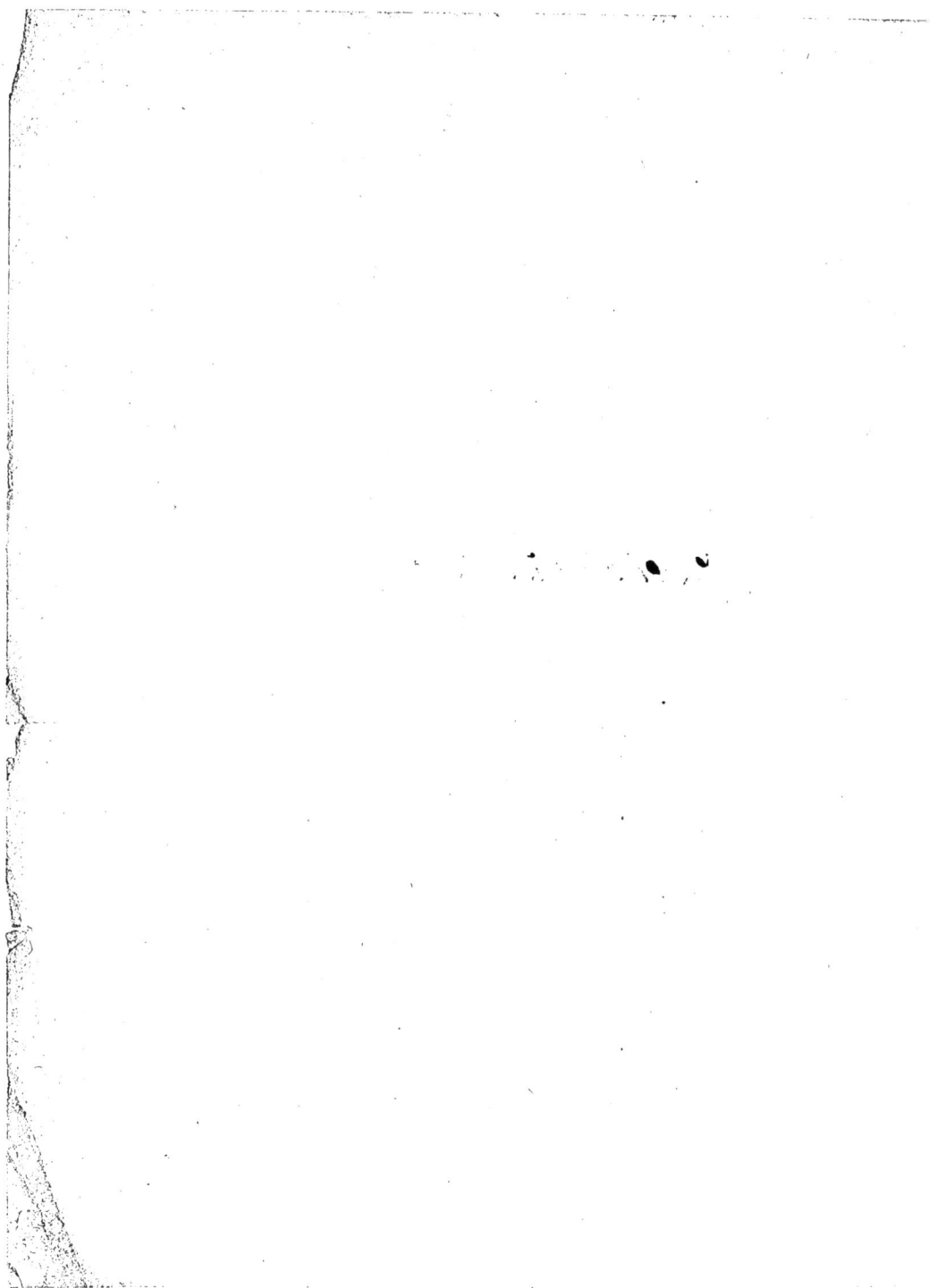

DÉCRET

DE

LA CONVENTION NATIONALE,

Des 15, 16, 17 et 24 Août 1793, l'an second de la République française, une et indivisible.

Qui ordonne la formation d'un grand-livre *pour inscrire et conso-*
lider la dette publique non viagère ; la remise et annullation des
anciens titres de créance, sous peine de déchéance ; l'accélération
de la liquidation ; la suppression des rentes dues aux fabriques ;
la reconnoissance des dettes des Communes, Départemens et Dis-
tricts, comme dettes nationales ; la liquidation des annuités et
des effets au porteur ; le remboursement ou l'inscription de la
dette sur le grand-livre *; le paiement annuel de la dette publique*
dans les districts ; la faculté de convertir les assignats en une ins-
cription sur le grand-livre *, à raison de cinq pour cent du capi-*
tal ; l'admission de la dette consolidée en paiement des domaines
nationaux à vendre ; et l'assujettissement de la dette consolidée
au principal de la contribution foncière.

LA CONVENTION NATIONALE, après avoir entendu le rapport de sa commission des finances, décrète :

§. I.er

Du grand livre de la dette publique non viagère, et de son dépôt.

ART. I.er Toute la dette publique non viagère sera enregistrée par ordre alphabétique des noms des créanciers, sur un *grand livre* en un ou plusieurs
volumes, dont le modèle est annexé au présent décret (*numéros* 8, 9 *et* 10).

II. Chaque créancier de la République y sera crédité en un seul et même
article, et sous un même numéro, tant du produit net des rentes perpétuelles,
que des intérêts des capitaux dont il sera propriétaire, ainsi qu'il sera déterminé par les articles ci-après.

A

III. Il ne pourra être fait aucune inscription sur le *grand-livre*, pour une somme au-dessous de cinquante livres.

IV. Pour la facilité des calculs et des paiemens, si, par la réunion des diverses parties de rentes ou intérêts dont un même créancier est propriétaire, ou si, par le titre actuel il lui étoit dû des sous ou deniers, la fraction au-dessous de dix sous sera supprimée, et il sera ajouté la fraction nécessaire pour compléter la livre, à celle de dix sous et au-dessus.

V. Il sera ouvert sur le *grand livre* de la dette publique un compte de la Nation, au crédit duquel seront portées toutes les extinctions provenant de saisies, confiscations, abandons, remboursemens, ou de quelqu'autre cause que ce soit, afin qu'on puisse reconnoître et constater dans tous les tems le montant des diminutions que la dette publique aura éprouvées.

VI. Le *grand-livre* de la dette publique sera le titre unique et fondamental de tous les créanciers de la République.

VII. Le *grand-livre* de la dette publique sera sommé, arrêté et signé par trois commissaires de la Convention ou du corps législatif, par les commissaires de la trésorerie nationale, et par le payeur principal de la dette publique; il sera ensuite déposé aux archives nationales.

VIII. Il sera fait deux copies du *grand-livre*, qui seront sommées, arrêtées et signées par les commissaires de la trésorerie nationale et par le payeur principal de la dette publique.

IX. Une de ces copies sera déposée aux archives de la trésorerie nationale ; l'autre restera dans les bureaux du payeur principal de la dette publique, pour servir à l'inscription journalière des mutations.

§. 2.

Des États à fournir par les Payeurs de rentes, pour la dette constituée.

X. Dans un mois, à compter de la date du présent décret, les payeurs des rentes ci-devant dits de l'hôtel-de-ville, fourniront aux commissaires de la trésorerie nationale un état par ordre alphabétique, contenant les noms de famille et prénoms de tous les propriétaires de rentes perpétuelles, tailles, intérêts d'office, droits manuels et autres charges non viagères comprises dans leur partie, sans exception, et le produit net annuel desdites rentes, sans déduction de la contribution foncière pour celles qui y sont assujetties.

XI. Cet état contiendra aussi l'indication des usufruitiers ou délégataires, lorsqu'il y aura lieu, et les autres renseignemens nécessaires pour la conservation des droits des tiers, et la continuation des paiemens.

XII. Les payeurs comprendront dans ledit état toutes les rentes mentionnées sur leurs registres ou sommiers, comme devant être reportées pour le paiement dans les districts.

XIII. Les rentes qui, en vertu des décrets, se trouvent définitivement éteintes au profit de la nation, celles dont les arrérages ou intérêts n'auroient pas été payés depuis 1776, faute de présentation de titres-nouvels exigés par l'édit de décembre 1764, ou pour toute autre cause, et celles de vingt livres et au-dessous, qui ont dû être rejetées des états des payeurs en exécution des arrêts du conseil du 26 décembre 1784 et du 18 août 1785, ne seront pas comprises dans l'état que les payeurs doivent fournir.

XIV. Les payeurs seront garans de l'exactitude des états qu'ils fourniront, et qu'ils certifieront véritables; il leur en sera fourni une reconnoissance par les commissaires de la trésorerie, lors de la livraison.

XV. Les payeurs des rentes seront tenus de remettre, d'ici au premier janvier 1794, au bureau de comptabilité, un double des états qu'ils auront fournis à la trésorerie nationale, et d'y joindre à l'appui les pièces justificatives de propriété.

XVI. Les vérificateurs du bureau de comptabilité vérifieront lesdits états; et après le rapport des commissaires surveillans, le corps législatif prononcera la décharge des payeurs; ces états vérifiés serviront d'autant à la vérification définitive des comptes qu'auront à rendre les payeurs à la fin de leur exercice.

XVII. Les commissaires de la trésorerie nationale pourront disposer, pour la confection desdits états, jusqu'à concurrence de la somme de quarante mille livres, dont trente mille seront réparties entre tous les payeurs, et dix mille seront réparties par les commissaires de la trésorerie, aux payeurs qui seront le plus chargés, et en proportion de l'ouvrage qu'ils auront eu à faire.

XVIII. A l'expiration des délais fixés pour la remise des états, les commissaires de la trésorerie en instruiront la Convention ou le corps législatif; et si quelque payeur se trouve en retard, il sera condamné à une amende de dix livres par jour de retard.

§. 3.

De l'inscription de la dette constituée.

XIX. Les créanciers portés dans les états fournis par les payeurs, seront crédités sur le grand-livre de la dette publique, en un seul et même article, du produit net, sans déduction de la contribution foncière, de toutes les rentes et intérêts dont ils jouissent.

XX. Les rentes et intérêts appartenant à des femmes mariées, seront portés

A 2

au crédit de leur compte et sous leurs noms, quoique les maris en reçoivent le montant.

XXI. Les rentes et intérêts grevés d'usufruits ou délégations, seront employés sur le *grand-livre* de la dette publique, au crédit de l'usufruitier ou délégataire, avec indication du nom du propriétaire, qui seul pourra disposer de la propriété; et lorsque l'usufruit ou délégation sera terminé, le propriétaire en en justifiant, en sera crédité ainsi qu'il est exprimé pour les mutations. Jusqu'à cette justification, l'usufruitier ou délégataire sera seul employé sur les états des paiemens annuels.

XXII. Les rentes et intérêts appartenant en commun à divers particuliers, seront employés en un seul et même article, sous le nom de l'un d'eux, avec indication des co-propriétaires, qui pourront, s'ils le jugent à propos, faire transporter sur leur compte particulier la portion de leur propriété, en en justifiant au liquidateur de la trésorerie nationale, pourvu toutefois que la division ne la réduise pas au-dessous de cinquante livres.

XXIII. Les rentes et intérêts au profit des pauvres, hôpitaux, et autres établissemens qui, d'après les décrets, conservent l'administration provisoire de leurs biens et la perception de leurs rentes et revenus seront inscrits sur le *grand-livre* de la dette publique, à la lettre et sous le nom de la ville où sont situés les établissemens, mais en autant d'articles qu'il y aura d'établissemens différens.

§. 4.

De la suppression des rentes dues aux Fabriques.

XXIV. Les intérêts et rentes dus aux fabriques, en vertu des précédens décrets, ne seront point inscrits sur le *grand-livre* de la dette publique; ils seront éteints et supprimés au profit de la République, qui pourvoira aux frais du culte, à compter du premier janvier 1794.

§. 5.

Du rapport des récépissés de liquidation pour reconstitution, et de leur inscription.

XXV. A compter de ce jour, il ne sera plus délivré des récépissés de liquidation pour reconstitution; ceux qui sont actuellement en circulation seront tous, à peine de nullité, rapportés, d'ici au premier janvier prochain, au liquidateur de la trésorerie, qui en dressera des états, d'après lesquels les propriétaires seront inscrits sur le *grand-livre*, pour le montant net des intérêts ou rentes dont ils seront créanciers, sans déduction de la contribution foncière à laquelle ils seroient assujettis.

§. 6.

Du rapport des effets au porteur et des annuités.

XXVI. Les propriétaires des effets publics au porteur de mille livres de capital et au-dessus, et des annuités, seront tenus de les rapporter au liquidateur de la trésorerie nationale d'ici au premier janvier 1794. Ils y joindront une note indicative de leurs noms de famille et de leurs prénoms; et ils seront inscrits sur le *grand livre* pour le montant des intérêts qui leur seront dus d'après les bases déterminées par les articles ci-après.

XXVII. Si les propriétaires des effets publics au porteur et annuités, sont en même tems créanciers de la république en vertu des contrats de rentes ou autres titres, ils en fourniront le bordereau avec indication du nom des payeurs, afin qu'il ne soit formé qu'un seul et même article du montant des rentes et intérêts qui auront été reconnus leur appartenir.

XXVIII. Les propriétaires des effets au porteur de mille livres et au-dessus, auxquels il a été joint des coupons d'intérêts dont le paiement échoit à compter du premier janvier 1794, seront tenus de les rapporter à la trésorerie nationale, avec le billet du principal auquel ils étoient joints; et s'il manque des coupons, ils seront tenus d'en compter le montant.

XXIX. Les propriétaires des effets au porteur et annuités, qui n'auront pas présenté leurs titres d'ici au premier janvier 1794, seront déchus des intérêts qui leur seroient dus jusqu'au premier juillet prochain; et ceux qui ne les auroient pas présentés d'ici au premier juillet prochain, seront déchus du capital et des intérêts.

§. 7.

De l'inscription des quittances de finance.

XXX. Les propriétaires de quittances de finance des édits de décembre 1782 et décembre 1783, des emprunts créés par décret des 11 et 29 août 1789, et des reconnoissances de l'emprunt de novembre 1787, seront crédités du montant des intérêts annuels fixés par les coupons desdites quittances de finance ou reconnoissances.

§. 8.

De l'inscription des actions de l'ancienne compagnie des Indes.

XXXI. Les propriétaires des actions et des seize vingt-cinquièmes d'actions de l'ancienne compagnie des Indes, seront crédités du produit net des coupons d'une année desdites actions.

§. 9.

De l'inscription de l'emprunt de 125 millions, édit de décembre 1784.

XXXII. Les propriétaires des billets et des contrats provenant des billets convertis de l'emprunt de 125 millions, de l'édit de décembre 1784, seront crédités; savoir; pour les billets sortis par les tirages qui ont eu lieu, des intérêts à cinq pour cent, tant de la somme de mille livres portée au billet originaire, que de l'accroissement du capital résultant des lots de chaque tirage; et pour les billets non sortis, des intérêts à cinq pour cent de la somme originaire de mille livres.

§. 10.

De l'inscription des bulletins de l'emprunt de décembre 1785.

XXXIII. Pour déterminer la valeur des vingt-quatre mille bulletins de l'édit de décembre 1785, qui n'ont pas encore été admis à aucun tirage, il en sera fait, dans le mois de septembre prochain, un tirage général en présence des citoyens; et pour son exécution, les vingt-quatre mille numéros desdits bulletins seront mis dans une roue, et à mesure qu'ils sortiront, il sera tiré d'une autre roue les huit cents lots ou primes du tirage de 1794, et successivement ceux des années 1795 et 1796; lesquels lots ou primes appartiendront à chacun des numéros avec lesquels ils seront sortis,

XXXIV. Les propriétaires des bulletins aux numéros desquels il sera échu des lots ou primes de mille livres et au-dessus, seront crédités des intérêts à cinq pour cent du montant desdits lots ou primes, sous la déduction sur le capital, d'un et un quart pour cent pour ceux du tirage de 1794, de six et un quart pour cent pour ceux du tirage de 1795, de onze et un quart pour cent pour ceux du tirage 1796.

§. 11.

De l'inscription des billets et assignations du domaine, et autres créances.

XXXV. Les propriétaires des billets ét assignations des domaines et de tous autres effets ou créances au porteur, de mille livres et au-dessus, provenant des anciens emprunts et loteries, ou tous autres créanciers de la nation non sujets à liquidation, seront crédités des intérêts annuels qui leur sont payés, ou à cinq pour cent du montant de leurs capitaux, lorsque les intérêts ne seront pas déterminés.

§. 12.

Du remboursement des effets au porteur au-dessous de mille livres.

XXXVI. Les effets au porteur au-dessous de mille livres de capital, seront remboursés par la trésorerie nationale, à bureau ouvert, à compter du premier janvier 1794, savoir, les huitièmes et vingt-cinquièmes d'actions et billets d'emprunt de l'ancienne compagnie des Indes, à raison du denier vingt de leur produit net, et les primes au dessous de mille livres, qui écherront aux bulletins de l'édit de décembre 1785, le montant capital, sous la déduction d'un et un quart pour cent pour celles du tirage de 1794; de six et un quart pour cent pour celles de 1795, et de onze et un quart pour cent pour celles de 1796.

XXXVII. Si le même propriétaire a plusieurs effets dont le capital réuni s'élève au-dessus de mille livres, il sera inscrit sur le *grand-livre*, comme les autres créanciers de pareille somme.

XXXVIII. Le liquidateur de la trésorerie pourra exiger des porteurs une déclaration des effets qui sont en leur pouvoir; et en cas de fausse déclaration, ils seront déchus de toute répétition envers la République, tant pour le capital que pour les intérêts.

§. 13.

De l'inscription des annuités de la caisse d'escompte.

XXXIX. Les intéressés à la caisse d'escompte seront crédités sur le *grand-livre* de la dette publique des intérêts à cinq pour cent de la somme de soixante-trois millions trois cent soixante-dix-neuf mille sept cent cinquante livres qui leur est due pour solde du prêt de soixante-dix-millions.

XL. La caisse d'escompte pourra diviser, dans l'état qu'elle remettra, en autant d'articles qu'elle désirera, la somme capitale qui lui est due, pourvu toutefois que la division ne soit pas au dessous de cinquante livres de rente.

XLI. Le premier janvier prochain, il sera payé par la trésorerie nationale, à la caisse d'escompte, sur son reçu, la somme de trois millions cent soixante-huit mille neuf cent quatre-vingt-sept livres dix sous pour les intérêts d'une année, de la somme principale qui reste à rembourser, lesquels seront échus au 31 décembre 1793.

§. 14.

De l'inscription des annuités des Notaires de Paris.

XLII. Les notaires de Paris remettront d'ici au premier janvier prochain, à la trésorerie nationale, les annuités souscrites à leur profit, qui leur sont dues pour solde de leur prêt de sept millions.

XLIII. Ils remettront aussi un état détaillé et distribué par ordre alphabé-tique des noms de famille et prénoms de chaque créancier, et du montant de la rente qui est due à chacun d'eux, à raison dudit prêt; cet état sera signé et certifié par le notaire actuellement chargé du payement desdits rentes, et par quatre de ses confrères.

XLIV Les créanciers portés dans ledit état seront crédités, chacun pour ce qui les concerne, sur le *grand-livre* de la dette publique, du montant des rentes qui leur appartiennent.

XLV. Il sera payé le premier janvier prochain, par la trésorerie nationale, aux notaires de Paris, sur le reçu signé par cinq d'entr'eux, la somme de soixante-dix sept mille neuf cent quinze livres pour les arrérages des rentes qui leur seront dus pour les trois derniers mois 1793.

XLVI. Les notaires de Paris continueront à payer dans le cours du semestre prochain, les arrérages des rentes de 1793, et ceux antérieurs; et si à l'époque du premier juillet 1794, ils ont des débets arriérés à acquitter, ils en verseront le montant à la trésorerie nationale, qui demeurera chargée de les acquitter, d'après l'état certifié qu'ils fourniront.

XLVII. Les notaires de Paris remettront d'ici au premier janvier prochain, à la trésorerie nationale, 1°. un état par eux certifié des remboursemens qu'ils ont effectués sur les emprunts par eux faits pour fournir le prêt des sept millions, lesquels remboursemens doivent monter au moins à la somme de trois cent quatre-vingt-six mille sept cent quatre-vingt-quatorze-livres, formant la portion du capital comprise dans les cinq annuités qui leur auront été payées; 2°. un état particulier des rentes qui ont appartenu à des corporations supprimées, qu'ils doivent avoir distraites de l'état général, comme étant éteintes au profit de la République.

§. 15.

§. 15.

Des états à fournir par le liquidateur de la trésorerie pour les effets au porteur et annuités.

XLVIII. Le liquidateur de la trésorerie nationale annullera les annuités et effets au porteur; il en dressera chaque semaine un état général qu'il enverra au payeur principal de la dette publique, qui fera créditer sur le *grand-livre* les propriétaires qui y seront portés.

§. 16.

De l'inscription de la dette soumise à la vérification du liquidateur de la trésorerie.

XLIX. Le liquidateur de la trésorerie nationale, chargé par le décret du 27 décembre 1790, de vérifier et viser divers remboursemens à faire, sera tenu de remettre d'ici au premier janvier 1794, des états par lui signés et certifiés, 1°. de ce qui reste à liquider sur les offices supprimés en 1787, 1788 et 1789, des gardes de la porte, et dans les maisons du ci-devant roi et de sa femme;

2°. Des rentes de l'emprunt national immatriculées à la trésorerie nationale, déduction faite de celles qui, en vertu des décrets, sont éteintes au profit de la République.

L. Les créanciers portés dans ces états seront crédités, chacun pour ce qui les concerne sur le *grand-livre* de la dette publique, du montant net de leurs rentes ou des intérêts à cinq pour cent des capitaux non remboursés.

§. 17.

De la comptabilité du liquidateur de la trésorerie pour les états à fournir.

LI. Le liquidateur de la trésorerie sera responsable des états qu'il aura dressés; il remettra chaque mois au bureau de comptabilité le double des états qu'il aura fournis à la trésorerie; il y joindra les pièces à l'appui. Ces états seront vérifiés et jugés dans la forme prescrite aux articles XV et XVI pour les payeurs de rentes.

§. 18.

De l'inscription des reconnoissances de liquidation au-dessus de trois mille livres en circulation.

LII. Les propriétaires des reconnoissances de liquidation au-dessus de trois mille livres en circulation, seront tenus de les rapporter d'ici au 1.er janvier prochain, sous les peines portées par l'article XXII., au liquidateur de la trésorerie nationale, qui en dressera des états et en comptera, ainsi qu'il est prescrit pour les effets au porteur et annulés.

LIII. Le liquidateur de la trésorerie nationale joindra au capital desdites reconnoissances les intérêts antérieurs au *visa* dont elles étoient susceptibles, avec la retenue à laquelle ils étoient assujettis; et le produit de ces deux sommes formera le capital, dont les intérêts calculés à cinq pour cent, sans déduction de la contribution foncière, seront inscrits sur le *grand-livre*.

LIV. Les intérêts qui seront dus depuis le *visa* à la caisse de l'extraordinaire, ou à la trésorerie nationale, auxdites reconnoissances qui seront rapportées avant le 1.er janvier 1794, seront liquidés par le liquidateur de la trésorerie nationale jusqu'au 1.er janvier 1794, avec la retenue à laquelle ils étoient assujettis, et payés à ladite époque, d'après les bordereaux qu'il expédiera, par le payeur principal de la dette publique, dérogeant à cet égard aux dispositions de la loi du 17 juillet dernier.

LV. Il sera aussi payé, d'après les formes prescrites par l'article précédent, aux porteurs des reconnoissances de liquidation depuis trois mille jusqu'à dix mille livres qui sont en circulation, les intérêts à cinq pour cent, déduction faite de la contribution foncière, depuis le jour de leur présentation jusqu'au 1.er janvier 1794.

§. 19.

De l'inscription des créances exigibles au-dessus de trois mille livres, soumises à la liquidation.

LVI. À compter de ce jour, il ne sera plus expédié des reconnoissances de liquidation ni des coupures des reconnoissances pour les créances exigibles au-dessus de trois mille livres.

LVII. Le directeur général de la liquidation adressera dans le mois de septembre prochain aux commissaires de la trésorerie nationale, l'état certifié et signé des créances exigibles au-dessus de trois mille livres, liquidées et décrétées, sur lesquelles il n'a pas délivré des reconnoissances de liquidation. Cet état sera distribué par ordre alphabétique des noms de famille et prénoms des créanciers.

LVIII. Il fera aussi dresser, à fur et mesure des liquidations qu'il aura faites, de pareils états pour les créances exigibles au-dessus de trois mille livres; il les enverra sans délai aux commissaires de la trésorerie.

LIX. Ces états seront distribués en colonnes, qui distingueront le capital de la liquidation, et pour les objets qui en sont susceptibles par leur nature, les intérêts calculés ; savoir , 1°. pour les créances liquidées par décrets antérieurs à ce jour, jusqu'à la quinzaine après la sanction ou le sceau du décret; 2°. pour les liquidations qui seront opérées dorénavant jusqu'au jour du décret qui interviendra sur le rapport du directeur général, le tout avec la retenue à laquelle ils sont assujettis. Les deux sommes réunies formeront le capital dont les intérêts calculés à cinq pour cent, sans déduction de la contribution foncière, seront inscrits sur le *grand-livre*.

LX. La formalité des quittances de remboursement des créances exigibles au-dessus de trois mille livres, et constituées au-dessus de cinquante livres de rentes annuelles, demeure abrogée.

§. 2©.

De l'inscription des offices comptables.

LXI. Les offices comptables, ceux des payeurs et contrôleurs des rentes, les fonds d'avance et cautionnemens dés compagnies de finance et de leurs employés, les cautionnemens des administrateurs et employés actuels de la loterie, seront de suite liquidés sans avoir égard au terme de leur comptabilité.

LXII. Le directeur général de la liquidation fera dresser des états de liquidation, conformément aux articles précédens; en y joignant la déclaration que les comptables ont justifié qu'ils sont quittes envers la nation, ou non : qu'ils ont rempli toutes les obligations précédemment imposées, etc. et pour les contrôleurs qu'ils ont fait la remise de leur contrôle: il adressera ces états, sans délai, aux commissaires de la trésorerie nationale.

LXIII. Il sera fait de suite opposition, au nom de la nation, par les commissaires de la trésorerie nationale, sur la propriété des personnes qui, étant comptables, ne justifieront pas s'être libérées de toutes les conditions qui leur ont été imposées.

LXIV. Les propriétaires des offices comptables, ceux des fonds d'avance et cautionnemens pour charges de finance, et les contrôleurs qui ont été supprimés, ne pourront recevoir le montant des intérêts annuels postérieurs à l'année 1793 qu'après avoir justifié qu'ils sont quittes envers la nation.

LXV. Sont exceptés provisoirement de la disposition de l'article ci-dessus les payeurs et contrôleurs de rentes, qui seront payés de leurs intérêts et de leurs traitemens pour l'année 1794 seulement.

§. 21.

De la faculté accordée aux créanciers directs de céder leur inscrip-tion en paiement à leurs créanciers hypothécaires.

LXVI. Les créanciers directs de la nation, pour des sommes au-dessus de trois mille livres, provenant de la dette exigible soumise à la liquidation, sont autorisés à diviser l'inscription sur le *grand-livre* qui sera faite à leur crédit, pourvu toutefois qu'aucune fraction ne soit inférieure à cinquante livres de ren-te : et ils pourront rembourser, au moyen d'un transfert, leurs créanciers person-nels ayant hypothèque spéciale ou privilégiée sur l'objet liquidé.

LXVII. Ceux qui voudront profiter de la faculté accordée par l'article précé-dent, seront tenus de présenter des titres authentiques au liquidateur de la tré-sorerie, qui opérera pour la division et le transfert de l'inscription, ainsi qu'il est expliqué aux articles ci-après pour les mutations.

LXVIII. Le transfert qui sera fait en exécution de l'article précédent, ne sera point soumis, pour la première fois seulement, au droit des mutations men-tionné aux articles ci-après.

§. 22.

De la réunion des diverses parties des créances exigibles.

LXIX. Le directeur général de la liquidation réunira, autant que faire se pourra, toutes les parties de liquidation appartenant au même propriétaire, à quelque titre que ce soit; et si, par la réunion des articles, le propriétaire se trouve créancier d'une somme excédant trois mille livres, il sera inscrit sur le *grand-livre* comme les autres créanciers au-dessus de trois mille livres.

LXX. Pour l'exécution de l'article précédent, le directeur général de la liqui-dation est autorisé à exiger des propriétaires des créances soumises à la liquida-tion, même de leur fondé de pouvoir, leur déclaration signée, contenant l'énon-ciation des diverses créances ou réclamations en liquidation, dont ils sont pro-priétaires, soit directement ou par cession et transport ; et en cas de fausse dé-claration, ils seront déchus de leurs droits envers la république pour les objets soumis à la liquidation, ou qui auroient été inscrits sur le *grand-livre* postérieu-rement à leur déclaration.

§. 23.

Du remboursement des créances exigibles de trois mille livres et au - dessous.

LXXI. Les offices et créances liquidés et à liquider de trois mille livres et au-dessous, seront remboursés à présentation par la trésorerie nationale sur les reconnoissances du directeur-général de la liquidation, d'après les formes précédemment décrétées, et les intérêts qui leur sont dus leur seront payés jusqu'à quinzaine après la publication de la liquidation définitive qui sera faite par les journaux ou par affiches.

§. 24.

Des créances exigibles, soumises à l'examen préparatoire des corps administratifs.

LXXII. Toutes les créances exigibles, soumises à l'examen préparatoire des corps administratifs, qui n'exéderont pas huit cents livres, seront totalement acquittées sur les lieux par lesdits corps administratifs, de la manière prescrite par les précédens décrets pour le paiement des créances sur les ci-devant corps ecclésiastiques ou religieux qui n'excèdent pas cette somme.

LXXIII. Les créances de la nature de celles ci-dessus, excédant la somme de huit cents livres sur lesquelles il aura été ordonné des paiemens de moitié à compte, excédant quinze cents livres, seront, pour la moitié restant à liquider, considérées comme créances au-dessus de trois mille livres, non remboursables en assignats.

§. 25.

Du remboursement des emprunts dans les pays étrangers.

LXXIV. Les capitaux et intérêts des emprunts ouverts et stipulés payables en pays étranger, continueront d'être payés, comme par le passé, à leurs époques d'exigibilité.

§. 26.

De l'inscription de la dette constituée soumise à la liquidation.

LXXV. A compter de ce jour il ne sera plus expédié, par le directeur-général de la liquidation, de titres nouvels pour aucune des créances constituées soumises à la liquidation.

LXXVI. Tous les propriétaires des créances provenant de la dette constituée du ci-devant clergé de France, chapitres, maisons religieuses et autres établissemens ecclésiastiques et laïcs supprimés, des ci-devant états provinciaux, des corporations de judicature et ministérielles; et des communautés d'arts et métiers, et généralement de toutes les créances constituées soumises à la la liquidation, seront tenus de remettre leurs titres au directeur-général de la liquidation, d'ici au premier janvier 1794, sous peine, pour ceux qui résident en France, d'être déchus des intérêts du premier sémestre de 1794, et pour dernier délai au premier juillet suivant, sous peine d'être déchus de leurs capitaux et intérêts.

LXXVII. Le directeur-général de la liquidation fera dresser à fur et mesure des liquidations, des états de lui certifiés et signés, des créances constituées, produisant cinquante livres net de rentes et au-dessus, sans déduction de la contribution foncière, contenant les noms et prénoms des propriétaires, par ordre alphabétique, et le montant net des rentes, déduction faite de toutes les retenues autres que la contribution foncière; il les adressera au commissaire de la trésorerie nationale.

LXXVIII. Les propriétaires portés dans lesdits états seront inscrits sur le *grand-livre* pour le montant net desdites rentes.

LXXIX. Les propriétaires de plusieurs contrats de rentes constituées, à quelque titre que ce soit, seront assujettis aux déclarations portées en l'article LXX, et le directeur-général de la liquidation réunira, autant que faire se pourra, toutes les parties de créances appartenant aux mêmes propriétaires; et si, par la réunion des articles, lesdits propriétaires sont créanciers d'une somme excédant cinquante livres de rente nette, ils seront inscrits au *grand-livre*, comme les autres créanciers de pareille somme.

LXXX. Toutes les rentes assujetties à la liquidation générale pour le payement des arrérages desquelles il a été délivré des certificats provisoires pour l'année 1792, seront acquittées conformément au décret du 29 juillet dernier, sur les mêmes certificats pour 1793.

Il sera délivré de semblables certificats pour 1792 et 1793, aux propriétaires des rentes de cette nature qui n'ont point obtenu de titre nouvel.

§ 27.

Du remboursement des créances constituées au-dessous de cinquante livres de rente nette soumises à la liquidation.

LXXXI. Les créanciers de rentes soumises à la liquidation au-dessous de cinquante livres nettes, seront remboursés en assignats le premier janvier 1794, par la trésorerie nationale, sur les reconnoissances de liquidation qui leur seront expédiées par le directeur-général de la liquidation.

§ 28.

Des dettes des communes.

LXXXII. Toutes les dettes des communes, des départemens ou des districts, contractées en vertu d'une délibération légalement autorisée, ou dont le fonds en provenant aura été employé pour l'établissement de la liberté, jusques et compris le 10 août 1793, sont déclarées *dettes nationales.*

LXXXIII. Sont exceptées les dettes qui auront été contractées pour fournir à des dépenses qui ont eu pour but de marcher contre Paris ou contre la convention, ces dépenses devant être acquittées par ceux qui les auront ordonnées.

LXXXIV. Sont également exceptées les dettes des communes, des départemens ou des districts, contractées vis-à-vis du trésor national pour dépenses locales, ordinaires, administratives ou municipales, ou pour lesquelles il a été déja, ou doit être réparti des impositions en sols additionnels.

LXXXV. Tous les créanciers des communes, des départemens et des districts, à quelque titre que ce soit, seront tenus de remettre, dans le délai et sous les peines fixées par l'article LXXVI, tous leurs titres de créance au directeur-général de la liquidation.

LXXXVI. Les dettes des communes, des départemens et des districts seront liquidées, remboursées ou inscrites sur le *grand-livre*, d'après les formes précédemment prescrites pour la liquidation des autres créances sur la République.

LXXXVII. Les communes dresseront dans le mois un état général de leur actif et passif, qu'elles adresseront aux administrations de district, qui les feront passer, avec leur avis, à l'administration de département.

LXXXVIII. Les administrations de département, après avoir vérifié lesdits états, en feront passer un double au directeur-général de la liquidation, et un double aux préposés à la régie nationale de l'enregistrement.

LXXXIX. Les administrations de département et de district enverront au directeur-général de la liquidation les états des dettes mentionnées à l'article LXXXII qu'ils auront contractées.

§. 29.

De l'actif des communes.

XC. Toutes les créances dues par la République aux communes, à quelque titre que ce soit, sont éteintes et supprimées dès ce jour au profit de la nation ; elles ne seront plus portées sur les livres et états de la dette publique.

XCI. Tout l'actif des communes, pour le compte desquelles la République se charge d'acquitter les dettes, excepté les biens communaux, dont le partage est décrété, et les objets destinés pour les établissemens publics, appartiennent dès ce jour à la nation, jusqu'à concurrence du montant desdites dettes.

XCII. Les meubles ou immeubles provenant des communes, seront régis, administrés ou vendus comme les autres domaines nationaux ; la régie du droit d'enregistrement et les administrations de département et de district en feront dresser un état détaillé, qu'elles enverront à l'administrateur des domaines nationaux. La régie du droit d'enregistrement poursuivra la rentrée de toutes les créances actives appartenant auxdites communes.

§. 30.

Des dettes et créances d'émigrés.

XCIII. Les directoires de département et l'administrateur des domaines nationaux adresseront, d'ici au premier janvier 1794, aux commissaires de la trésorerie nationale, l'état nominatif avec les prénoms des personnes émigrées.

XCIV. Les commissaires de la trésorerie nationale feront vérifier, sur le *grand-livre* de la dette publique, les sommes dues aux émigrés ; ils en fourniront un état à l'administrateur des domaines nationaux, et leur montant sera porté au crédit de l'union des créanciers desdits émigrés ; et après le parfait paiement des créanciers, les intérêts seront éteints au profit de la République.

XCV. Les créanciers des émigrés seront admis à faire inscrire leurs créances sur le *grand-livre* ; à cet effet ils remettront leurs certificats de collocation utile au liquidateur de la trésorerie nationale ; ils seront crédités des intérêts à cinq pour cent du montant dudit certificat, et il leur sera délivré un extrait d'inscription dans la forme prescrite. Le capital porté par le certificat de collocation utile, sera en conséquence acquis à la nation.

§. 31.

§. 31.

De la conversion des Assignats en une inscription sur le grand-livre de la Dette publique.

XCVI. Les assignats ayant cours de monnoie, pourront, à compter du jour de la publication du présent décret, être convertis en une inscription sur le *grand livre* de la dette publique.

XCVII. Le capital à fournir ne pourra être moindre de *mille livres*.

XCVIII. Ceux qui voudront profiter de cette faculté, remettront leurs assignats à Paris, dans la caisse des recettes journalières de la trésorerie, et dans les districts, dans les caisses des receveurs.

XCIX. Il sera délivré au porteur un récépissé conforme au modèle annexé au présent décret, *n.*º 1, lequel sera visé, à Paris, par le contrôleur-général des caisses de la trésorerie nationale, et dans les districts, par deux membres du directoire.

C. Les receveurs de district et le caissier de la recette journalière, tiendront un compte séparé des assignats qu'ils auront reçus en exécution du présent décret; ils les annulleront dans la forme ordinaire. Les receveurs de district les enverront, le premier de chaque mois, au caissier des recettes journalières, avec un bordereau particulier; et le caissier des recettes journalières remettra tous les huit jours au caissier général, le produit, tant des recettes qu'il aura faites directement à Paris, que des versemens des receveurs de district.

CI. Les administrateurs de district et le contrôleur-général des caisses de la trésorerie nationale, tiendront aussi un compte des récépissés qu'ils viseront, et ils en feront passer chaque mois le bordereau aux commissaires de la trésorerie nationale.

CII. Le caissier général de la trésorerie enverra tous les quinze jours, au bureau de brûlement, les assignats provenus de ces versemens, pour y être brûlés en la même forme que le sont actuellement ceux qui proviennent des capitaux et des fruits des domaines nationaux. Il sera dressé procès-verbal dudit brûlement, et expédition de ce procès-verbal sera remise audit caissier général.

CIII. Le payeur principale de la dette publique créditera sur le *grand livre* les propriétaires des récépissés, pour l'intérêt annuel à cinq pour cent de leur montant et il annullera ledit récépissé.

CIV. Le payement annuel de cette inscription commencera au semestre de juillet qui suivra la remise des récépissés.

CV. Le liquidateur de la trésorerie nationale liquidera les intérêts qui seront dus depuis l'époque du *visa* des récépissés jusqu'au premier juillet suivant.

CVI. Il tiendra note et dressera des états des bordereaux de liquidation, qu'il expédiera ; il en adressera un double au payeur principal de la dette publique, qui sera chargé d'en acquitter le montant le premier juillet suivant.

CVII. Le payeur principal de la dette publique remettra au caissier général de la trésorerie, les récépissés qui auront servi de titre à l'inscription sur le *grand livre* de la dette, et le caissier général lui fournira, en échange, les procès-verbaux de brûlement des assignats.

CVIII. Lesdits récépissés seront ensuite remis, par le caissier général, au caissier des recettes journalières, lequel les fera repasser aux receveurs des districts, qui lui renverront en échange les reconnoissances qu'il leur aura délivrées pour le montant de leurs envois ; et ledit caissier de la recette journalière remettra pareillement au caissier général les reconnoissances provenant de ses versemens pour recettes directes, et retirera ses récépissés annullés. Au moyen de cet échange, lesdits receveurs et caissiers seront valablement libérés.

CIX. Le payeur principal de la dette publique justifiera au bureau de comptabilité, par les procès-verbaux de brûlement, que l'augmentation de la dette publique est égale à l'intérêt à cinq pour cent du montant des assignats annullés et brûlés.

CX. Les comptes seront vérifiés par les vérificateurs de la comptabilité, et définitivement arrêtés par la convention ou le corps législatif, après avoir entendu le rapport des comissaires surveillans.

§. 32.
De la Contribution de la Dette publique.

CXI. Toute la dette publique inscrite sur le *grand livre*, sera assujéttie au principal de la contribution foncière, qui sera réglée chaque année par le corps législatif.

CXII. Le payement de cette contribution sera fait par retenue sur les feuilles du payement annuel de la dette publique.

§. 33.
De la remise des anciens Titres de Créance, et de la délivrance de l'extrait d'inscription sur le grand livre.

CXIII. Aucun créancier ne pourra retirer l'extrait de son inscription sur le *grand livre*, s'il n'a préalablement remis les titres actuels de créance.

CXIV. Tous les anciens titres seront remis ; savoir, au directeur général de la liquidation pour les parties soumises à la liquidation, et au liquidateur de la trésorerie nationale, pour toutes les autres parties de la dette publique.

CXV. L'extrait d'inscription, dont le modèle est annexé au présent décret (n.º 2), ne pourra étre délivré au propriétaire que d'après le certificat du cirecteur général de la liquidation, ou du liquidateur de la trésorerie, chacun en ce qui les concerne.

CXVI. Le directeur général de la liquidation et le liquidateur de la trésorerie nationale, ne pourront remettre leur certificat qu'après avoir vérifié et s'être fait remettre les titres justificatifs de la propriété.

§. 34.

De l'Annullation des anciens titres de créance.

CXVII. Toutes les grosses de contrats et autres titres qui seront remis par les propriétaires, en retirant le certificat des liquidateurs, seront remis au bureau de comptabilité, qui, après le décret du corps législatif sur leur vérification définitive, les fera annuller et détruire.

CXVIII. Dans le mois qui suivra le dépôt du *grand livre* de la dette publique aux archives nationales, les commissaires surveillans du bureau de comptabilité se feront remettre, par les notaires de Paris, les minutes de tous les contrats et titres nouvels et autres titres constatant les dettes de la nation, portés sur leurs répertoires; ils les feront annuller et détruire; ils feront annuller aussi l'indication portée sur le répertoire.

CXIX. Dès que le dépôt du *grand livre* de la dette publique sera fait aux archives nationales, les commissaires de la trésorerie en préviendront les administrations de département et de district, qui seront tenues de se faire remettre de suite, par tous les dépositaires publics, tous les titres, pièces et indications qui constatent les créances dues par la nation, lesquels seront de suite annullés et détruits.

CXX. Le premier janvier 1794, les registres du contrôle des quittances de finance seront déposés à titre de renseignemens au bureau de comptabilité, qui ne pourra en délivrer aucune expédition ou *duplicata*, et même jusqu'à ladite époque il ne pourra être délivré par les gardes desdits registres des *duplicata* de quittance de finance, que pour celles à fournir à la liquidation générale.

CXXI. A compter de la publication du présent décret, il ne pourra être délivré par les officiers publics aucunes expédition ou extrait des titres de créance sur la nation, de quelque nature qu'ils soient, sous peine de dix années de fers.

§. 35.

De la Comptabilité pour la confection du grand livre.

CXXII. Les préposés par les commissaires de la trésorerie pour la direction en chef du *grand livre* de la dette publique, seront comptables de leurs opérations.

CXXIII. Ils n'auront leur décharge complette que lorqu'ils auront justifié aux commissaires de la trésorerie, qui en rendront compte à la convention ou au

C. 2

corps législatif, que le montant de la dette publique transcrite sur le *grand-livre*, est égal au montant des rentes et intérêts résultant des états certifiés, 1.º du directeur-général de la liquidation; 2.º des notaires de Paris; 3.º du liquidateur de la trésorerie; et 4.º des quarante payeurs des rentes.

§. 36.

Des Dépenses pour la confection du grand-livre.

CXXIV. Il sera mis à la disposition des commissaires de la trésorerie nationale jusqu'à la concurrence de quatre cent mille livres pour les dépenses nécessaires pour établir le *grand livre* de la dette publique, et pour la formation du premier état de payement: lesdits commissaires demeureront autorisés de nommer et choisir les commis qui seront nécessaires, et de leur fixer leur traitement, comme aussi de nommer les signataires des extraits d'inscription du *grand livre*, jusqu'a ce qu'il soit terminé.

§. 37.

Du Payement annuel de la Dette publique non viagère.

CXXV. Tous les arrérages des rentes perpétuelles et les intérêts des capitaux dont le terme écherra à compter du premier janvier 1794, qui ne seront pas enregistrés sur le *grand livre* de la dette publique, ne pourront être acquittés par aucun receveur, caissier, régisseur ou administrateur; ils seront rejetés des états ou comptes où ils seroient portés en dépense.

CXXVI. A compter du premier juillet prochain, le payement annuel des parties comprises dans le *grand-livre* de la dette publique, sera fait les premier janvier et premier juillet de chaque année à bureau ouvert, sans attendre l'ordre alphabétique des noms actuellement usité.

CXXVII. Chaque année, dans les mois d'octobre, novembre et décembre, sera fait un extrait, article par article, de toutes les parties comprises dans le *grand-livre* de la dette publique, pour en former un état général qui servira de matrice pour les feuilles de payement annuel dont le modèle est annexé au présent décret *n.º* 11.

CXXVIII. La première feuille ne servira que pour les six premiers mois 1794, qui seront payables le premier juillet prochain; la deuxième comprendra les six derniers mois 1794, payables le premier janvier 1795, et les six premiers mois 1795 payables le premier juillet 1795 A l'avenir toutes les feuilles comprendront les six derniers mois de l'année courante et les six premiers mois de celle suivante.

CXXIX. Le payement des six premiers mois 1794 sera fait à la trésorerie nationale.

CXXX. Après cette époque, tous les créanciers pourront recevoir, dans le chef-lieu de district, le montant de leur inscription sur le *grand livre* de la dette publique.

CXXXI. Les créanciers qui voudront recevoir leurs payemens annuels dans un chef-lieu de district, seront tenus de faire parvenir à la trésorerie, du premier juillet au 3o septembre, leur déclaration signée par eux, reçue par leur munici-palité, visée par le directoire de district, suivant le modèle annexé au présent décret (*n.º 3.*), contenant leurs noms de famille et prénoms, le numéro de leur compte sur le *grand-livre* de la dette publique, le montant de leur payement annuel, et l'indication du chef-lieu de district où ils entendent être payés.

CXXXII, En cas de changement de domicile, ils pourront également, dans la même forme et dans le même trimestre, requérir leur payement à courir du premier juillet suivant, dans le nouveau chef-lieu qu'ils indiqueront.

CXXXIII. Toutes les déclarations qui ne seront pas exactes seront comme non avenues; et celles qui ne parviendront à la trésorerie qu'après le 3o septem-bre, ne pourront servir que pour les sémestres à courir du premier juillet de l'année suivante.

CXXXIV. Ceux qui n'auront pas fait leur déclaration ne pourront être payés qu'à la trésorerie nationale, et ceux qui n'auront pas notifié le chan-gément de leur domicile, seront payés dans le chef-lieu de district où ils auront été payés l'année précédente.

CXXXV. Il sera dressé des feuilles particulières pour les objets payables dans chaque chef-lieu de district; le montant total de ces feuilles devra être le même que ceux de l'état général.

CXXXVI. Ces feuilles annuelles, ainsi que les états des débets mentionnés aux articles suivans, seront préparés à l'avance par le payeur principal de la dette publique, et vérifiés par les commissaires de la trésorerie nationale, qui les arrêteront et ssigneront.

CXXXVII. Chaque créancier ou son fondé de pouvoir n'aura d'autres forma-lités à remplir que de signer en marge de son article porté sur la feuille de payement, en représentant au payeur l'extrait de son inscription sur le *grand-livre* de la dette, et en fournissant, si c'est un fondé de pouvoir un extrait de sa procuration ou de son pouvoir; si c'est le créancier, un certificat d'individualité, suivant le modèle annexé au présent décret (*n.os 4 et 5*), lequel sera délivré *gratis* par le juge de paix du domicile, ou par l'agent de la république dans les pays étrangers.

CXXXVIII. Si les créancier ne sait pas signer, il en sera fait mention dans les certificats d'individualité, et il pourra faire autoriser la personne qui l'accompagnera, à signer et émargér pour lui, sans que cette autorisation soit soumise au droit d'anregistrement.

CXXXIX. Si le créancier est mineur ou femme commune en biens avec son

mari, ou si c'est un des établissem ens mentionnés à l'article XXIII, le certificat d'individualité indiquera, outre le nom du propriétaire, celui du tuteur,
du mari ou des administrateurs, ainsi que leurs qualités, pour en recevoir le
montant.

CXL. Les payeurs à Paris ou dans les chef-lieux de district, conserveront
pendant cinq ans, à titre de renseignement, les piéces à l'appui des émargemens des feuilles de payement; passé lequel terme les parties intéressées ne
pourront se pourvoir directement que contre les signataires desdits émargemens.

CXLI. Les payemens à la trésorerie nationale seront faits au moyen d'un
mandat qui sera délivré par le commis teneur de la feuille de payement, et acquittés dans le jour sans aucune formalité par la caisse générale.

CXLII. Les commissaires de la trésorerie nationale, après avoir vérifié
lesdites feuilles annulles de payement, formeront un état de distribution de
distribution de fonds dans les chef-lieux de district, d'après lequel le payeur
principal de la dette publique fera les envois dans les chefs-lieux de district.

§. 38.
De la Comptabilité des Payeurs.

CXLIII. Les préposés dans les chef-lieux de district feront passer au payeur
principal le récépissé des sommes qu'ils auront reçues, et ils lui adresseront
chaque mois le bordereau de leurs payemens.

CXLIV. Le payeur principal de la dette public ouvrira des comptes particuliers à chaque préposé dans les chef-lieux de district, et un compte des
payemens journaliers à la trésorerie nationale, de maniere qu'il puisse présenter à chaque instant l'état des fonds versés pour l'acquit de la dette et le
montant des objets acquittés.

CXLV. Tous les soirs il sera fourni au bureau central de la trésorerie; savoir,
par le payeur des dépenses diverses, le bordereau des mandats délivrés par
les divers teneurs de feuilles de payement, avec distinction des lettres ou
sections de la feuille, et par la caisse générale, un bordereau des mandats
qu'elle aura acquittés.

CXLVI. La caisse générale déposera tous les soirs les mandats acquittés au
payeur principal de la dette publique, qui en fera écriture et délivrera un récépissé du montant desdits mandats, d'après lequel il n'y aura qu'un seul
article de dépense en masse à porter sur le journal de caisse.

CXLVII. Le 31 octobre de chaque année, les feuilles de payement annuel
des deux semestres précédens, et celles pour le payement des débets arriérés,
seront arrêtées et signées par les payeurs, et remises dans la première quinzaine
du mois de novembre, aux commissaires de la trésorerie.

CXLVIII. Les payeurs verseront aussi dans la première quinzaine de novembre, à la caisse générale de la trésorerie, les fonds restant entre leurs mains; il leur en sera délivré un récépissé dont le duplicata sera fourni au payeur principal de la dette publique, qui en créditera le compte de chaque payeur.

CXLIX. Aussitôt que le payeur principal de la dette publique aura vérifié les feuilles de payement annuel qui auront été renvoyées par les divers payeurs, et qu'il aura balancé le montant des émargemens avec celui des débets arriérés dont il sera dressé des états particuliers, il rendra, savoir, au payeur des dépenses diverses les mandats expédiés sur la caisse générale par ses préposés; et aux préposés dans les chef-lieux de district leurs récipissés égaux en sommes au montant tant des fonds par eux employés, que de ceux reversés à la trésorerie nationale: au moyen de cette remise, tous les payeurs seront valablement libérés.

CL. Tous les ans dans les premiers jours de février, le payeur principal de la dette publique présentera au bureau de comptabilité les feuilles de payement émargées; il justifiera que leur montant est égal à celui du *grand-livre* de la dette publique, que d'après les émargemens il en a été payé telle somme, pour débets arriérés dont il a été fait un état particulier, et que le montant des récépissé ou mandats qu'il a fournis sur la caisse générale, déduction faite des sommes reversées par les payeurs, est égal à celui des émargemens acquittés.

CLI. Après que le compte aura été vérifié par les agens vérificateurs, ils en dresseront procès-verbal, dont le résultat sera présenté dans le courant du mois de mars au corps législatif, qui, après le rapport des commissaires surveillans du bureau de comptabilité, décrétera que le payeur principal de la dette publique est quitte pour les payemens qui a faits dans le cour de l'année précédente.

§. 39.

Des Rentes de 1793 et années anterieures.

CLII. Tous les rentiers seront tenus de recevoir, d'ici au pemier novembre 1794, tous les arrérages et intéréts des six derniers mois de 1793, et ceux antérieurs qui peuvent leur être dus, lesquels seront acquittés jusqu'à cette époque comme ci-devant.

§. 40.

Des Débets arriérés des Rentes des années 1793 et antérieures.

CLIII. Les payeurs et tous les comptables seront tenus de dresser, dans le courant de novembre 1794, l'états de leurs débets arriérés des rentes; à la fin de novembre 1794, ils le remettront, comme pièce à l'appui de leur borde-reau de situation, aux commissaires de la trésorerie.

CLIV. Les commissaires de la trésorerie nationale dresseront un état général desdits débets, lesquels ne seront payés qu'à la trésorerie nationale par le payeur principal de la dette publique.

§. 41.

Des débets arriérés de la dette publique consolidée.

CLV. A l'avenir, les préposés dans les districts pour le paiement annuel de l'inscription sur le *grand-livre*, acquitteront les débets arriérés, relevés sur les feuilles de l'année précédente.

CLVI. Tous les débets arriérés, antérieurs à l'année précédente, seront payés à la trésorerie nationale par le payeur principal de la dette publique; et dans tous les cas, aucun créancier ne pourra réclamer que les cinq dernières années avant le sémestre courant.

CLVII. Il sera fait chaque année un état général des débets arriérés, antérieurs à l'année précédente, lequel sera formé de tous les objets non acquittés sur les feuilles des payeurs ou des débets arriérés de l'année précédente.

CLVIII. Le payeur principal de la dette publique comptera, pour le paiement des débets arriérés, dans la même forme que pour les feuilles des paiemens annuels.

§. 42.

Des transferts et mutations.

CLIX. Les mutations des rentes et intérêts qui auront lieu d'ici au premier juin 1794, seront notifiées comme par le passé aux payeurs des rentes, lesquels en tiendront note pour en fournir un état chaque mois, à la trésorerie nationale, de manière que le dernier état soit fourni le 3 juin 1794 au plus tard, afin que le transfert nécessité par les mutations, soit exécuté sans le moindre retard.

CLX. Après le premier juin 1794, la notification des mutations qui sera faite aux payeurs des rentes, ne pourra servir que pour les arrérages des rentes antérieures au premier janvier 1794; et les personnes intéressées à en faire connoître, seront tenues de les notifier à la trésorerie nationale, ainsi qu'il sera prescrit par les articles ci-après.

CLXI. A l'avenir, on pourra disposer de tous les objets compris dans le *grand-livre* de la dette publique, comme des créances mobiliaires, sauf contre les seuls propriétaires actuels ou leur succession, l'exercice de toutes actions, emplois et recours comme par le passé.

CLXII. Les créanciers non grevés d'oppositions, qui voudront disposer, ven-dre

dre ou aliéner, n'auront d'autres formalités à remplir que de faire leur déclaration, suivant le modéle annexé au présent décret (*n°*. 6) devant un juge de paix, ou un notaire, qu'ils entendent qu'un tel soit inscrit en leur lieu et place, pour la totalité ou partie de la dette publique, dont ils sont propriétaires sur le *grand-livre*.

CLXIII. Si le créancier est une femme mariée, la déclaration sera faite conjointement par elle et son mari.

CLXIV. La déclaration faite, soit devant le juge de paix, soit devant un notaire, sera enregistrée dans les dix jours par le receveur du droit d'enregistrement, et il sera acquitté deux cinquièmes du montant de l'inscription sur le *grand-livre* qui aura été cédée.

CLXV. Tous les transferts et mutations seront justifiés au liquidateur de la trésorerie nationale, qui, après la vérification de la déclaration enregistrée et de l'extrait de l'inscription du ci-devant propriétaire, délivrera un certificat de propriété, d'après lequel le payeur principal de la dette publique fera créditer le nouveau propriétaire et débiter l'ancien, de la totalité ou de partie des objets cédés.

CLXVI. Il sera fait mention au compte de l'ancien propriétaire et à celui du nouveau qui le représentera, des rappels des numéros et folios nécessaires pour indiquer la suite des mutations, et remonter depuis le propriétaire jouissant, jusqu'au propriétaire primitif.

CLXVII. Il ne pourra être fait des transferts ou mutations pour aucune somme qui réduiroit l'inscription sur le *grand-livre* de la dette publique à une somme au-dessous de cinquante livres, ni pour aucune fraction en sous et deniers.

CLXVIII. Il sera délivré au nouveau propriétaire un extrait de son inscription sur le *grand-livre* de la dette publique; et si le cédant n'avoit disposé que d'une partie de sa propriété, il lui sera également remis un nouvel extrait de son inscription pour la partie dont il restera propriétaire.

CLXIX. Les jugemens translatifs de propriété seront justifiés au liquidateur de la trésorerie; ils porteront les noms et prénoms du ci-devant propriétaire, ainsi que de celui ou ceux au profit desquels le jugement sera rendu.

CLXX. Les transferts ou mutations, provenant desdits jugemens, seront soumis au droit d'enregistrement mentionné en l'article CLXIV.

CLXXI. L'extrait d'inscription ne pourra être délivré au nouveau propriétaire qu'en représentant un certificat d'individualité, dans la forme prescrite ci-devant.

CLXXII. Lors des mutations par décès, les héritiers légataires et autres ayant droits, fourniront au liquidateur de la trésorerie nationale les pièces nécessaires

Décret sur le grand-livre.   D ponr constater leurs droits et qualités; et après cette justification, le liquidateur leur délivrera un certificat de propriété, à la présentation duquel le payeur principal de la dette publique les fera créditer, ainsi qu'il est mentionné pour les mutations.

CLXXIII. Les nouveaux créanciers reconnus à la trésorerie, conformément aux articles précédens, ne seront portés sur les feuilles de paiement que pour les sémestres payables l'année suivante.

CLXXIV. En conséquence des dispositions mentionnées en l'article précédent, les transferts par acte volontaire, qui auront lieu, soit dans le premier sémestre, soit dans le premier quartier du second sémestre d'une année, porteront tous la jouissance du premier juillet de ladite année : la cession des paiemens antérieurs ne pourra être faite que par une déclaration particulière qui sera fournie au payeur chargé de leur paiement.

CLXXV. Quant aux transferts par jugement ou par décès qui saisiroient les nouveaux propriétaires des paiemens antérieurs au premier juillet de l'année de la notification, il en sera justifié au payeur chargé de leur paiement.

CLXXVI. La justification au payeur se fera en représentant un certificat du liquidateur de la trésorerie, constatant qu'après avoir vérifié les titres de propriété, un tel est inscrit pour telle somme sur le *grand-livre* de la dette publique, et qu'il a le droit d'en percevoir le paiement annuel depuis telle époque.

CLXXVII. Les mutations seront faites journellement sur la copie du *grand-livre* de la dette publique, confiée au payeur principal; et elles seront rapportées chaque mois sur celle qui sera déposée aux archives de la trésorerie nationale.

CLXXVIII. Chaque année, pendant les mois d'octobre, novembre et décembre, il ne pourra point être fait des inscriptions sur le *grand-livre*. Ce dernier quartier sera consacré à la transcription sur le *grand-livre* de la dette publique, déposé aux archives nationales, des mutations qui auront eu lieu dans l'année, et à la confection des feuilles de paiement annuel.

CLXXIX. Les commissaires de la trésorerie nationale se feront représenter, chaque année, par le payeur principal, le tableau comparatif des sommes portées au débit du compte des anciens propriétaires et au crédit des nouveaux, afin de s'assurer que le montant de la dette publique n'éprouve aucune variation.

CLXXX. Les commissaires nationaux auprès des tribunaux, et les régisseurs nationaux du droit d'enregistrement, seront tenus de notifier au liquidateur de la trésorerie toutes les saisies, confiscations et abandons au profit de la république, résultant des jugemens; et le liquidateur en fera faire le transfert au crédit du compte de la nation.

CLXXXI. Le liquidateur remettra, à la fin de chaque semaine, aux commissaires de la trésorerie nationale, le relevé des transferts opérés au profit de la nation : chacun des articles qui y sera porté, sera vérifié par lesdits commissaires, qui fourniront tous les six mois, au corps législatif, l'état de ces transferts par eux certifiés.

§. 43.

De la comptabilité du liquidateur de la trésorerie.

CLXXXII. Le liquidateur de la trésorerie nationale sera responsable des transferts ou mutations qu'il aura vérifiés ; il en tiendra un registre particulier ; il y portera le précis des pièces qui lui seront fournies, lesquelles seront classées par ordre de numéros ; les numéros des folios de ce registre seront notés sur le *grand-livre* de la dette publique.

CLXXXIII. A la fin du mois de décembre de chaque année, le liquidateur rendra compte au bureau de comptabilité des transferts ou mutations qu'il aura certifiés ; il l'accompagnera du livre des transferts et des pièces à son appui. Ce compte jugé, le livre et les pièces seront déposés aux archives du bureau de comptabilité, où elles serviront, pendant dix ans, de titre de recours et de renseignement.

CLXXXIV. Les commissaires du bureau de comptabilité fourniront au liquidateur une décharge des titres et livres qu'il aura déposés.

§. 44.

Des saisies et oppositions.

CLXXXV. Il pourra être formé sur les objets compris dans le *grand-livre* de la dette publique, deux sortes d'oppositions : les unes sur le remboursement ou l'aliénation de la propriété ; les autres sur le paiement annuel.

CLXXXVI. Les oppositions sur le remboursement ou l'aliénation de la propriété ne pourront arrêter le paiement annuel, de même celles sur le paiement annuel ne pourront gêner le remboursement ou l'aliénation de la propriété.

CLXXXVII. Les oppositions sur le remboursement ou l'aliénation de la propriété, quel que soit le lieu du paiement annuel, ne pourront être faites qu'entre les mains des commissaires de la trésorerie nationale, au bureau établi par la loi du 19 février 1792. Celles sur le paiement annuel seront faites entre les mains du payeur chargé d'en acquitter le montant.

CLXXXVIII. Les oppositions sur le paiement annuel acquitté à la trésorerie nationale, seront faites entre les mains des commissaires, au bureau établi par la loi du 19 février 1792.

CLXXXIX. Les oppositions qui seront faites à la trésorerie expliqueront clairement si elles sont relatives au remboursement ou aliénation de la propriété, ou si elles frappent seulement sur le paiement annuel, ou enfin si elles portent sur les deux objets; faute de cette désignation précise, l'acte d'opposition ne sera pas visé, et sera comme non avenu.

CXC. Les oppositions actuellement formées, et celles qui pourront l'être jusqu'au premier juillet 1794, entre les mains, soit du conservateur des saisies et oppositions des finances et hypothèques, soit des payeurs et autres trésoriers, continueront d'avoir leur effet comme par le passé, jusqu'à ladite époque, après laquelle les créanciers seront tenus d'en former d'autres à la trésorerie ou aux payeurs chargés d'acquitter le paiement annuel.

CXCI. Les oppositions qui seront formées, soit à la trésorerie nationale, soit entre les mains des payeurs locaux, dureront trois années, à compter du jour de leur visa, conformément à l'article XIII de la loi du 19 février 1792. A l'expiration de ce terme, elles seront nulles et comme non avenues.

CXCII. Le préposé à la conservation des oppositions formées directement à la trésorerie nationale, fera mention, par une simple note de numéros de renvoi sur le *grand-livre* de la dette publique, des oppositions au remboursement et aliénation de la propriété. Il sera mention sur les feuilles du paiement annuel, des oppositions qui seront faites audit paiement; par ce moyen, les parties prenantes seront dispensées du rapport du certificat de non opposition.

CXCIII. Les mains-levés des saisies et oppositions formées à la trésorerie nationale ou entre les mains des payeurs locaux, pourront être données sous signature privée au dos de l'original, en les faisant enregistrer; mais si l'original de l'exploit ne peut pas être rendu, elles seront passées devant notaire, dans la forme ordinaire.

CXCIV. Toutes les saisies ou oppositions qui ne seront pas visées par le préposé de la trésorerie ou par les payeurs locaux, seront nulles et de nul effet. Les huissiers seront tenus, conformément à l'article IX de la loi du 19 février 1792., de laisser pendant 24 heures les originaux de leurs exploits entre les mains dudit préposé ou des payeurs, sans être tenus de représenter ou fournir aucun titre.

§. 45.

De l'admission de la dette publique en paiement des domaines nationaux à vendre.

CXCV. La dette publique consolidée sera admise après son enregistrement sur le *grand-livre*, pendant l'année 1794, en paiement des domaines nationaux adjugés après la publication du présent décret, à la charge par ceux qui voudront jouir de cette faculté, de fournir en même temps pareille somme en assignats ayant cours de monnoie.

CXCVI. L'évaluation du capital de l'inscription à faire sur le *grand-livre* sera calculée; savoir, pour ceux qui payeront leur acquisition d'ici au premier janvier 1794, à raison du denier vingt; pour ceux qui payeront du premier janvier au premier juillet 1794, à raison du denier dix-huit; et pour ceux qui payeront du premier juillet au 31 décembre de la même année à raison du denier seize.

CXCVII. Les acquéreurs des domaines nationaux désignés en l'article CXCV, seront tenus de faire devant le juge de paix leur déclaration de la portion de la dette publique qui devra donner lieu aux transferts et mutations en faveur de la république.

CXCVIII. Ils remettront cette déclaration, avec l'extrait de leur inscription sur le *grand-livre* de la dette publique, au receveur de district, qui l'adressera comme comptant au caissier général de la trésorerie.

CXCIX. Le caissier général remettra lesdites pièces au liquidateur de la dette publique, qui opérera le transfert au profit de la nation.

CC. Ledit liquidateur remettra au caissier général le certificat de décharge du *grand-livre*, pour être par lui rapporté à l'appui de sa comptabilité.

CCI. Les maisons, bâtimens, usines, restant à vendre pourront être payés sans rapporter des assignats avec des inscriptions sur le *grand-livre*, d'après l'évaluation fixée par l'article CXCVI.

CCII. Les créanciers directs de la nation pour créances exigibles soumises à la liquidation, qui auront acheté des domaines nationaux avant le premier octobre 1792, pourront en acquitter le montant avec le capital de l'inscription sur le *grand-livre*, provenant desdites liquidations. La même faculté sera accordée aux personnes qui, acquéreurs aussi de domaines nationaux avant le premier octobre 1792, auront été forcées, en exécution de l'article LXVI, de recevoir de leurs débiteurs l'article d'inscription sur le *grand-livre*.

CCIII. Pour constater le montant primitif dudit capital, l'inscription sur le *grand-livre* de la dette publique sera calculée à raison du denier vingt.

CCIV. Les propriétaires d'offices comptables, ou de finance servant de cautionnement, pourront aussi jouir de la faculté accordée par les articles CXCV et CXCVI, quoiqu'il existe une opposition au nom de la nation sur leur inscription sur le *grand-livre*; mais l'effet de cette opposition sera transféré sur la propriété qu'ils auront acquise, jusqu'à leur entière libération.

§. 46.

De l'admission de la dette publique en payement de ce qui est dû à la Nation.

CCV. Les créanciers directs de la nation, et ceux qui auront été forcés de recevoir de leurs débiteurs leur remboursement par le transfert de l'inscription sur le *grand-livre*, et qui se trouveront en même temps débiteurs de la nation pour toute autre cause qu'à raison de la recette ou du dépôt des deniers publics, ou pour l'acquisition des domaines nationaux, autre que ceux mentionnés en l'article CCII, pourront donner en payement leur inscription sur le *grand-livre*, calculée à raison du dernier vingt.

§. 47.

Moyens d'accélérer la liquidation de la dette publique.

CCVI. Le directeur général de la liquidation est autorisé à la liquider, sous sa responsabilité et sans le rapport préalable du comité de liquidation, toutes les créances constituées, à quelque somme qu'elles se montent, ainsi que les créances exigibles de trois mille livres de capital, et au-dessous, et toutes les maîtrises, jurandes, et offices de perruquier, à quelle somme qu'ils montent.

CCVII. Lorsque le directeur général de la liquidation trouvera quelques parties des objets mentionnés en l'article précédent, susceptibles d'être rejettées, il en fournira des états qu'il présentera au comité de liquidation, pour être statué sur son rapport par la convention ou par le corps législatif.

CCVIII. Le directeur général de la liquidation remettra, chaque mois, au bureau de comptabilité le double des états de liquidation qu'il aura fournis à la trésorerie; il y joindra les pièces justificatives des liquidations qu'il aura faites.

Ces états seront vérifiés et jugés dans la forme prescrite en l'article XVI, pour les payeurs des rentes.

CCIX. Les reconnoissances de liquidation des maîtrises et jurandes seront délivrées à l'avenir sans que les propriétaires soient astreints de représenter au directeur général de la liquidation les quittances d'impositions et du droit de patente. Cette justification sera faite à la trésorerie nationale avant la délivrance de l'inscription ou le remboursement.

CCX. Les citoyens de Paris pourront, ainsi que la faculté leur en a été accordée par un précédent décret, continuer, en cas de non paiement de leurs impositions, de prendre à la municipalité de Paris des certificats des sommes dont ils resteront débiteurs envers la République.

CCXI. Sur la remise de ces certificats à la trésorerie nationale, il leur en sera fait retenue sur le montant de leur remboursement: en leur laissant toutefois un bordereau de cette retenue, qui sera pris pour comptant en paiement de leurs impositions.

CCXII. Dans le délai de deux mois, à compter de la promulgation du présent décret, les gardes, syndics et jurés comptables des corps et communauté:

d'arts et métiers supprimés par le décret du 2 mars 1791, qui n'ont pas encore rendu leurs comptes de gestion, aux termes des articles V et VI dudit décret, seront tenus de les rendre aux municipalités.

CCXIII. L'état actif et passif des biens et dettes de chaque communauté, sera certifié par les syndics et jurés. il contiendra l'énoncé des immeubles réels ou fictifs de chaque communauté, ainsi que le détail de son mobilier, argent comptant et autres effets; le détail des dettes hypothécaires et chirographaires. Cet état sera vérifié par les municipalités et envoyé aux administrations de district, qui l'enverront, avec leur avis, aux administrations de département, pour y être définitivement vérifié et arrêté.

CCXIV. Les états fournis jusqu'à ce jour, qui se trouveront imparfaits, seront fournis de nouveau et refaits d'après les règles ci-dessus prescrites.

CCXV. Les administrations de département feront passer un double desdits états au directeur général de la liquidation, et un double aux préposés de la régie du droit d'enregistrement·

CCXVI. Les gardes, syndics et jurés des corps et communautés d'arts et métiers supprimés, et les municipalités qui n'exécuteront pas les dispositions ci-dessus, demeureront responsables des objets actifs à recouvrer, et seront poursuivis à cet égard par la régie du droit d'enregistrement, sur la dénonciation du directeur général de la liquidation; ils demeureront aussi responsables envers les créanciers des communautés, qui sont autorisés à les poursuivre, pour obtenir contre eux le payement des arrérages de leurs rentes et celui du montant de leurs créances exigibles.

CCXVII, La régie nationale de l'enregistrement fera vendre les effets mobiliers appartenant auxdites communautés, et poursuivra la rentrée de tout l'actif; elle en comptera comme du produit des domaines nationaux.

CCXVIII. Les bureaux des ministres et autres administrations publiques seront tenus de fournir, dans quinzaine du jour de la demande qui leur en sera faite par le directeur général de la liquidation, les certificats et nouveaux renseignemens qui leur seront demandés sur l'arriéré de la guerre et de la marine.

CCXIX. Le ministre des contributions publiques fournira au directeur général de la liquidation, dans quinzaine, l'état de situation de la vérification et du réglement des créances, tant des entrepreneurs et ouvriers qui ont été employés à la clôture de Paris, que des propriétaires de maisons démolies ou terrains acquis pour cet objet.

CCXX. Le département de Paris rendra compte dans le même délai de l'état de la vérification des ouvrages et du réglement des mémoires des entrepreneurs et ouvriers employés aux travaux des anciens édifices publics de Paris.

CCXXI. Le directeur général de la liquidation sera tenu de dénoncer à la

Convention tous ceux qui n'auront pas rempli, dans le délai prescrit, les obligations qui leur sont imposées.

CCXXII. Toutes instances et contestations actuellement pendantes entre l'agent du trésor public ou l'inspecteur du domaine et les particuliers se prétendant créanciers de l'état pour prêts faits au trésor public, ou pour toutes indemnités et réclamations litigieuses de toute nature, seront, dans les différens tribunaux où ces instances sont ou seront pendantes, jugées de préférence à toutes autres, sur la poursuite et diligence des commissaires nationaux près de ces tribunaux, qui seront tenus d'en justifier au ministre de la justice.

CCXXIII. A l'avenir, aucune créance rejetée définitivement par décret, ne pourra être représentée par le directeur général au comité, et par le comité à la Convention. En conséquence, le directeur général ne pourra remettre aucun titre relatif à l'objet rejeté; et dans le cas où ce titre seroit commun à d'autres objets non rejetés ou étrangers à la liquidation, il les remettra en faisant mention du rejet de la créance et du décret qui l'a ordonné.

CCXXIV. La trésorerie nationale tiendra à la disposition du directeur général de la liquidation, à la date du 1.er septembre prochain, jusqu'à la concurrence de soixante-quatre mille livres par mois, pour les loyers, appointemens et autres frais de bureaux de la liquidation, suivant l'état annexé au présent décret (n.º 7). Toutes dispositions de fonds qui auroient été autorisées antérieurement, sont supprimées.

CCXXV. Le directeur général de la liquidation est autorisé à louer, pour un an seulement, la maison ci-devant occupée place des Piques, par le ci-devant trésorier des états de Languedoc.

CCXXVI. Les travaux de distribution nécessaires au premier établissement de l'augmentation des bureaux dans ledit emplacement, seront faits sous l'inspection et surveillance des commissaires de la salle; et l'ammeublement lui sera fourni par le ministre de l'intérieur, sous l'inspection des membres du comité d'aliénation, chargés de l'inventaire des meubles appartenant à la république.

CCXXVII. Les commissaires de la trésorerie nationale tiendront à la disposition du directeur général de la liquidation, jusqu'à la concurrence de douze mille livres: pour être employées aux frais dudit établissement.

CCXXVIII. Dans le courant du mois de janvier 1794, le directeur général rendra compte à la convention de l'état de ses travaux, des objets entièrement liquidés, de ceux restant à liquider, du nombre des employés à conserver, de ceux à supprimer, et enfin de la diminution des frais de cet établissement.

CCXXIX.

CCXXIX. La commission des finances fera insérer dans tous les journaux le présent décret et le rapport, pour servir d'instruction.

Le conseil exécutif fera imprimer, publier et afficher le rapport pour servir d'instruction avec le présent décret.

Visé par l'inspecteur. Signé BLAUX.

Collationné à l'original, par nous président et secrétaires de la Convention nationale. A Paris, le 13 septembre 1793, l'an second de la République française, une et indivisible. *Signé* BILLAUD-VARENNE, *président ;* S. P. LEJEUNE, GARNIER (de Saintes) et D. V. RAMEL, *secrétaires.*

AU NOM DE LA RÉPUBLIQUE, le conseil exécutif provisoire mande et ordonne à tous les corps administratifs et tribunaux, que la présente loi ils fassent consigner dans leurs registres, lire, publier et afficher, et exécuter dans leurs départemens et ressorts respectifs; en foi de quoi nous y avons apposé notre signature et le sceau de la République. A Paris, le treizième jour du mois de septembre mil sept cent quatre-vingt-treize, l'an second de la république française. *Signé* GOHIER, président du conseil exécutif provisoire. *Contresigné* GOHIER. Et scellée du sceau de la République.

Nᵒ. I.

MODÈLE du récépissé de l'emprunt volontaire, ouvert en exécution du décret de la Convention nationale du 24 août 1793, an 2.ᵉ de la République une et indivisible.

Vu par moi contrôleur général des caisses de la trésorerie le   mil sept cent quatre-vingt-l'an   de la République.

ou

Vu par nous membres du directoire du district de le   mil sept cent quatre-vingt-l'an de la République, une et indivisible.

J'AI reçu de

la somme de

pour laquelle   ser   inscrit   sur le grand-livre de la dette publique, conformément aux dispositions du décret susdaté.

FAIT à   le   mil sept cent quatre-vingt-blique une et indivisible.   l'an   de la Répu-

Décret sur le grand-livre.   E

N°. 2.

MODÈLE de l'extrait d'inscription du grand-livre de la dette, qui sera délivré par le payeur principal.

Vu par moi contrôleur général des caisses. Paris, le

JE soussigné payeur principal de la dette publique, certifie que (*mettre les noms et prénoms*) est inscrit sur le grand-livre de la dette publique, au N°. du volume, lettre pour une somme de

l'an de la République une et indivisible.

Paris, le l'an
de la République une et indivisible.

N°. 3.

MODÈLE de la déclaration pour indiquer le chef-lieu de district où on entend être payé de son inscription sur le grand-livre de la dette publique.

NOUS maire et officiers municipaux de district de département de certifions que le citoyen (*remplir ici les prénoms et noms de famille*) a déclaré en notre présence qu'il entend être payé par le fonctionnaire public à ce préposé dans le district de

Vu par nous membres du district de le mil sept cent quatre-vingt- l'an de la République une et indivisible.

de la somme de portée en son nom sur le grand-livre de la dette publique, sous le N°. volume de la lettre à compter du premier juillet prochain.

De laquelle déclaration nous avons donné acte audit qui l'a signée avec nous, ainsi qu'au double de la présente, inscrite sur le registre de notre commune.

FAIT à l'an mil sept cent
le l'an de la République une et indivisible.

N°. 4.

PREMIER MODÈLE
Du certificat d'individualité, prescrit par l'article
CXXXVII.

Nota. Si l'individu est mineur, femme commune en biens avec son mari, interdit ou ayant un conseil, les tuteurs, maris, curateurs ou conseils, seront aussi désign. dans le même certificat et dans la même forme.

Et si le créancier est un des établissemens qui, d'après les décrets conservent l'administration provisoire de leurs biens, comme pauvres, hôpit., etc. on observera les mêm. formalités pour désigner les administrateurs.

(1) Si l'individu ne sait pas signer, il en sera fait mention dans le certificat et on pourra y autoriser la personne qui l'accompagnera à signer pour lui.

JE soussigné, juge de paix de (*mettre la section ou le canton*), district de   département de   certifie que le citoyen (*mettre les noms, prénoms et qualités, et le signalement exact*), ci-présent, demeurant à   situé dans mon arrondissement, est véritablement l'individu ci-dessus dénommé, pour m'être parfaitement connu, et a signé avec moi (1) le   mil sept cent quatre-vingt-   l'an   de la République une et indivisible.

VISA DU DIRECTOIRE DU DISTRICT.

Vu par nous, administrateurs du directoire du district de   à   le   mil sept cent quatre-vingt-   l'an   de la République une et indivisible.

N°. 5.

SECOND MODÈLE
Du certificat d'individualité prescrit par l'article
CXXXVII.

Nota. Si l'individu est mineur, femme commune en bien avec son mari, interdit ou ayant un conseil, les tuteurs, maris, curateurs ou conseils seront aussi désign. dans le même certificat et dans les mêmes formes.

Si l'individu ne sait pas signer, le certificat en fera mention. On pourra y autoriser une personne à signer l'émargement.

JE soussigné, agent de la République française à (*mettre le lieu de la résidence de l'agent*), certifie que le citoyen (*mettre les noms, prénoms et qualités, et le signalement exact*), ci-présent, demeurant à   est véritablement l'individu ci-dessus dénommé, pour m'être parfaitement connu, et a signé avec moi. Le   mil sept cent quatre-vingt-   l'an   de la République une et indivisible.

E 2

Nº. 6.

MODÈLE DE LA CESSION OU VENTE
De l'inscription sur le grand-livre.

Nota. Si l'on ne cè- de qu'une partie de l'inscription, il faudra mettre la somme de à prendre, et faisant partie de celle de dont, etc.

Le certificat d'inscription cédée devra être rapporté à la trésorerie nationale.

Il faudra faire enregistrer cette déclaration dans les dix jours de la date par le receveur de l'enregistrement du lieu où le transfert sera passé, et la faire légaliser.

AUJOURD'HUI est comparu devant le notaire ou juge de paix de . . . (*mettre les noms, prénoms, qualités et demeures du déclarant*), lequel a déclaré qu'il entend que (*mettre les noms, prénoms et qualités de celui au profit duquel est faite cette déclaration*), soit inscrit en son lieu et place pour la somme de (*mettre la somme portée en l'extrait d'inscription*), dont il est propriétaire, sur le grand-livre de la dette publique, nº.   , vol.   de la lettre   , pour y jouir à compter du 1er. juillet, et a signé avec nous.

FAIT à   le   mil sept cent quatre-vingt-l'an   de la République française, une et indivisible.

Nº. 7.

EMPLOI des fonds accordés au directeur général de la liquidation, pour la composition de ses bureaux.

Le directeur général	12,000tt
Chefs et liquidateurs principaux.	
8 à 6,000tt	48,000.
6 à 4,800.	28,800.
6 à 4,200.	25,200.
12 à 3,600.	43,200.
24 à 3,000.	72,000.
Sous-liquidateurs.	
30 à 2,400.	72,000.
45 à 2,100.	94,500.
Transporté	500,700.

Ci-contre. . . . 383,700 liv.

Expéditionnaires.

60 à 1,800. . . . . 108,000.
102 à 1,500. . . . . 153,000.

Commis. 293.

20 Garçons de bureaux à 900^{tt} . . . . . . 18,000.
Loyers des bureaux actuels. . . . . . 24,000.
Papier, bois et lumières, etc. . . . . . 69,300.

TOTAL. . . . . 768,000.
ou 68,000 liv. par mois.

Certifié véritable. Paris, le 13 *août* 1793, *l'an* 2.^a *de la République. Signé* DENORMANDIE.

RAPPORT

SERVANT D'INSTRUCTION

SUR

LA DETTE PUBLIQUE,

Et sur les moyens à employer pour l'enregistrer sur un grand-livre et la consolider; pour admettre la dette consolidée en paiement des domaines nationaux qui sont en vente; pour retirer et annuller les anciens titres de créance; pour accélérer la liquidation; pour régler le mode annuel de paiement de la dette consolidée dans les chefs-lieux de district, et pour retirer des assignats de la circulation.

CITOYENS, le premier travail de votre commission des cinq, chargée d'examiner la situation des finances de la république, a été de connoître l'état et le montant de la dette.

Nous avons eu recours aux divers rapports des assemblées constituante et législative, et aux comptes rendus par les commissaires de la trésorerie nationale; car malgré les calomnies sans cesse répétées et les craintes qu'on voudroit inspirer, les Français, au milieu des orages inévitables de la plus belle révolution, n'ont rien négligé pour constater et acquitter la dette contractée par le despotisme.

Le corps constituant ne nous a laissé, il est vrai, que des calculs hypothétiques; mais il faut convenir qu'étant environné des destructions nécessaires à l'établissement de la liberté, il lui étoit impossible de se procurer des connoissances exactes sur le montant des obligations contractées depuis tant de siècles, sous mille formes, et par un nombre infini d'établissemens ou d'administrations qui, gérant en particulier leurs affaires, n'avoient aucun point central de correspondance ni de réunion.

Le corps législatif nous a laissé des bases plus certaines : il exigea que les commissaires de la trésorerie dressassent en janvier 1792, un état détaillé de la dette publique; et le comité des finances du corps législatif, dans son rapport des 17, 18 et 19 avril 1792, présenta un état très-détaillé sur la situation des finances, à la date du premier avril 1792.

Enfin les commissaires de la trésorerie nationale ont remis, d'après votre décret du 10 janvier dernier, au comité des finances, un compte rendu sur la situation des finances, à la date du premier janvier dernier.

C'est d'après ces rapports ou comptes rendus, que votre commission s'est procuré les résultats que je suis chargé de vous présenter.

La dette publique non-viagère se divise en quatre classes : *dette constituée, — dette exigible à terme fixe, — dette exigible provenant de la liquidation, — dette provenant des diverses créations d'assignats.*

La dette constituée se subdivise en deux parties; la première, dont le montant est parfaitement connu, provient des anciennes dettes constituées et payées par les payeurs de l'hôtel-de-ville de Paris; elle repose sur des anciens contrats souscrits au nom des rois : elle se montoit au 1er. avril 1792, suivant le rapport du comité des finances du corps législatif, à 65,424,346 liv. de rente annuelle; elle a été réduite par les titres qui se sont trouvés dans l'actif de divers ordres militaires ou religieux supprimés, et qui sont devenus propriétés nationales, de sorte que son montant, à l'époque du 1er. janvier 1793, étoit de 62,717,164 liv. de rente annuelle.

Ces rentes sont payées à Paris par les payeurs, par semestre, dans le cours de six mois, par ordre alphabétique: chaque rentier, lorsqu'on est à sa lettre, porte sa quittance signée dans la boîte du payeur, qui la garde entre ses mains huit à dix jours pour la coter sur ses registres et feuilles de paiement.

Cette quittance qui est ainsi confiée au payeur, ne peut point légitimer le paiement; aussi se fait-il dans un lieu public, en présence d'un contrôleur qui atteste qu'il a été réellement fait au porteur du contrat, ou de sa procuration; c'est cette attestation qui peut seule opérer la décharge du payeur vis-à-vis du rentier.

Vous êtes sans doute étonnés de cette forme bizarre de paiement, qui ne sert qu'à entretenir les anciennes injustices, les anciens abus, à multiplier à l'infini les formalités qu'entraînent tous les enregistremens et visa de quittance, et à embarrasser la comptabilité.

La longue nomenclature des diverses natures des rentes, n'est pas moins étonnante, et n'a aussi d'autre utilité que de rappeler, d'une manière honteuse, les abus de l'ancien régime.

La diversité des titres est telle, que c'est une science de les connoître à l'inspection et de pouvoir les classer; ce qui augmente encore les embarras, c'est qu'une même nature de rente, un même emprunt est partagé pour le paiement à vingt ou trente payeurs, et que si l'on a besoin d'un renseignement, il faut s'adresser aux quarante payeurs, réunir et comparer les divers relevés qu'ils fournissent, pour en former un tout.

Il résulte de cet ordre, que le paiement dans les districts est impossible à exécuter, et qu'un créancier de deux mille livres de rente est forcé quelquefois de s'adresser aux quarante payeurs; il est obligé pour lors de se procurer quarante fois les pièces nécessaires pour recevoir son paiement; il éprouve souvent des difficultés contradictoires : enfin ce mode ne sert qu'à multiplier les parties prenantes, qui s'élèvent à douze cent mille, à cacher toutes les fortunes, à discréditer les contrats nationaux, et à multiplier les pièces de comptabilité à un point qu'il est impossible de rendre, et juger un compte après huit ou dix années.

Cet ordre de choses ne peut pas subsister sous le régime républicain; nous ne devons pas laisser la dette nationale reposer sur des titres consentis au nom des rois, et continuer à affecter des rentes sur le produit des aides et gabelles, tabacs et autres droits indirects qui ont été supprimés.

Il est difficile de comprendre par quelle prédilection un pareil établissement a pu résister aux réformes de la révolution. Il est tems de républicaniser la dette : la nation qui s'est chargée de l'acquitter, doit réunir tous les titres sous une même dénomination ; il est d'ailleurs convenable de faire disparoître des capitaux fictifs au denier cent, au denier quarante, des rentes soumises à un droit du dixième, du quinzième, de dix sous pour livre, qui n'ont d'autre utilité que de rappeler d'anciennes injustices, puisque la nation ne s'est obligée à payer les rentes que sur le pied de leur produit à l'époque où elle s'en est chargée.

La seconde partie de la dette constituée se compose des dettes des anciens pays d'état, des dettes passives de toutes les compagnies de judicature, de rentes dues par les communautés religieuses et corps particuliers du clergé, des dettes des communautés d'arts et métiers.

La nation s'est chargée d'acquitter toutes ces rentes, et de retirer l'actif de ces diverses corporations, de sorte que la première partie de la dette constituée doit diminuer du montant des titres dus par la nation, qui se trouveront dans cet actif.

On n'a aucune connoissance positive du montant de cette seconde partie de la dette constituée; le corps législatif, d'après le rapport qui lui fut fait dans le mois d'avril 1792, l'avoit évalué, déduction faite du produit de l'actif, à onze millions quatre cents vingt mille quatre cents trois livres de rente annuelle; les commissaires de la trésorerie, dans leur compte au 1er. janvier 1793, l'ont réduit à 10,450,207 liv. de rente annuelle.

Cette partie de la dette publique est soumise à la liquidation générale; les propriétaires,

propriétaires, en remettant leurs anciens titres, reçoivent un titre nouvel; ce qui multiplie et subdivise à l'infini les titres de propriété, augmente les pièces et les embarras de la comptabilité.

D'ailleurs cette nouvelle liquidation impose une nouvelle gêne aux créanciers possesseurs de ces titres, qui étoient payés dans les provinces, et qui sont obligés de venir recevoir leur paiement à Paris.

Le corps législatif avoit porté pour mémoire, dans cette seconde partie de la dette constituée, les rentes dues aux fabriques pour l'intérêt à quatre pour cent des immeubles qui leur appartenoient, dont elle ordonna la vente; les commissaires de la trésorerie, dans leur compte rendu sur la situation des finances au 1er. janvier 1793, d'après l'estimation qui a été faite des immeubles, portent cette partie de la dette à 8,078,364 liv. de rente annuelle.

Le corps législatif avoit aussi porté dans le chapitre de cette seconde partie de la dette constituée, les dettes des villes et communes. Il est essentiel de vous donner des éclaircissemens sur les bases de l'estimation qu'il fit de ces dettes.

L'assemblée constituante décréta, le 5 août 1791, que les villes et communes payeroient leurs dettes; et pour leur en procurer les moyens, elle y affecta le seizième du bénéfice qui leur est accordé sur la vente des biens nationaux; le produit de leurs propriétés, dont elle ordonna la vente; et en cas d'insuffisance, elle les autorisa à imposer un sou additionnel sur les contributions foncière et mobiliaire, pour être employé; savoir, dix deniers au paiement du capital qui doit être éteint dans trente années, la nation se chargeant d'acquitter le surplus des dettes, s'il en existe.

En vain avoit-on rendu plusieurs décrets pour ordonner aux villes et communes de fournir l'état de leurs actifs et passifs, pour connoître la partie de leur dette qui seroit à la charge de la nation; en vain avoit-on décrété la déchéance des maires et officiers municipaux qui ne les auroient pas fournis; le corps législatif n'avoit reçu aucun des états demandés, ce qui l'obligea d'estimer, d'après le rapport du mois d'avril 1792, sans base certaine, cette partie de la dette publique à 150 millions de capital, ou 6,000,000 de rente annuelle. Les commissaires de la trésorerie ont conservé cette évaluation.

Depuis le mois d'avril 1792, les villes et communes ne se sont pas mises en règle; à peine connoissons-nous quelques états de situation; nous n'avons entendu parler des dettes des villes et communes, que par les réclamations pressantes et multipliées des créanciers, et par les demandes en secours de plusieurs villes, qui ont profité de tous les événemens pour épuiser le trésor national: il est d'ailleurs connu que plusieurs villes et communes ont aliéné leurs propriétés, et en ont affecté le montant à des dépenses imprévues et extraordinaires. Il est tems de rétablir l'ordre dans cette partie, et de tranquilliser une foule de créanciers qui ne savent à qui s'adresser pour réclamer le paiement des rentes qui leur sont dues, et qui sont très-arriérées.

Le corps législatif, d'après le rapport du mois d'avril 1792, avoit porté dans le chapitre de la dette exigible à terme, la dette constituée du clergé, pour 72 millions 431,469 liv. de capital, qui, d'après les lois qui existoient alors, devoient être remboursés à raison de dix millions par an.

Mais d'après le décret qui suspendit le remboursement des reconnoissances de liquidation au-dessus de dix mille livres, le remboursement de la dette constituée du clergé fut suspendu, et les commissaires de la trésorerie nationale l'ont portée dans le chapitre de la dette constituée, pour 2,642,600 livres de rente annuelle.

Il résulte du compte rendu par les commissaires de la trésorerie, que la dette constituée montoit, au premier janvier 1793, à 89,888,335 livres de rente annuelle. Cette somme n'a éprouvé depuis lors aucune variation.

La dette exigible à terme provient des divers emprunts remboursables, contractés sous le gouvernement de Louis XVI; la majeure partie de cette dette est constatée par des annuités, quittances de finance ou effets au porteur; c'est cette dette qui a donné naissance à cet agiotage que vous voulez détruire; c'est elle qui l'alimente tous les jours par la facilité des négociations et par l'espoir de participer aux chances promises.

Le produit de cette dette a été employé en grande partie aux dépenses de la guerre d'Amérique; on évita pour lors de créer des impôts extraordinaires, mais on eut recours à des emprunts à un intérêt qu'on peut calculer à raison de 6 à 8 pour cent par an; on annonçoit devoir les rembourser, au moyen des économies sans cesse projetées et jamais exécutées.

C'est peut-être à l'existence de ces emprunts que nous devons le commencement de la révolution. Le gouvernement, embarrassé pour acquitter les engagemens qu'il avoit contractés, convoqua les états-généraux pour y pourvoir. Les porte-feuilles regorgeoient d'effets royaux : les propriétaires de ces effets craignant de perdre leurs capitaux, prirent le masque révolutionnaire et se réunirent aux amis de la République : dès-lors le Palais-Royal fut le lieu de rassemblement des patriotes, et c'est de ce foyer que partit le feu sacré qui enflamma les ames le 14 juillet et les 5 et 6 octobre 1789.

La nation a acquitté exactement cette partie de la dette à l'époque de son échéance; elle a acquitté aussi exactement les intérêts et chances promises, quoiqu'elles fussent le produit d'un intérêt usuraire. C'est peut-être l'exactitude de ces paiemens qui a produit le changement dans l'opinion des agioteurs qui, après avoir reçu les fonds que la nation leur devoit, les ont employés à accaparer les denrées et marchandises, ou le papier sur l'étranger; dès-lors, leur intérêt demandant l'avilissement des assignats, afin que les marchandises, denrées et papiers qu'ils avoient accaparés, augmentassent de valeur pour augmenter leur fortune, ils n'ont rien négligé et ne négligent rien pour obtenir ce discrédit, et donner à la révolution un mouvement rétrograde qu'ils espèrent devoir leur assurer d'une manière stable, les bénéfices énormes qu'ils se sont procurés: aussi sont-ils désespérés lorsqu'ils apprennent un évènement avantageux à la révolution.

Le plus sûr moyen de faire cesser l'agiotage, seroit de retirer de la circulation tous les effets au porteur et les annuités, de les assimiler à toutes les autres créances sur la République, de faire cesser l'intérêt usuraire qui leur est attribué, et de les convertir en un titre uniforme qui détruiroit les calculs des spéculateurs accoutumés à s'enrichir du discrédit public.

On peut diviser la dette exigible à terme, en deux parties: la première comprend les objets remboursables à Paris; la seconde, les emprunts faits en pays étranger, dont le remboursement est stipulé payable en monnoie étrangère.

La première partie de cette dette montoit au 1er. avril 1792, d'après le rapport du comité des finances du corps législatif, à 456,044,089 liv. Elle étoit réduite au premier janvier 1793, d'après le compte rendu par les commissaires de la trésorerie nationale, à 433,956,847 liv., sur laquelle somme il a été remboursé, depuis le premier janvier jusqu'au premier août dernier, 18,011,535 liv.: de sorte que le montant de cette partie de la dette publique étoit le 1er. août dernier, de 415,945,312 liv.

La seconde partie n'étoit pas comprise dans le rapport du corps législatif: elle montoit au 1er. janvier 1793, d'après le compte rendu par les commissaires de la trésorerie nationale, à 11,994,860 liv.; il en a été remboursé depuis cette époque jusqu'au 1er. août dernier, par la trésorerie nationale, 38,857 liv.; son montant au 1er. août étoit donc réduit à 11,956,003 l.

Cette dette provient des emprunts faits en Hollande, pour compte des Américains; et à Gênes, pour divers objets. Nous devons regarder comme sacrés les titres sur lesquels elle est fondée; ils doivent être remboursés en espèces, et non en assignats. Les Américains nous donnent à cet égard un grand exemple de loyauté, puisqu'ils nous remboursent en numéraire ce qu'ils pourroient nous rembourser en assignats, malgré le bénéfice qu'ils pourroient y trouver.

La dette exigible provenant de la liquidation, n'est devenue remboursable que par les effets de la révolution. L'ancien régime n'avoit rien négligé pour se procurer de l'argent; il avoit mis en vente le droit de rendre la justice, le droit de noblesse, celui de vexer le peuple par des impôts indirects; enfin le droit de mettre à profit ses talens et son industrie. La révolution a détruit tous ces priviléges et vexations; mais elle a respecté les propriétés: la nation s'est engagée à

F 2

rembourser les offices de judicature, de finance, jurandes, maîtrises et autres; c'est cet engagement qui forme la troisième partie de la dette publique; il importe à la révolution de faire disparoître cette masse d'anciens titres, en hâtant leur liquidation, qui fera oublier l'ancienne vénalité des charges, et qui portera la consolation dans l'ame d'une multitude de citoyens honnêtes.

Cette partie de la dette n'étant pas parfaitement connue, tous les titres n'étant pas encore remis à la liquidation, avoit été estimée, sans base certaine, au 1er. avril 1792, d'après le rapport au corps législatif, 1,050,741,469 liv.; mais on y avoit compris la dette constituée du clergé pour 72,431,469 liv. qui font aujourd'hui partie de la dette constituée, de sorte que cette évaluation ne montoit réellement qu'à 978,310,000 liv. Aujourd'hui tous les titres sont connus; il est certain qu'elle avoit été forcée d'environ 310,000,000 liv. (1); les commissaires de la trésorerie nationale ne l'ont portée au premier janvier 1793, dans leur compte rendu, que pour 640,377,621 liv., sur lesquels il a été remboursé, depuis le 1er. janvier jusqu'au 1er. août dernier, 14,671,312 liv.; son montant au premier août dernier étoit de 625,706,309 liv.

Le corps législatif avoit décrété que le remboursement de cette partie de la dette seroit fait en assignats, pour les sommes au-dessous de dix mille livres, et il suspendit le paiement des créances de dix mille livres et au-dessus; depuis cette époque, la dette provenant de la liquidation a été divisée en deux parties.

Vous avez changé, par la loi du 17 juillet dernier, les mesures adoptées par le corps législatif; mais vous avez toujours conservé la division en deux parties, puisque vous avez décrété que les créances de trois mille livres et au-dessous seroient remboursées en assignats, et que celles au-dessus de trois mille livres seroient remboursées en une reconnoissance de liquidation, ne portant aucun intérêt, à compter du premier août dernier, admissible en paiement des domaines nationaux à vendre, à condition que l'acquéreur fourniroit en même tems en assignats un tiers de la valeur acquise.

Peut-être traitez-vous un peu trop sévèrement les créanciers de cette dernière classe, tandis que ceux de la dette à terme sont favorisés; il est tems de ne faire qu'un titre de toutes les créances sur la nation; et s'il y a une exception à faire, elle ne peut être qu'en faveur de ces citoyens qui, ayant perdu leur état par la révolution, se trouvent créanciers d'une somme de trois mille livres et au-dessous.

La quatrième partie de la dette publique a été créée par la révolution; elle fait le service de monnoie, l'objet de toutes les spéculations; elle est la cause de tous les agiotages et accaparemens; enfin, après avoir rendu des services à la ré-

---

(1) Les offices avoient été estimés 800 millions; ils ne montent qu'à 492 millions.

volution, elle pourroit servir les projets des contre-révolutionnaires; elle provient des diverses créations d'assignats.

Le corps constituant, le corps législatif et la convention ont décrété successivement la création de 5,100,000,040 livres assignats: il en restoit le 1er. coût dernier, en caisse ou en fabrication, 484,153,987 liv.; le montant de ceux qui avoient été mis en circulation à cette époque, étoit de 4,615,846,053 liv., sur lesquels il en étoit rentré ou brûlé 840,000,000 liv. provenant des paiemens faits sur la vente des domaines nationaux; les assignats qui étoient en circulation le 1er. août dernier, montoient donc à 3,775,846,053 liv.

Il importe essentiellement à la cause de la liberté de diminuer la masse des assignats en circulation, puisque leur trop grande quantité ne sert qu'à augmenter la valeur de toutes les matières et denrées; c'est dans cette vue que vous avez rendu le décret qui démonétise les assignats à face royale, au-dessus de cent livres.

Ce décret a retiré de la circulation, comme monnoie, une somme de 558 millions 624,000 liv., puisque sur la création des assignats démonétisés qui montoit à 1,440,000,000 liv., il en avoit été brûlé 881,376,000 liv. qui provenoient des échanges ou des paiemens.

Le décret qui a réduit la masse des assignats ayant cours de monnoie, a déjà produit d'heureux effets, puisqu'il a fait diminuer de moitié le prix du papier sur l'étranger, et que le même effet doit se faire ressentir sur le prix de toutes les matières et denrées.

Les assignats démonétisés étoient accaparés, n'en doutez pas; la preuve en résulte d'une manière convaincante du rapprochement que je vais vous présenter. Le jour même du décret qui démonétisoit les assignats à face royale, je me rendis à la trésorerie pour m'assurer de ceux qui étoient dans les caisses, et pour prévenir les échanges; il ne s'y en trouva que pour environ 2 millions 500 mille livres, ceux dans la caisse à trois clefs provenant des biens des émigrés exceptés, et la caisse d'escompte qui n'avoit qu'un fonds de 29 millions en caisse, n'avoit presque que des assignats à face royale.

Il n'est pas étonnant que, d'après cet exemple, il s'élève des plaintes contre ce décret; mais rassurez-vous, elles ne sont dictées que par l'intérêt particulier; vous avez concilié le besoin des circonstances avec le respect des propriétés, puisqu'en enlevant aux assignats démonétisés le cours ordinaire de monnoie, vous leur avez conservé plusieurs moyens d'écoulement rapide, en les admettant, 1°. en paiement de ce qui est dû sur la vente des domaines nationaux qui monte de 12 à 1500 millions; 2°. des contributions qui montent de 6 à 700 millions; vous les admettez en outre dans l'acquisition des annuités provenant de la vente des biens nationaux, qui rapportent cinq pour cent d'intérêt; vous n'avez rien négligé pour retirer les assignats de la circulation; vous avez accordé une prime de trois pour cent à ceux qui, acquéreurs des domaines nationaux, se libéreront avant l'échéance du terme que vous leur avez accordé; vous ne cessez de vous occuper du respect que vous devez à toutes les obligations contractées; vous faites toujours des sacrifices, et ces égoïstes possesseurs des assignats sont toujours sourds à la voix de la patrie; ils attendent sans doute des moyens de rigueur pour les y forcer. Ah! vous qui vous plaignez du décret qui démonétise les assignats à face royale, empressez-vous de solder vos contributions qui sont arriérées, venez acquitter les domaines nationaux que vous avez achetés; on vous allouera trois pour cent de prime; si vous n'avez pas acheté des domaines nationaux, achetez les annuités de ceux qui les ont acquis, et votre assignat qui ne vous produit rien, vous produira cinq pour cent d'intérêt; défaites-vous de cet assignat que vous conservez sans doute en attendant l'arrivée des Autrichiens ou Prussiens, ou le succès des royalistes, et montrez-vous une fois amis de vos concitoyens; voilà les sacrifices qu'on exige de vous pour obtenir la liberté; ils ne sont pas grands, puisqu'en faisant le bien général, vous y trouvez encore votre avantage.

Citoyens, malgré les clameurs des égoïstes vous maintiendrez votre décret, et l'approbation que je reçois de vous sera peut-être un avertissement salutaire pour ces hommes qui réclament sans cesse les loix, mais qui ne veulent exécuter que celles qui favorisent leur opinion.

Nous pouvons donc diviser la dette en assignats en deux parties, qui montoient le 1er. août dernier en assignats démonétisés, à . . . . . 538,624,000 liv.
En assignats ayant cours de monnoie, à 3,217,222,053

Il résulte des détails que je vous ai présentés, que la dette publique non viagère se montoit, à la date du 1er. août dernier,

SAVOIR:

La dette constituée	89,888,335	l. de rente,
La dette exigible, à terme fixe, payable en France. .	415,945,312	capital.
Celle payable en pays et monnoie étrangère. . . .	11,956,003	capital.
La dette exigible provenant de la liquidation. . . .	625,706,309	capital.
La dette en assignats démonétisés	558,624,000	capital.
Celle en assignats ayant cours de monnoie. . . .	3,217,222,053	capital.

Votre commission n'a pas cru devoir comprendre dans la dette publique non viagère les débets arriérés, puisque ce sont des dettes courantes qu'on peut regarder comme dépenses annuelles, ni le seizième dû aux municipalités, ni les frais de vente, estimation et contribution des domaines nationaux, tous ces objets devant être considérés comme des dettes fictives.

Après vous avoir soumis les détails et le montant de la dette publique non-viagère, au 1ᵉʳ. août dernier, je vais vous présenter les vues que votre commission a cru devoir vous proposer pour hâter la liquidation de cette dette, retirer et annuller les anciens titres de créance, ne former qu'un titre unique pour toutes les créances sur la République, régler le mode annuel de paiement dans les districts, dégager la comptabilité de toutes les pièces et des embarras actuels, admettre la dette publique en paiement des domaines nationaux à vendre, afin d'en hâter et favoriser la vente; enfin pour retirer de la circulation des assignats ayant cours de monnoie: toutes ces opérations exigent un grand ensemble; nous nous estimerons heureux, si dans notre plan nous avons obtenu quelques-uns des résultats que nous nous sommes proposés.

La principale base du projet de votre commission pour annuller promptement tous les anciens titres de créances, pour simplifier les mutations, les oppositions et la comptabilité, et pour faciliter le paiement annuel dans les chefs-lieux de district, consiste à former un livre qu'on appellera *grand-livre de la dette publique*; il sera composé d'un ou plusieurs volumes; on y inscrira toute la dette non viagère; chaque créancier y sera crédité en un seul et même article, et sous un même numéro, du produit net, sans déduction de la contribution foncière, des rentes provenant de la dette constituée, et des intérêts annuels qui sont dus, ou lorsqu'ils ne seront pas déterminés à raison de cinq pour cent, sans retenue de la contribution foncière, des capitaux provenant de la dette exigible à terme, ou de la dette exigible soumise à la liquidation.

Ainsi, un propriétaire d'un contrat pour un capital de cinq mille livres, dont la rente au denier cent sans déduction de la contribution foncière, est d'un produit net de 50 livres, sera crédité sur le *grand-livre* pour cette dernière somme: s'il est créancier en même tems d'un effet au porteur, de deux mille livres de capital, dont le produit net est quatre-vingts livres, il sera crédité des quatre-vingts livres sur son même compte: si sa créance de deux mille livres n'a aucun intérêt déterminé, on le créditera sur le *grand-livre*, à raison du denier vingt de son capital: enfin, s'il est propriétaire d'une créance soumise à la liquidation d'un capital de quatre mille livres, portant cinq pour cent d'intérêt, avec la retenue de la contribution foncière, il sera crédité sur le *grand-livre*, à son même compte, pour une somme de deux cents livres.

Par cette opération simple et facile, toute la dette publique non viagère reposera sur un titre unique: on verra disparoître de suite tous les parchemins et paperasses de l'ancien régime: toute la science des financiers pour connoître la dette publique, consistera dans une addition du *grand-livre*.

Cette idée n'est pas nouvelle; elle a été employée utilement en Angleterre, lorsqu'on consolida les trois et quatre pour cent, ou qu'on créa l'*omnium*. Cette opération est très-politique, j'ose même dire nécessaire à la révolution, puisque dans ce moment où il peut exister des opinions de monarchie ou de contre-révolution, les personnes qui espèrent le retour de l'ancien régime, lorsqu'elles ont un placement à faire, donnent la préférence aux titres consentis aux noms des rois, comme ils agiotoient sur les assignats à face royale ; c'est à cette seule cause qu'on doit attribuer l'avantage de quatre pour cent qu'on accorde aux anciens emprunts sur l'emprunt national quoique sanctionné par le roi, que ces hommes paroissent regretter.

Plusieurs créanciers en contrats provenant de l'ancien régime ou des corps et compagnies supprimés, les gardent soigneusement, au lieu de retirer les titres nouvels. Le corps constituant avoit même permis aux créanciers du ci-devant clergé d'employer leurs créances en paiement des domaines nationaux ; mais toutes ces opérations tendant à dénaturer les anciens titres, n'ont eu presqu'aucun succès ; ceux qui espèrent ou favorisent la contre-révolution, disent : gardons nos titres de Louis XIII, XIV, XV et XVI, des ci-devant états provinciaux, du défunt clergé, des parlemens, des cours des aides et de toutes les autres corporations supprimées, parce que tous ces établissemens si chers à nos cœurs peuvent ressusciter, et nous espérons qu'ils ressusciteront : alors, en nous présentant à nos seigneurs, nous leur dirons : « pendant vos longues souffrances, pendant votre absence et pendant l'interrègne des lois et le triomphe de l'anarchie, quand tout le monde vous abandonnoit, nous vous étions unis de cœur et d'opinions ; si nous avons consenti à recevoir les rentes et intérêts que vous nous deviez, c'étoit pour éviter que les fonds ne fussent employés contre vous ; mais nous avons conservé soigneusement les anciens titres que vous aviez souscrits ; nous n'avons eu confiance qu'en vous, et nous n'avons voulu reconnoître pour nos débiteurs que le clergé ou la noblesse ou le roi. Vous devez donc nous favoriser. Ruinez tous ceux qui, ayant cru à la République, ont obéi aux prétendues loix ; la dette sera diminuée d'autant, et notre créance sera plus assurée ». C'est de ces idées chimériques que s'alimente la superstition monarchique : détruisons donc tout ce qui peut lui servir d'aliment ; que l'inscription sur le *grand-livre* soit le tombeau des anciens contrats et le titre unique et fondamental de tous les créanciers ; que la dette contractée par le despotisme ne puisse plus être distinguée de celle qui a été contractée depuis la révolution, et je défie à monseigneur le despotisme, s'il ressuscite, de reconnoître son ancienne dette, lorsqu'elle sera confondue avec la nouvelle.

Cette opération faite, vous verrez le capitaliste qui désire un roi, parce qu'il a un roi pour débiteur, et qu'il craint de perdre sa créance, si son débiteur n'est pas rétabli, désirer la République qui sera devenue sa débitrice, parce qu'il craindra de perdre son capital en la perdant.

C'est

C'est au moment où l'acceptation d'un gouvernement républicain vient d'être déposée dans cette arche sacrée ; au moment où vous venez de lier le faisceau départemental, pour prouver l'unité et l'indivisibilité de la République, que vous devez consolider la dette publique et l'inscrire sur le *grand-livre*; vous prouverez par-là que la République, voulant respecter les dettes contractées par le despotisme, s'empresse de les déclarer dettes républicaines, en fournissant un titre républicain. Si l'ancien régime eût pu revenir, certes il n'eût pas été aussi loyal.

Nous avons cru que l'inscription sur le *grand-livre* ne devoit pas rappeler les capitaux, et qu'on ne devoit y porter que le produit net des rentes ou des intérêts, afin de faire disparoître ces capitaux fictifs au denier cent, au denier quarante, etc.; ces retenues des vingtième, quinzième, dixième, cinquième, dix sous pour livre, etc., qui rappellent d'anciennes injustices, sans aucune utilité, puisque, lors des transmissions de ces propriétés, elles ne sont calculées dans les partages, ventes, etc. que pour un capital, à raison de leur produit net. D'ailleurs, lorsque la nation s'est chargée de l'ancienne dette, elle ne s'est obligée de la payer que sur le pied de son produit, à l'époque où elle s'en est chargée.

En ne faisant pas mention du capital, la nation aura toujours dans sa main le taux du crédit public, un débiteur en rente perpétuelle ayant toujours le droit de se libérer ; si une inscription de cinquante livres ne se vendoit sur la place que huit cents livres, la nation pourroit offrir le remboursement de cinquante livres d'inscription sur le *grand-livre*, sur le pied du denier dix-huit, ou moyennant neuf cents livres. Dès ce moment, le crédit public monteroit au-dessus de ce cours, où la nation gagneroit sans injustice, en se libérant, un dixième du capital, puisque le créancier seroit le maître de garder sa rente, ou de recevoir son remboursement; au lieu que si on inscrivoit le capital, cette opération seroit impossible, ou auroit l'air d'une banqueroute partielle.

Nous n'avons pas pensé qu'il fût juste de déduire, avant l'inscription, le montant de la contribution foncière, à laquelle certaines rentes ou intérêts sont assujettis, cette contribution ayant été établie depuis que la nation s'est chargée d'acquitter la dette : d'ailleurs nous vous proposons de décréter que toute la dette publique, inscrite sur le *grand-livre*, sera taxée au principal de la contribution foncière; ce qui seroit pour lors une double imposition, et seroit une injustice.

Il ne pourra être fait aucune inscription au-dessous de cinquante livres, afin de ne pas multiplier le nombre des créanciers; si cette disposition est adoptée, vous serez obligés de décréter que toutes les créances au-dessous de mille livres

Décret sur le grand-livre.   C de capital, et tous les contrats au-dessous de 50 livres net de rente, seront remboursés en assignats.

Vous devez faire aussi une exception en faveur des créanciers de la nation, de 3,000 livres de capital et au-dessous, provenant de la liquidation, et continuer de les rembourser en assignats. Déjà, par votre décret du 17 juillet dernier, vous avez consacré cette disposition; vous avez pensé qu'un citoyen auquel il n'étoit dû que ce capital, après avoir perdu son état par les diverses suppressions nécessitées par la révolution, pouvoit avoir besoin de ses fonds pour se procurer une nouvelle profession, et pour mettre à profit son industrie : ces motifs méritent d'être pris en considération par une assemblée qui a adopté les principes démocratiques, puisqu'ils tendent à favoriser les citoyens les moins fortunés.

Mais en décrétant cette exception, vous éviterez qu'elle ne tourne au profit de ces agioteurs qui ne négligent aucun moyen pour s'enrichir aux dépens du pauvre, ou de la nation. Déjà ils se sont empressés d'accaparer à vil prix les créances au-dessous de 3,000 livres; déjà ils en sont possesseurs pour des sommes très - considérables. Le moyen le plus sûr pour déjouer leur opération, sera de réunir, lors de la liquidation, toutes les sommes dues à un même citoyen; et si, par leur réunion, la somme capitale excède trois mille livres, elle sera inscrite sur le *grand-livre* comme les créances au-dessus de cette somme.

Pour obtenir la connoissance de tous les titres d'un même propriétaire, chaque créancier sera tenu de fournir une déclaration signée, contenant l'énonciation des diverses créances ou réclamations sur la nation qui lui appartiennent, soit directement, ou par cession et transport; et en cas de fausse déclaration, il sera déchu de ses droits envers la République.

Vous excepterez aussi les emprunts faits et stipulés pour être remboursés en pays étrangers, lesquels doivent être payés d'après les conditions des contrats; vous prouverez par-là le respect que vous avez pour toutes les obligations que la nation s'est imposées; il seroit d'ailleurs injuste d'offrir à des étrangers, qui se sont réservé leur remboursement en monnoie de leur pays, des assignats qui n'ont aucun cours chez eux; cet objet de peu d'importance a été payé jusqu'à présent ainsi que nous vous le proposons.

En remboursant les créances exigibles provenant de la liquidation, au moyen de l'inscription sur le *grand-livre*, vous devez procurer à ceux qui les recevront et qui auront des créanciers, ayant une hypothèque certaine et spéciale sur ces propriétés, le droit de s'acquitter en divisant leur inscription, et la cédant sans frais pour la première fois seulement.

Il ne sera porté sur le *grand-livre* aucune fraction en sous ou deniers, afin de faciliter les calculs ou paiemens; mais comme la nation ne veut pas diminuer le droit des propriétaires, nous vous proposons de supprimer les fractions au-dessous de dix sous, et d'ajouter ce qui sera nécessaire aux fractions de dix sous et au-dessus, pour compléter le livre ; ce qui fera une compensation des pertes avec les bénéfices que le hasard peut procurer.

On ouvrira un compte de la nation sur le *grand-livre*, au crédit duquel on portera toutes les extinctions, afin de reconnoître et constater, dans tous les temps, le montant des diminutions que la dette publique aura éprouvées.

Le *grand-livre* une fois terminé, le montant de la dette consolidée sera constaté par un procès-verbal signé par des commissaires de la convention ou du corps législatif, par les commissaires de la trésorerie nationale, et par le payeur principal de la dette publique ; il sera ensuite déposé aux archives nationales.

Mais comme le *grand-livre* sera le titre unique de tous les créanciers pour leur sûreté, il en sera fait deux copies ; une sera déposée aux archives de la trésorerie, l'autre restera entre les mains du payeur principal de la dette publique.

Toutes ces précautions doivent rassurer les créanciers, qu'on cherchera peut-être à intimider, en dénaturant nos intentions, et en publiant des craintes chimériques sur le sort du *grand-livre* et des deux copies : aussi nous avons voulu prévenir jusqu'aux méfiances qu'on tâchera d'inspirer ; c'est dans cette vue seulement que nous vous proposons de décréter qu'il sera délivré à chaque créancier un extrait de son inscription sur le *grand-livre*, certifié par le payeur principal de la dette publique. Nous pensons que cette précaution est inutile ; elle gênera peut-être la simplicité que nous desirons établir : mais elle est nécessitée par les circonstances.

Aucun extrait d'inscription ne pourra être délivré qu'autant qu'on rapportera les anciens titres de créances ; ainsi nous remplacerons tous les parchemins de l'ancien régime par un titre républicain, auquel on pourra avoir recours en cas d'événement.

D'après ces dispositions, nous devrions espérer que tous les anciens titres seront bientôt rapportés et annullés ; mais dans un temps de révolution, à une époque où l'esprit de parti fait les derniers efforts pour conserver la monarchie et empêcher l'établissement de la République, on doit craindre que la malveillance n'oppose une résistance d'inertie : aussi avons-nous pensé que vous deviez décréter que ceux qui résident en France, et qui n'auront pas remis leurs titres de créance d'ici au premier janvier prochain, seront déchus de leurs intérêts jusqu'au premier juillet prochain, et que ceux qui ne les auront pas remis le premier juillet prochain, dernier délai, ne seront plus créanciers de la République.

Nous n'avons pas cru devoir étendre cette rigueur sur les créanciers qui habitent hors du territoire de la République, dans un moment où toutes les puissances coalisées empêchent la circulation des décrets, de crainte de commettre une injustice envers des personnes qui n'auroient pas pu exécuter ce qui leur seroit impossible de connoître.

Un plus long délai pour les citoyens résidant en France seroit dangereux, parce que tous les malveillans qui auront desiré ou favorisé la contre-révolution, après avoir retardé l'exécution des lois, trouveroient encore, à la paix, les moyens de conserver leurs capitaux. Il est temps d'assurer la punition de ceux qui s'opposent, par la force d'inertie, à l'établissement de la République.

Tous les titres qui seront rapportés seront annullés et détruits après leur vérification définitive; mais comme la malveillance pourroit encore conserver des renseignemens qui entretiendroient son espérance, il faut exiger qu'après le dépôt du *grand-livre* aux archives nationales, tous les titres ou indications qui sont chez les notaires et autres officiers publics, soient rapportés pour être annullés et détruits; il faut aussi prévenir que les créanciers, en se procurant d'ici à cette époque des extraits ou copies collationnés, ne remplacent les titres originaux : nous vous proposons d'en défendre la délivrance, sous peine de dix années de fers.

Toutes ces mesures peuvent paroître minutieuses ou trop rigides; mais lorsqu'une nation se régénère, il faut renouveller tout ce qui existe, afin de détruire les fausses opinions que de vieux contrats pourroient conserver. Républicanisez la dette, nous le répétons, et tous les créanciers de la nation seront républicains.

Il importe au crédit public de simplifier et faciliter la vente et cession des inscriptions sur le *grand-livre*; c'est dans cette vue que nous vous proposons de décréter qu'à l'avenir on pourra en disposer comme des créances mobiliaires, sauf les actions, emplois ou recours, comme par le passé, contre les propriétaires actuels ou leur succession, afin de ne pas préjudicier aux intérêts des créanciers et même des familles qui, dans certains endroits de la République, où la dette constituée étoit considérée comme effet immobilier, avoient établi leurs droits sur ces propriétés.

Les mutations de propriété se feront sur la copie du *grand-livre*, qui sera entre les mains du payeur principal, au moyen d'un transfert du compte du vendeur sur celui de l'acheteur, en indiquant les numéros et folios nécessaires pour remonter depuis le propriétaire jouissant jusqu'au propriétaire primitif.

Le transfert ne pourra être fait que sur la présentation de l'acte de vente passé devant un juge de paix ou un notaire, ou des autres titres translatifs de propriété, au liquidateur de la trésorerie, qui, après les avoir examinés, délivrera un certificat d'après lequel le payeur principal opérera. Chaque mois on transcrira les transferts sur la copie du *grand-livre* déposée aux archives de la trésorerie nationale; chaque année, dans les mois d'octobre, novembre et décembre, on les transcrira sur le *grand-livre* déposé aux archives nationales; pendant cette époque, il ne pourra être fait aucun transfert.

Le liquidateur de la trésorerie sera responsable de toutes les mutations qu'il aura vérifiées et certifiées; il en tiendra un registre particulier; il y portera le précis des pièces qui lui seront fournies; il en comptera chaque année au bureau de comptabilité; il répondra aux propriétaires de la validité des tranferts; la société doit surveiller ce fonctionnaire public qui devient le vérificateur de toutes les propriétés inscrites sur le *grand-livre*; mais vous devez séparer la comptabilité des pièces qui, dans ce moment, est confiée au payeur principal, et qui retarde la reddition de tous les comptes, de celle des deniers, qui ne doit souffrir aucun retard. Ces deux comptabilités n'ont d'ailleurs aucun rapport entre elles.

Il sera payé à chaque transfert un droit des deux cinquièmes de l'inscription, ce qui équivaut à deux pour cent du capital, puisqu'on ne portera sur le *grand-livre* que le revenu annuel; ce droit procurera une augmentation de recette au trésor national, et le propriétaire y trouvera encore une économie, puisque la voie de reconstitution, qui étoit la moins onéreuse, coûtoit, 1°. un et un quart pour cent d'enregistrement, pour la quittance de remboursement et le timbre de la minute et deux expéditions; 2°. un droit d'hypothèque relatif au capital; 3°. six à douze livres pour droit de mutation; 4°. trois livres pour droit de rejet; 5°. un pour cent d'enregistrement pour le contrat de reconstitution et le timbre des minutes, grosses et ampliation; 6°. le droit de nouvelles immatricules.

La formation du *grand-livre* facilitera le payement annuel dans les chef-lieux de district; cette mesure est réclamée depuis long-temps, et vous en avez décrété le principe. Pour l'exécuter, on formera chaque année, dans les mois d'octobre, novembre et décembre, une feuille générale de la dette publique; on y portera, article par article, toutes les inscriptions du *grand-livre*; chaque créancier pourra se présenter à sa municipalité pour indiquer le chef-lieu de district où il veut être payé; il enverra sa déclaration, dans les mois de juillet, août et septembre, aux commissaires de la trésorerie, qui feront dresser autant d'états particuliers qu'il y aura de chef-lieux indiqués; ces états, arrêtés et signés par ces commissaires, qui vérifieront si leur montant réuni est égal à la feuille générale, seront envoyés avec les fonds nécessaires aux receveurs de district, qui paieront par sémestre, à bureau ouvert, les premier janvier et premier juillet de chaque année; on n'aura plus besoin de suivre pour le paiement l'ordre alphabétique des noms; on ne spéculera plus sur ceux d'Aaron ou d'Antoine; le nom d'aucun saint ne sera plus privilégié; le crédit public doit s'améliorer par l'exactitude des paiemens; la facilité de recevoir dans les districts doit nécessairement procurer un plus grand nombre d'acquéreurs; d'ailleurs, cet ordre simplifiera les formalités qui, dans ce moment, sont une vraie science et rendent nécessaire l'intermédiaire des grippe-sous, dont le bénéfice est onéreux ou à la nation ou au propriétaire.

Lorsqu'un créancier sera porté sur les feuilles de paiement, le payeur n'aura rien à vérifier; il lui suffira de s'assurer que celui qui se présente est le vrai créancier; aussi n'y aura-t-il d'autre formalité à remplir, pour recevoir le montant de l'inscription, que de fournir au payeur un pouvoir, ou, si c'est le propriétaire, une attestation du juge de paix ou de l'agent de la République en pays étranger, qui certifie que le porteur est réellement un tel, et à signer l'émargement de la feuille, en présentant l'extrait de l'inscription.

Nous n'avons pas perdu de vue les intérêts du pauvre; c'est pour le faciliter que nous vous proposons de décréter que celui qui ne saura pas signer, en en faisant la déclaration devant un juge de paix, ou à l'Agent de la République, en pays étranger, lorsqu'il retirera son certificat d'individualité, pourra donner pouvoir à celui qui l'accompagnera d'émarger pour lui la feuille de paiement; ce certificat, fourni sans frais, lui évitera ceux d'une procuration.

L'ordre de la comptabilité deviendra extrêmement simple; à la fin de chaque année, les payeurs des chef-lieux de district renverront les feuilles de paiement émargées; s'il y a des débets arriérés, ils enverront le montant de la somme non payée; le payeur principal, après avoir vérifié les feuilles émargées, renverra aux payeurs de district les récépissés qu'ils auroient fournis: au moyen de cet échange, ils seront valablement libérés; la République n'aura aucun intérêt de leur faire rendre compte, puisque le payeur principal, seul responsable, surveillera ceux qui lui sont subordonnés.

Le compte du payeur principal sera fort simple; il réunira toutes les feuilles de paiement émargées; il fera un état général des débets arriérés, et il prouvera au bureau de comptabilité que le montant des feuilles de paiement est égal à celui des inscriptions sur le *grand-livre*; qu'il en a été payé telle somme, d'après les émargemens, ce qui est aussi égal aux sommes qu'il a reçues, et qu'il en est dû *telle somme* en débets arriérés, dont il a été fait un état particulier.

Ainsi, sans aucune écriture, sans aucune autre pièce que les feuilles émargées, le compte du payeur principal pourra être rendu, jugé et apuré trois mois après les deux sémestres qui formeront son année de paiement.

La feuille des débets arriérés sera ensuite divisée en autant de feuilles particulières qu'il y aura de districts où il y aura eu de l'arriéré, pour le paiement y être fait dans l'année suivante; mais si le créancier néglige encore cette année d'en recevoir le montant, il ne sera pour lors payé qu'à la trésorerie nationale;

enfin, il sera déchu de ces débets, s'il néglige de les réclamer pendant cinq années; ce sera une punition qu'il pourra éviter.

Tout créancier qui n'aura pas fait et envoyé, avant le 30 septembre, sa déclaration pour indiquer le chef-lieu de district où il veut recevoir le montant de son inscription, sera payé à la trésorerie nationale : celui qui aura été payé dans un chef-lieu de district, et qui, par une nouvelle déclaration, n'aura pas changé son domicile, le sera dans le chef-lieu qu'il aura précédemment indiqué; sans ces précautions, qui ne punissent que les négligens, on n'obtiendroit jamais aucun ordre, et il faudroit exiger chaque année de nouvelles déclarations de tous les créanciers, ce qui multiplieroit trop les écritures et la correspondance, et géneroit les propriétaires.

Il y aura deux sortes d'oppositions: les unes sur le remboursement ou l'aliénation de la propriété; les autres sur le paiement annuel. Celles sur le remboursement ou l'aliénation de la propriété, ne pourront être faites qu'à la trésorerie, seul lieu où les transferts doivent être exécutés; celles sur le paiement annuel seront faites entre les mains du payeur chargé d'en acquitter le montant.

Nous avons conservé les formalités prescrites par la loi du 19 février 1792 pour les oppositions, parce qu'elles nous ont paru concilier les droits du particulier avec ceux de la nation, et qu'elles sont dégagées des entraves de l'ancienne jurisprudence.

Le *grand-livre* de la dette publique sera d'une grande utilité pour établir les contributions : toutes les fortunes, en créances sur la nation, y seront parfaitement connues.

Ce sera un cadastre d'après lequel on pourra répartir l'impôt avec plus d'égalité que sur les fonds territoriaux : aussi n'avons-nous pas hésité un seul instant de vous proposer d'assujétir l'inscription sur le *grand-livre* au principal de la contribution foncière, qui sera fixé chaque année par le corps législatif; le paiement en sera fait par retenue sur la feuille annuelle.

Nous n'ignorons pas que cette proposition fut rejetée par le corps constituant après une discussion solennelle; nous savons que l'Angleterre l'a toujours rejetée; mais tous ces exemples n'ont pas pu nous entraîner : dans un gouvernement libre qui a pour base l'égalité, toutes les fortunes doivent contribuer aux dépenses publiques; toutes les propriétés, étant garanties par la société, doivent payer le prix de cette protection; les créanciers de la République sont trop justes pour ne pas apprécier les sacrifices que la nation ne cesse de faire pour acquitter exactement les rentes promises par le despotisme; d'ailleurs, en payant à bureau ouvert sans aucune formalité et dans les districts, nous anticipons les paiemens d'environ trois ou quatre mois, nous les délivrons d'une multitude de faux frais nécessités par les procurations, droits de visa, d'enregistrement, de commissions aux grippe-sous : le montant de cette contribution sera d'ailleurs déduit de la contribution mobiliaire, payée actuellement par les rentiers; de sorte qu'on peut la considérer comme une compensation des avantages du nouvel ordre.

Nous avons pensé qu'il étoit juste de ne pas assujettir la dette publique aux sous additionnels de la contribution foncière, parce que cette propriété n'éprouve ni des améliorations ni des augmentations comme les fonds territoriaux; d'ailleurs le paiement en sera fait sans frais.

Après avoir développé nos vues pour la dette publique, nous avons cru qu'il convenoit de vous présenter des moyens d'exécution prompts et faciles, afin que cette opération importante, si vous l'adoptez, n'éprouve aucun retard; nous espérons qu'avant le 1. janvier prochain elle sera bien avancée.

En 1764, l'ancien gouvernement voulut connoître tous les titres de créances et les rendre uniformes; il créa un grand établissement de liquidation; il obligea tous les créanciers à rapporter leurs titres, sous peine de déchéance, et à recevoir en échange un titre nouvel. Que résulta-t-il de ce beau projet? une dépense ou une perte de vingt millions, une alarme générale, et des réclamations de tous les créanciers : aussi l'opération ne fut faite qu'à moitié; quelques particuliers firent fortune, et il se trouva un titre nouvel en circulation, sans que le gouvernement eût établi aucun ordre, ni acquis les connoissances qu'il desiroit.

De pareils exemples sont peu propres à donner de la confiance aux projets de rendre uniformes les titres de créance; mais vous devez avoir remarqué que nous n'exceptons aucune partie de la dette non viagère : ainsi l'opération sera générale; nous n'échangeons plus titre pour titre, nous réunissons toutes les créances du même propriétaire, de quelque nature qu'elles soient, en un seul et même article; ce qui diminuera considérablement le nombre apparent des créanciers de la République.

Quant à la dépense, rassurez-vous; au lieu de vingt millions, elle sera tout au plus de quatre cent quarante mille livres, et c'est cette somme que nous vous proposons s'y affecter.

Il n'est pas nécessaire de former de nouveaux établissemens pour liquider et vérifier les anciens titres; nous n'aurons pas même besoin du concours de plusieurs créanciers pour commencer l'opération; les payeurs des rentes, ci-devant dits de l'hôtel-de-ville de Paris, fourniront dans un mois, aux commissaires de la trésorerie nationale, un état par ordre alphabétique, contenant les noms de famille et prénoms de tous les propriétaires de rentes perpétuelles, tailles, intérêts d'office, droits annuels, et généralement de toute la dette constituée dont ils acquittent les rentes ou intérêts. Ils porteront aussi sur ces états le produit net desdites rentes sans déduction de la contribution foncière pour celles qui y sont assujetties;

assujetties; ils y donneront tous les renseignemens nécessaires pour conserver les droits des tiers et la continuation des paiemens.

Ces états seront faciles à dresser; les payeurs connoissent presque toutes leurs parties; ils ont d'ailleurs leurs feuilles d'appel : et en cas de quelque doute, ils pourront avoir recours à leur registre ou sommier.

Ainsi, nous devons espérer que, dans le mois de septembre, tous les états seront fournis, et que la dette constituée connue pourra s'inscrire sur le *grand-livre*.

Quant à la dette exigible ou constituée, soumise à la liquidation, le directeur général continuera à la liquider, et au lieu d'expédier des titres nouvels ou des reconnoissances de liquidation, il dressera des états comme ceux des payeurs, qu'il enverra comme eux à la trésorerie nationale.

Tous les propriétaires de la dette exigible à terme, présenteront leurs titres au liquidateur qui se trouve déjà à la trésorerie, lequel les liquidera d'après les bases que vous décréterez, et dressera des états conformes à ceux des payeurs des rentes et du directeur-général de la liquidation.

Par ce moyen, le payeur principal de la dette publique, qui sera chargé de l'inscription sur le *grand-livre*, ne verra aucun créancier ni aucun titre ancien; il opérera d'après les états qui lui seront fournis.

Les payeurs des rentes, le directeur-général de la liquidation, et le liquidateur de la trésorerie, seront tenus de remettre au bureau de comptabilité un double des états qu'ils auront fournis, et d'y joindre à l'appui les pièces justificatives de propriété qui leur auront été remises; ces états vérifiés, le corps législatif prononcera la décharge des liquidateurs, après avoir entendu le rapport des commissaires surveillans du bureau de comptabilité.

La nation aura donc pour garans de l'opération, les liquidateurs qui auront fourni les états; les vérificateurs qui les auront vérifiés, les commissaires surveillans, et enfin le corps législatif, qui a la grande surveillance sur toutes les opérations; ainsi, il ne peut y avoir aucune crainte sur les abus de l'exécution.

Le payeur principal de la dette publique justifiera aux commissaires de la trésorerie nationale que le montant de la dette publique, inscrite sur le *grand-livre*, est égal aux intérêts des sommes portées sur les divers états qui lui auront été fournis par les liquidateurs; les commissaires de la trésorerie seront tenus de le vérifier, et d'en faire le rapport au corps législatif, qui déchargera le payeur de sa responsabilité.

La dette constituée n'offrira aucune difficulté pour sa liquidation, qui est déterminée par le produit net des rentes ou intérêts; il suffira de régler le mode d'inscription des diverses parties.

Décret sur le grand-livre.   H

Les rentes et intérêts appartenant à des femmes mariées, seront portés au crédit de leur compte, quoique les maris en reçoivent le montant.

L'usufruitier ou délégataire devant être considéré comme propriétaire momentané du paiement annuel de l'inscription, sera crédité sous son nom et sur son compte, en y indiquant le propriétaire qui seul pourra vendre ou aliéner la propriété, lequel sera crédité sur son compte par voie de transfert, lorsqu'il justifiera que l'usufruit ou délégation sont terminés.

Les rentes ou intérêts appartenant en commun à divers particuliers, seront employés en un seul et même article, sous le nom de l'un d'eux, avec indication des co-propriétaires qui pourront se faire créditer au moyen d'un transfert, de la portion leur appartenant, pourvu que la division ne réduise aucune partie de l'inscription au-dessous de cinquante liv.

Vous vous occuperez bientôt des secours publics ; vous placerez sans doute les dépenses qu'ils nécessiteront dans la classe de celles dont le fonds est fourni par le trésor national. Toutes les propriétés qui sont affectées à ce service, seront sans doute mises en vente, afin que les administrations n'aient plus à s'occuper de l'entretien, réparation et régie des immeubles qui peuvent être dilapidés ou abandonnés, et qui s'amélioreront entre les mains des particuliers.

Mais en attendant cette réforme si utile, vous conserverez à tous ces établissemens l'administration provisoire de leurs biens, et la perception de leurs rentes et revenus; vous préviendrez par ce moyen les calomnies de la malveillance, qui publieroit de suite que vous enlevez sans remplacement les revenus des pauvres et des hôpitaux.

Nous vous proposons de décréter que les pauvres, hôpitaux et autres établissemens de cette nature, conserveront l'administration provisoire de leurs biens et revenus, et que les rentes qui leur sont dues par la nation, seront inscrites sur le *grand-livre*, à la lettre et sous le nom de la ville où sont situés les établissemens, mais en autant d'articles qu'il y aura d'établissemens différens.

Cette disposition ne doit pas avoir lieu pour les rentes dues aux fabriques. Le corps législatif, en ordonnant la vente de leurs immeubles, leur conserva les intérêts à quatre pour cent du produit de cette vente; il est temps de faire disparoître cette dette qui entretient une inégalité dans les dépenses, puisqu'elle met plusieurs paroisses en état d'étaler un luxe et des richesses, tandis que d'autres sont réduites au simple nécessaire. Il faut que la nation qui s'est chargée des frais du culte, les paie comme toutes les autres dépenses; nous vous proposons de supprimer, à compter du 1er. janvier prochain, les rentes dues aux fabriques, à la charge de pourvoir à cette époque aux frais du culte, comme pour toutes les dépenses ordinaires.

La dette exigible à terme est composée, 1°. de quittances de finance et effets au porteur dont le capital et les intérêts sont déterminés; les porteurs de ces t'tres seront inscrits sur le *grand-livre* pour le produit net des intérêts dont ils jouissent, qui en général sont fixés sur le pied de 4 à 5 pour cent; 2°. d'effets au porteur qui, outre le capital et les intérêts annuels, doivent participer par voie de loterie, à des lots, primes ou chances; 3°. de bulletins qui, n'ayant aucun capital déterminé, doivent concourir aussi, par voie de loterie, à divers lots ou primes; 4°. d'annuités auxquelles on a réuni le capital et les intérêts. Tous ces titres doivent être rapportés d'ici au 1er. janvier prochain au liquidateur de la trésorerie, sous peine de perdre les intérêts jusqu'au 1er. juillet 1794; et au 1er. juillet 1794, sous peine d'être déchu du capital et des intérêts: Je vais mettre sous vos yeux les diverses conditions de ces emprunts, afin que vous puissiez régler les bases de leur liquidation.

L'emprunt du mois de décembre 1784 étoit originairement de 125 millions; l'intérêt en fut fixé à raison de cinq pour cent sans retenue, indépendamment d'un accroissement progressif qui montoit, pour l'entier emprunt, à 19 millions; de sorte que l'intérêt annuel devoit coûter, année commune, six et trois quarts pour cent. Il devoit être remboursé au moyen d'un tirage annuel qui se fait dans le mois de janvier, à raison de 5000 billets de 1000 liv. chacun : plus, l'accroissement progressif des capitaux; il reste encore 17 tirages à faire.

L'assemblée constituante avoit projeté de rembourser cet emprunt en assignats, en joignant au capital primitif, l'accroissement progressif; par ce moyen, les prêteurs auroient réalisé de suite le capital et l'accroissement d'un et trois quarts pour cent qui avoit été promis, et qui, à cette époque, n'étoit payable que successivement dans 19 années.

Aujourd'hui vous devez traiter les porteurs des effets provenant de cet emprunt, comme les autres créanciers de la République: ils doivent être crédités sur le *grand-livre* des intérêts qui leur seront dus; il faut donc fixer le montant du capital qui doit servir de base à cette inscription.

On a proposé dans votre commission de calculer les intérêts de cet emprunt depuis sa création jusqu'à ce jour, à raison des six et trois quarts par an, prix commun promis par l'ancien gouvernement; d'en déduire les intérêts et accroissemens qui ont été payés, et de joindre aux 1000 livres du capital primitif, les sommes en provenant qui n'ont pas été payées; ce qui feroit une augmentation de 137 liv. 10 s. pour chaque billet de 1000 liv.

Votre commission n'a pas cru devoir adopter cette proposition; elle a pensé que le tirage du mois de janvier 1794 devoit être fait à l'ordinaire, afin de ne pas donner un effet rétroactif à la loi qui réduira les intérêts; mais que vous deviez supprimer tous les tirages à venir, comme étant le produit d'un intérêt usuraire qui ne doit pas survivre à une régénération de la dette, et que les lots qui sont sortis et ceux qui sortiront par le tirage, joints aux mille livres du capital primitif, serviront de base aux intérêts qui doivent être inscrits sur le *grand-livre*; quant aux billets non sortis, ils seront inscrits à raison du denier vingt du capital primitif (1).

L'emprunt du mois de décembre 1783 étoit originairement de 80 millions; il devoit être remboursé en dix ans, par tirage, à raison d'un dixième chaque année.

On remit aux prêteurs des quittances de finance au porteur de 1000 liv. produisant cinq pour cent d'intérêt sans retenue; les porteurs de ces quittances seront inscrits sur le *grand-livre*, pour le montant de ces intérêts.

Mais lors de l'emprunt, on joignit à chaque quittance un bulletin que les actionnaires originaires ont pu vendre et ont vendu séparément; de sorte que ces bulletins sont aujourd'hui une propriété de ceux qui les ont achetés séparément d'après les lois existantes.

Il y a encore 24,000 de ces bulletins en circulation, qui doivent participer en 1794, 1795 et 1796, à raison d'un tiers chaque année, à des lots qui montent à huit cent mille liv. par an ou deux millions quatre cent mille liv.

Votre commission vous auroit proposé de supprimer les lots affectés à ces bulletins, comme étant le produit d'un intérêt usuraire, s'ils étoient entre les mains des porteurs des quittances de finances; mais elle les a considérés comme des propriétés appartenant aux porteurs actuels, qui n'ont pas profité du bénéfice résultant de cet intérêt; d'ailleurs ils représentent un capital de petite valeur, puisqu'ils ne se vendoient que soixante-dix livres le mois de mai dernier; ils sont en grande partie entre les mains des citoyens peu aisés qui espèrent que la fortune pourra les favoriser; si vous les supprimez, vous les priverez de leur espoir et de leur capital.

Votre commission a pensé que vous deviez décréter qu'il sera fait dans le mois de septembre prochain un tirage général des 24,000 bulletins qui n'ont encore été admis à aucun tirage; pour l'exécution duquel les 24,000 numéros desdits bulletins seront mis dans une roue, et à mesure qu'ils sortiront, il sera mis dans une autre roue les 800 lots ou primes du tirage de 1794, et successivement ceux des années 1795 et 1796; les propriétaires auxquels il sera échu des lots ou primes de 1000 liv. et au-dessus, seront inscrits sur le *grand-livre* du montant des intérêts à cinq pour cent, sous la déduction sur le capital d'un et un quart pour ceux de 1794, à raison de l'avance du paiement qui ne devoit être fait que le 1er. avril; de six et un quart pour ceux de 1795, et de onze et un quart pour ceux de 1796.

_____

(1) La Convention a rejeté la proposition du tirage du mois de janvier 1794.

L'emprunt fait à la caisse d'escompte en 1790 étoit de soixante-dix millions; on lui fournit 20 annuités de 5,600,000 liv., remboursables dans 20 années; une chaque année; ce qui faisoit le produit du capital et des intérêts à cinq pour cent réunis. Trois de ces annuités sont remboursées; les autres, quoiqu'au porteur, sont jusqu'à présent entre les mains de la caisse d'escompte, qui ne les a pas mises en circulation.

Votre commission vous propose de liquider, dans les trois annuités payées, la portion du capital remboursé, en calculant les intérêts à cinq pour cent sur le capital, jusqu'à l'époque du remboursement effectué, et de faire inscrire sur le *grand-livre*, au crédit des intéressés de la caisse d'escompte, le montant des intérêts à cinq pour cent des 63,379,730 liv. qui leur seront dus d'après cette liquidation; et pour leur éviter des frais de mutation, nous vous proposons de les autoriser à former un état de ce qui reviendra à chacun des co-associés, d'après lequel ils seront inscrits sur leur compte particulier, pourvu toutefois que l'inscription ne soit pas au-dessous de 50 liv.

Les notaires de Paris ont prêté à l'ancien gouvernement une somme de sept millions, pour lesquels on leur avoit fourni aussi 37 annuités de 420,000 liv. remboursables dans 37 ans; une chaque année, pour le paiement du capital et des intérêts à cinq pour cent réunis; cinq de ces annuités ont été ou seront remboursées le mois de septembre prochain; il faudra faire la même opération et les mêmes calculs que pour celles de la caisse d'escompte; et comme les notaires de Paris ont emprunté cette somme, il faut les autoriser à fournir un état de leurs créanciers, qui seront inscrits sur le *grand-livre* pour les intérêts qui leur seront dus.

L'ancien gouvernement, en établissant les divers emprunts qui composent la dette à terme, délivra aux prêteurs des quittances de finance ou effets au porteur, auxquels il joignit des coupons pour l'intérêt annuel jusqu'à leur remboursement: ces coupons peuvent avoir été distraits de la quittance de finance ou effet au porteur; il faut donc, pour que les intérêts de la nation ne soient pas lésés, que les porteurs soient tenus de rapporter ceux qui étoient joints à leurs titres, qui n'étoient payables qu'après le 1er. janvier 1794, et que faute de les représenter, ils en comptent le montant; sans cette précaution, tous les effets au porteur, de mille livres de capital, seroient présentés sans les coupons qui leur étoient affectés, on offriroit la déduction de leur montant sur le capital primitif, ce qui réduiroit l'effet au porteur à une somme au-dessous de mille livres, et nécessiteroit le remboursement en assignats, puisqu'il ne doit être fait aucune inscription au-dessous de 50 liv.

Quant à la dette provenant de la liquidation, il ne sera plus expédié de reconnoissance pour les sommes au-dessus de trois mille livres; celles qui sont en circulation, seront rapportées, sous peine de déchéance, d'ici au 1er. janvier prochain, au liquidateur de la trésorerie. Les créanciers seront inscrits sur le *grand-livre* pour les intérêts déterminés par les décrets de liquidation.

Mais d'après la loi du 17 juillet dernier, les intérêts des reconnoissances de liquidation doivent cesser à compter du 1er. août dernier; et ceux qui sont dus jusqu'à cette époque doivent être joints au capital. Aujourd'hui, toutes les dettes de la nation devant être inscrites sur le *grand-livre*, à compter du 1er. janvier 1794, vous devez rapporter les dispositions de cette loi, relatives aux intérêts, et distinguer ceux qui doivent être joints au capital, de ceux qui doivent être payés en assignats.

Les intérêts qui sont dus jusqu'à l'époque de la liquidation, ayant toujours été joints au capital, nous ne changerons rien à l'ordre qui a été constamment suivi; mais nous avons pensé que les intérêts qui sont dus depuis l'époque du visa de la reconnoissance à la trésorerie ou à la caisse de l'extraordinaire, jusqu'au 1er. janvier 1794, et ceux qui seront dus à compter du jour des liquidations, jusqu'à la même époque, devoient être considérés comme des rentes annuelles, et comme telles, être payés en assignats; sans cette mesure, vous forceriez un citoyen qui n'a d'autre revenu que le produit de ces rentes courantes, de faire un placement qui l'obligeroit à emprunter pour fournir à des besoins urgens et indispensables.

Votre commission a pensé que vous deviez décréter que toutes les créances exigibles soumises à l'examen préparatoire des corps administratifs, qui n'excéderont pas huit cents livres, continueront d'être acquittées sur les lieux, afin de faciliter leur remboursement, et d'en favoriser les propriétaires qui en général sont peu fortunés.

Mais il a pensé aussi que, pour les créances de pareille nature, au dessus de huit cents livres sur lesquelles il aura été ordonné des paiemens à ... de moitié excédant quinze cents livres, le solde sera considéré comme créances au-dessus de 3,000 liv., et le propriétaire sera crédité sur le *grand-livre* pour le montant des intérêts qui seront dus.

Nous vous avons déjà donné des détails sur les dettes des communes, que le corps constituant a déclaré faire partie de la dette nationale; vous avez remarqué que les villes et communes sont obligées de se libérer; que, pour y parvenir, elles doivent vendre les propriétés, qui ne sont pas nécessaires pour le service public; qu'elles doivent y employer le seizième du bénéfice qui leur a été accordé sur la vente des biens nationaux, et qu'en cas d'insuffisance, elles doivent imposer un sou pour livre additionnel aux contributions foncière ou mobiliaire, pour achever leur libération dans trente années; la nation se chargeant d'acquitter le surplus des dettes, s'il en existe.

Nous vous avons déjà mis sous les yeux l'inexécution de cette loi, et des réclamations qui en sont résultées de la part des créanciers de plusieurs communes, qui ne savent à qui s'adresser pour le paiement des intérêts qui leur sont dus depuis si long-tems.

Il est tems de porter votre attention sur cette partie, et de réformer une législation qui sert de prétexte pour faire sortir des sommes considérables du trésor national. Vous favoriserez ainsi la vente de plusieurs propriétés, et vous assurerez l'emploi des fonds en provenant, et du produit du seizième de bénéfice qui a été accordé sur la vente des domaines nationaux, destiné à acquitter les dettes, qui est affecté journellement à des dépenses extraordinaires, souvent inutiles, qui n'auroient pas eu lieu, s'il eût fallu y pourvoir par des contributions extraordinaires.

Il a paru plus convenable à votre commission, que toutes les dettes des communes, contractées en vertu d'une délibération légalement autorisée, ou dont le fonds en provenant aura été employé pour l'établissement de la liberté, jusques et compris le 10 août 1793, fussent déclarées dettes nationales.

Cette époque à jamais mémorable, qui a réuni tous les Français pour jurer l'unité, l'indivisibilité de la République, la liberté, l'égalité et la fraternité, doit faire disparoître la différence et les rivalités qui existent entre diverses communes; il faut venir au secours de celles qui, n'ayant rien négligé pour soutenir la révolution, ont contracté des dettes, pour lever des hommes, pour les habiller et équiper, ou pour venir au secours des citoyens indigens, en faisant des sacrifices sur les denrées, etc.; toutes ces dettes doivent être à la charge de la nation, puisqu'elles ont été contractées pour la liberté commune.

Les dettes contractées avant le décret du corps constituant, sont aussi *dettes nationales*, si la nation s'empare des propriétés et des créances qui étoient affectées à leur paiement : cette mesure portera la consolation dans l'ame des créanciers qui ne seront plus renvoyés d'une administration municipale à votre barre ou à un comité qui les renvoie à son tour aux administrateurs qui n'ont pas fourni les états de situation que la loi ordonne.

Déclarez *dettes nationales* les dettes des communes, en déclarant *propriétés nationales* tout leur actif, excepté les biens communaux dont le partage est décrété, et les meubles et immeubles destinés aux établissemens publics. Vous n'aurez plus d'administrations municipales qui, avec des fonds particuliers, pourroient avoir l'idée de se séparer de la grande commune; vous enleverez aux partisans de l'ancien régime les moyens de placer leurs fonds sur des anciens titres qui survivroient à une régénération de la dette; formez un ensemble de toute la dette publique, de quelque part qu'elle provienne; qu'elle soit une, comme le gouvernement qui vient d'être adopté.

·Les propriétés des communes seront administrées, vendues et payées comme les autres biens nationaux; vous éviterez des frais et une comptabilité effrayante, sur-tout pour tenir les écritures qu'entraine le bénéfice accordé sur la vente des domaines nationaux.

En adoptant cette mesure, vous ne faites d'autre sacrifice que le sou additionnel qui devoit être imposé pendant trente années sur les contributions foncière et mobiliaire, imposition mal payée dont le produit, au lieu d'être employé au paiement des dettes, a servi et serviroit peut-être à acquitter des dépenses inutiles, et qui conserveroit une inégalité dans la répartition des contributions.

En déclarant dettes nationales les dettes des communes, vous obligerez leurs créanciers de fournir leurs titres au directeur général de la liquidation, dans le délai prescrit pour les autres créanciers de la République, sous les mêmes peines qui leur sont infligées (1).

Dans les momens de révolution, lorsqu'il a fallu abattre le trône, lorsqu'il a fallu faire des efforts contre les puissances coalisées, contre les fédéralistes et contre les royalistes, certains départemens et districts ont ouvert des emprunts forcés ou volontaires; ils ont emprunté au trésor public, ou à des particuliers, les fonds qui leur étoient nécessaires pour la levée, l'armement, l'équipement et solde des défenseurs de la liberté, ou pour fournir le pain aux citoyens peu fortunés, à un prix au-dessous du cours. Toutes ces dettes qui ont été contractées pour la révolution jusqu'au 10 août dernier, doivent être considérées comme dettes nationales, et les créanciers doivent être inscrits sur le *grand-livre*, comme les autres créanciers de la République.

Le 10 août sera le jubilé de toutes les opérations révolutionnaires en finance: ce sera l'époque de laquelle on datera pour l'établissement de l'ordre dans la dette publique.

Dans le jubilé ne seront point comprises les dettes qui ont été contractées par des communes, districts ou départemens, pour fournir à des dépenses qui ont eu pour but de marcher contre Paris ou contre la Convention, ou de s'opposer à la révolution; ces dépenses devant être à la charge de ceux qui les auront ordonnées.

Vous excepterez aussi les dettes contractées par les communes, départemens

(1) La Convention a adopté la proposition relative aux dettes; mais elle n'a déclaré *propriétés nationales* que celles qui appartiennent aux communes, pour le compte desquelles elle acquittera les dettes, et jusqu'à concurrence de leur montant; elle a déclaré que tous les objets dus par la nation aux communes, de quelque nature qu'ils soient, ne seront plus portés sur le livre et états de la dette publique: ainsi, le seizième des bénéfices sur la vente des domaines nationaux est supprimé.

ou

ou districts pour dépenses locales, ordinaires, administratives ou municipales, n'étant pas juste que la nation paye des dettes qui n'auroient pas eu lieu, si les contributions n'étoient pas arriérées, et qui seront acquittées avec les fonds provenant de cet arriéré.

Nous nous sommes occupés des dettes et créances des émigrés, objet très-intéressant pour la fortune publique, et qui exige la plus grande surveillance.

Pour connoître les parties de la dette publique qui appartiennent aux émigrés, les directoires de département et l'administrateur des domaines nationaux adresseront d'ici au 1.er janvier prochain, aux commissaires de la trésorerie nationale, l'état nominatif et les prénoms des personnes émigrées: les commissaires de la trésorerie feront vérifier sur le *grand-livre* les sommes qui leur sont dues; ils en fourniront un état à l'administrateur des domaines nationaux, et le montant des inscriptions leur appartenant sera porté par un transfert au crédit de l'union de chaque émigré, pour le produit être réparti au sou la livre, et d'après l'ordre de collocation aux créanciers, jusqu'à leur parfait paiement, après lequel l'inscription sera portée au crédit du compte de la nation, comme dette éteinte à son profit.

Vous avons pensé qu'il convenoit d'autoriser les créanciers des émigrés qui auront obtenu un certificat de collocation utile, de se faire inscrire sur le *grand-livre* pour les intérêts à cinq pour cent du montant de leur certificat; cette faculté sera un véritable emprunt qui évitera le paiement en assignats, d'un capital qui sera déposé au trésor national.

L'opération que nous vous proposons sera bien avancée au 1.er janvier 1794; mais elle ne peut être terminée que le 1er. juillet de la même année; il faut déterminer les formes qu'il faudra suivre pendant ce tems intermédiaire entre le régime actuel et celui qui va s'établir.

Les rentes qui seront dues pour les deux semestres de 1793 et années antérieures, seront acquittées d'ici au 1er. novembre 1794, par les payeurs et comptables qui en ont été chargés jusqu'à ce jour.

Toutes les rentes provenant des corps et compagnies supprimés, des dettes particulières du clergé, des dettes des départemens, districts et communes qui sont assujetties à la liquidation, seront acquittées par les payeurs des rentes de Paris, sur les certificats du commissaire-liquidateur qui ont été ou seront délivrés pour les années 1792 et 1793, aux créanciers qui n'ont pas obtenu de titres nouvels.

Les payeurs et comptables dresseront dans le mois de novembre 1794, un état général des débets arriérés; ils le remettront avec les fonds qui resteront en leurs mains à la trésorerie nationale, qui après le mois de novembre 1794, sera chargée de les acquitter.

Décret sur le grand-livre. I

Les rentes du premier sémestre de l'année 1794, de quelque part qu'elles proviennent, seront acquittées le 1er. juillet à la trésorerie nationale, sur une feuille particulière dressée pour ces six mois : le nouveau régime pour le paiement des rentes commencera au sémestre des six derniers mois 1794.

Les mutations qui auront lieu d'ici au 1er. juin 1794, seront notifiées pour la partie de la dette constituée, aux payeurs des rentes, et pour les autres parties au liquidateur de la trésorerie nationale; ils en dresseront des états qu'ils remettront avant le 3 juin 1794 au payeur principal, pour les transferts être terminés dans le mois de juin 1794.

Les oppositions sur la propriété seront faites à compter de la publication du décret, à la trésorerie nationale, dans les formes prescrites par la loi du 19 février 1792 : tous les citoyens qui ont des hypothèques sur la dette publique, seront obligés de les renouveler d'ici au premier juillet 1794 à la trésorerie nationale.

Les oppositions sur le paiement des rentes de l'année 1794 et antérieures, qui auront lieu d'ici au premier novembre 1794, seront faites aux payeurs chargés de leur paiement; toutes les oppositions faites ou à faire seront renouvelées pour le premier sémestre de 1794, à la trésorerie nationale, et pour celles postérieures à ce sémestre, au préposé des districts où le paiement annuel doit être fait.

Jusqu'à présent tout notre projet ne tend qu'à rétablir l'ordre dans la dette publique, à simplifier la comptabilité, à la débarrasser de toutes les anciennes formes, à réduire les anciens titres de créance en un titre unique et républicain, et à faciliter le paiement annuel dans les districts. Il nous reste à vous développer nos vues pour retirer des assignats de la circulation : cette mesure impérieusement réclamée par les circonstances, mérite toute notre attention, puisqu'elle doit amener la diminution du prix des denrées et marchandises, et déjouer les mesures de nos ennemis, qui nous font une guerre cruelle en finance, en discréditant la monnoie révolutionnaire qui nous a mis à même de combattre la coalition royale.

L'emprunt forcé contre lequel on a tant crié, et qui a servi de prétexte aux mal-intentionnés, pour publier que nous voulions violer les propriétés, est la base de notre projet. Il est peut-être nécessaire de revenir sur les principes qui vous ont déterminés à le décréter, afin de détruire, d'une manière victorieuse, les calomnies qu'on a répandues avec tant de complaisance, et prouver qu'au contraire il respecte, conserve et assure les propriétés.

Tout le monde conviendra avec nous que lorsque la société fait des dépenses extraordinaires pour l'avantage et l'utilité commune, elle a le droit d'exiger de tous les citoyens, des contributions proportionnées aux besoins; les amis de la liberté conviendront que la guerre que nous soutenons contre les tyrans coalisés, n'a d'autre but que d'établir le règne de la liberté et de l'égalité; que par conséquent les dépenses qu'elle entraîne sont pour l'avantage général et pour l'utilité commune. Il est évident que les Français n'auroient pas pu soutenir une guerre qui a exigé et nécessité les plus grands efforts, sans l'établissement d'aucune contribution nouvelle, si pour acquitter les dépenses extraordinaires, ils n'avoient successivement eu recours à des créations et émissions d'assignats, qui ont pour gage les biens nationaux provenant des biens ecclésiastiques, domaniaux et des émigrés. Aujourd'hui il importe d'en réduire la masse en circulation, pour obtenir une diminution sur le prix des denrées et marchandises qui est réclamée de toute part.

Vous auriez pu sans doute établir une taxe de guerre sur les personnes qui, par leur fortune, sont en état de la payer, et par ce moyen, retirer une masse très-considérable des assignats qui sont en circulation; le riche et le pauvre en auroient de suite éprouvé les heureux effets, puisque celui qui dépensoit 10,000 liv. par année, est obligé aujourd'hui d'en dépenser 20,000 liv., à cause de l'augmentation des denrées et marchandises. Si par cette contribution, les denrées diminuoient, celui qui auroit contribué pour 10,000 liv., les auroit épargnées dans les dépenses ordinaires; donc elle auroit été avantageuse au pauvre qui n'auroit rien payé, et au riche qui, en la payant, l'auroit économisée sur ses dépenses ordinaires.

Au lieu d'adopter cette mesure dont la justice vient d'être prouvée, vous vous contentez d'établir un emprunt forcé pour annuller et brûler les assignats; vous espérez que cette mesure procurera des économies dans les dépenses extraordinaires, et vous préférez l'économie à l'impôt; ceux qui crient sans cesse contre les assignats qui sont en circulation, qui en prennent le prétexte pour fomenter des troubles, réclament déjà contre cette opération; ces plaintes ne peuvent partir que des mal-intentionnés qui s'apperçoivent que cet emprunt va hâter la vente des biens des émigrés ou des agioteurs, qui, ayant accaparé des marchandises et denrées, craignent toutes les opérations qui, étant avantageuses au crédit public, nuisent à leurs odieuses spéculations.

Le gage des assignats qui sont en circulation, repose sur la valeur des domaines nationaux; la contre-révolution arrivant, les anciens possesseurs rentrent de vive force dans leurs propriétés, et le gage disparoît.

Egoïstes, qui vous plaignez de ce qu'on vous demande des assignats par un emprunt forcé, voyez combien la cupidité vous aveugle sur votre véritable intérêt. Nous pourrions établir une taxe de guerre, et nous nous contentons d'échanger votre assignat contre un titre qui repose sur le même gage. Si vous ne croyez pas à la révolution, l'assignat que vous regrettez n'a plus de valeur : si vous y croyez, hâtez-vous de l'échanger contre un titre qui vous procurera, comme lui, la propriété qui faisoit son gage. Ah! croyez-nous : si vous voulez assurer votre fortune, vos propriétés, et diminuer vos dépenses, travaillez avec nous à retirer les assignats de la circulation, ne créez plus des embarras en vous coalisant contre la République; unissez-vous aux défenseurs de la patrie; cessez d'être capitalistes toujours odieux, pour devenir propriétaires utiles d'un domaine national dont vous jouirez paisiblement.

Votre commission n'a pas perdu de vue que l'emprunt forcé remplaçoit une contribution extraordinaire; aussi les bases qu'elle a arrêté de vous proposer pourront paroître rigides à ceux qui se sont récriés d'avance contre cette opération.

L'emprunt forcé ne sera remboursable qu'en domaines nationaux à vendre; par ce moyen ceux qui y seront compris auront intérêt de terminer la révolution, pour devenir propriétaires; il ne sera admis en paiement des domaines nationaux, que deux ans après la paix, afin que ceux qui y sont taxés abandonnent leur résistance d'inertie, ou les troubles intérieurs qu'ils nous suscitent, qui font l'espoir des despotes et de leurs partisans; il ne portera aucun intérêt, ce qui sera l'équivalent d'un impôt extraordinaire pendant la durée de la guerre, que tout le monde aura pour lors intérêt de voir finir; les titres qui seront fournis ne seront point transmissibles, pour ôter aux mal-intentionnés la ressource que leur offriroit l'agiotage, pour les négocier; enfin si les sommes demandées ne sont pas acquittées dans le délai prescrit, l'emprunt forcé sera converti en un impôt, et ne sera plus remboursable.

Votre commission, en vous proposant toutes ces mesures, a cru que vous deviez procurer aux bons citoyens les moyens de s'en exempter, en prêtant volontairement les assignats qu'il est instant de retirer de la circulation. Elle vous propose en conséquence de décréter que les assignats ayant cours de monnoie, pourront être convertis en une inscription sur le *grand-livre*, à raison de cinq pour cent du capital. Les personnes qui voudront profiter de cette faveur pourront les verser dans les caisses de district, ou à la trésorerie; il ne pourra être fait aucun prêt au-dessous de mille livres. Les personnes qui ne seront pas dans le cas d'être imposées pour cette somme, à l'emprunt forcé, pourront se réunir pour la compléter.

Le paiement de ces inscriptions sera fait à compter du semestre des six derniers mois de 1794, comme celui de toute la dette publique consolidée; la trésorerie acquittera le 1er. juillet prochain le décompte des intérêts qui seront dus à cette époque depuis celle du versement.

Cette mesure nécessitera un paiement annuel de cinquante millions, sur lequel il faut déduire dix millions pour le produit de la contribution foncière, à laquelle il sera assujetti; mais ce sacrifice sera moindre que celui que vous avez fait en mettant en vente les annuités qui sont dues par les domaines nationaux qui produisent cinq pour cent net d'intérêt; il sera moindre que celui que vous avez fait en accordant une prime de trois pour cent à ceux qui accéléreront le paiement des domaines nationaux. Il ne sera qu'apparent; car si nous parvenons à faire rentrer un milliard en assignats, le prix des denrées et marchandises doit éprouver une diminution considérable, et dès-lors les dépenses publiques doivent diminuer proportionnellement.

Dans ce moment d'inquiétude où chacun paroît avoir des craintes sur le crédit public, la nation ayant encore à soutenir des attaques considérables, nous douterions du succès de cette mesure, malgré l'intérêt que nous vous proposons d'allouer : aussi l'avons-nous combinée de manière que sa réussite sera assurée par la crainte de l'emprunt forcé; nous vous proposons de décréter dans la loi relative à cet emprunt, que ceux qui, d'ici au 1er. décembre prochain, convertiront leurs assignats en une inscription sur le *grand-livre*, seront admis à faire déduire de leur taxe la somme qu'ils auront portée volontairement, en conservant tous les avantages qui y sont attachés.

Vous devez donc espérer que le milliard rentrera d'ici à cette époque; car voici le raisonnement de l'égoïste : « L'assignat à face royale étant démonétisé, je suis obligé de le porter au trésor national, en paiement des domaines nationaux ou des contributions, puisqu'il ne me produit aucun intérêt, et qu'il ne peut pas m'être utile dans les transactions journalières. Les assignats qui ont cours de monnoie sont ou seront bientôt un titre républicain, sur lequel reposera toute la dette publique : ainsi quelle que soit l'issue de la révolution, on ne pourra pas me distinguer des autres créanciers, je ne craindrai aucune opération particulière; cette inscription me produira net quatre pour cent, qui me seront payés chaque année par moitié, le 1er. janvier et le premier juillet, à bureau ouvert dans le chef-lieu du district que je choisirai; si j'ai besoin de mes fonds, je pourrai aliéner le titre qu'on m'aura fourni; si je veux, je pourrai l'employer de suite en acquisition d'un domaine national, ou des meubles vendus pour le compte de la nation; enfin, je serai exempt de l'emprunt forcé.

» Au lieu que si je me refuse à porter volontairement mes assignats, j'y serai obligé par une taxe dans l'emprunt forcé; on me donnera en échange un titre républicain, qui ne produira aucun intérêt, qui ne sera remboursable que deux ans après la paix, qui ne sera reçu à cette époque que dans une acquisition d'un domaine national, que je ne pourrai faire qu'à cette époque; enfin je ne pourrai pas le négocier à volonté.

» Le prêt volontaire doit être fait d'ici au premier décembre prochain; le prêt forcé devra être payé par tiers en décembre, janvier et février : après cette époque si je n'ai pas payé, j'y serai contraint, et je n'aurai plus de droit à un remboursement.

» Je vais donc porter les assignats à l'emprunt volontaire qui m'offre tant d'avantages; je profiterai dans mes dépenses journalières de la diminution qui doit avoir
lieu sur le prix des denrées et marchandises ».

Ceux qui seront sourds à leur intérêt personnel et aux besoins de la patrie,
doivent être considérés comme de mauvais citoyens; ils ne méritent aucun ména-
gement pour leurs propriétés, et la république doit surveiller leurs personnes,
comme étant suspectes.

Votre commission est persuadée que l'emprunt volontaire fera rentrer, d'ici au
premier décembre, un milliard en assignats; de sorte que les 3,217,222,053 liv.
ayant cours de monnoie, qui étoient en circulation le premier août dernier, seront réduits à 2,217,222,053 livres.

La dette publique consolidée qui sera inscrite sur le *grand-livre*, montera,
lorsque toutes les opérations que nous vous proposons seront terminées;

S A V O I R :

En inscription de la dette constituée connue . . . . 62,717,164.^{tt}

En inscription de la dette constituée, soumise à la liquidation . . . 10,450,207.

Rentes dues aux fabriques supprimées . . . .

En inscription de la dette constituée du ci-devant clergé . . . . . 2,642,600.

En inscription des dettes des communes, départemens et districts,
estimées sous bases certaines . . . . 25,000,000.

Nota. Cet objet n'avoit été estimé que six millions; l'actif de la nation aug-
mentera de la valeur des propriétés des communes, qui sont déclarées propriétés
nationales.

En inscription de la dette exigible à terme, pour les intérêts de
415,945,312 livres à 5 pour cent . . . . 20,797,265.

En inscription de la dette exigible soumise à la liquidation pour les
intérêts de 625,706,309 livres à cinq pour cent . . . . 31,285,315.

En inscription des assignats pour les intérêts d'un milliard à 5 pour
cent . . . . 50,000,000.
                                                            _____

T O T A L . . . . 202,892,551.

Sur lesquelles il faut déduire les créances provenant de la liquidation au-dessous de 3,000 livres, les effets au porteur au-dessous
de 1,000 livres, et les contrats au-dessous de 50 livres de rente
nette, qui doivent être remboursés, et que nous avons estimé
monter au capital de 57,851,020 livres, ou une inscription de . 2,892,551.

T o t a l de la dette consolidée qui sera inscrite sur le *grand-livre*. 200,000,000.

Cette dette sera imposée au principal de la contribution foncière, qu'on suppose devoir être d'un produit de quarante millions; elle nécessitera un paiement annuel de cent soixante millions; elle mérite donc toute l'attention des représentans du peuple.

Nous n'aurions pas terminé notre travail sur la dette publique, si nous ne vous présentions pas les moyens d'en opérer le remboursement et tranquilliser les créanciers; nous l'avons combiné de manière qu'il nous procurera la rentrée de partie des assignats qui resteront en circulation, après celle du milliard que nous présumons devoir provenir de l'emprunt volontaire ou forcé, et qu'il favorisera et hâtera la vente des biens nationaux.

Votre commission a pensé que vous deviez admettre d'ici à la fin de l'année 1794, toute la dette publique enregistrée, en paiement des domaines nationaux qui seront adjugés après la publication du décret, à la charge par ceux qui voudront jouir de cette faculté, de fournir en même tems pareille somme en assignats; et pour accélérer cette vente et ce paiement, nous avons cru devoir assurer à celui qui achetera et payera promptement, un avantage sur celui qui attendroit l'issue de la révolution pour se libérer. Nous vous proposons de recevoir l'inscription sur le *grand-livre*, calculée sur le pied du denier vingt, pour ceux qui payeront d'ici au premier janvier 1794; sur le pied du denier dix-huit, pour ceux qui payeront du premier janvier au premier juillet 1794; enfin sur le pied du denier seize, pour ceux qui payeront du premier juillet au 31 décembre 1794.

Nous exemptons de l'obligation de fournir des assignats, ceux qui acheteront les maisons, bâtimens et usines restant à vendre; ils n'auront à fournir que leur inscription sur le *grand-livre*, d'après les mêmes calculs.

C'est particulièrement pour hâter la rentrée des assignats, que nous avons cru devoir n'accorder que jusqu'à la fin de 1794, la faculté d'admettre en paiement des domaines nationaux, la dette publique; c'est dans la même vue que nous vous proposons de graduer la valeur de l'inscription, afin que celui qui portera promptement des assignats, jouisse de l'avantage que son empressement procurera à la République, en faisant diminuer le prix des denrées et marchandises. Examinons si nous avons rempli l'objet que nous nous sommes proposé.

Tout le monde conviendra qu'en admettant toute la dette en paiement des domaines nationaux; nous devons augmenter la concurrence des achats; car si tous les créanciers de la République vouloient employer ce qui leur est dû en acquisition de domaines nationaux, d'ici au premier janvier prochain, les ventes se monteroient à huit milliards, puisque les deux cents millions de la dette consolidée, calculée au denier, produiroient quatre milliards, et qu'il faudroit fournir pareille somme en assignats pour profiter de cet avantage.

Il ne peut exister aucun doute, que sur le nombre des créanciers de la République, il s'en trouvera qui acheteront un bien-fonds, pour y employer leur inscription sur le *grand-livre*. La vente des domaines nationaux doit donc être accélérée par l'empressement qu'une partie des créanciers aura d'être remboursée.

Ne perdons pas de vue, citoyens, que nous aurons républicanisé la dette; et que l'inscription sur le *grand-livre*, la valeur des assignats ou le domaine national dépendront également du succès de la révolution.

Nous exemptons les acquéreurs des maisons, bâtimens et usines restant à vendre, de l'obligation de fournir des assignats, parce que la République possède un grand nombre de ci-devant hôtels à Paris, des églises supprimées, des cloîtres et des châteaux-forts dont il est essentiel de presser la vente, afin d'éviter des frais énormes de réparations, de garde et de contributions qui absorberoient tout leur produit, s'ils ne l'excédoient.

Cette mesure est très-politique, sur-tout pour Paris, où il importe de remplacer les émigrés qui ont abandonné leurs superbes habitations des fauxbourgs Saint-Germain et Saint-Honoré: il faut nous occuper du sort de cette ville qui ayant fait des pertes considérables par la révolution, en soutient avec courage les vrais principes; ce qui la met sans cesse en butte à toutes les attaques des ennemis de la liberté.

L'avantage des créanciers n'est pas moins certain. Avant la révolution leurs créances reposoient sur les dilapidations de la cour, et avec ce gage, la banqueroute étoit inévitable; aujourd'hui, ils pourront obtenir leur remboursement en un bien-fonds, ou conserver leur inscription sur le *grand-livre*.

Quel reproche les hommes de bonne foi pourront-ils nous faire? Le despotisme nous a laissé des dettes et point d'argent; la révolution nous a procuré des biens fonds; nour nous empressons de les offrir en paiement, malgré les dépenses que nous sommes obligés de faire.

Un propriétaire d'une créance constituée, pour une rente d'un produit net de 200 livres, qui étoit mal payée et dont le capital n'auroit jamais été remboursé, le créancier d'un objet soumis à la liquidation, ou pour un effet au porteur de 4000 l. capital, pourra acheter une maison nationale d'ici au premier janvier 1794, d'une valeur de 4000 livres, et la payer avec son inscription au *grand-livre*; s'il préfère un biens-fonds ou des meubles qui seront vendus pour compte de la nation, il sera obligé de joindre à son inscription, 4000 liv. assignats pour une acquisition de 8000 livres; à la vérité, s'il n'achète et ne paie qu'après le premier janvier, et jusqu'au premier juillet 1794, son inscription ne sera reçue que pour 3,600 livres; enfin, s'il attend après le premier juillet jusqu'au 31 décembre 1794, son inscription ne sera reçue que pour 3,200 liv. Après cette époque, l'inscription ne sera plus admise en paiement des domaines nationaux.

Ainsi les créanciers auront intérêt de presser leurs acquisitions; ils seront les
maîtres

maîtres de fixer la valeur de leur inscription, de s'en faire rembourser en tout ou en partie, ou de la conserver pour en recevoir le paiement chaque année à bureau ouvert, les premier janvier et premier juillet, dans les chef-lieux qu'ils indiqueront.

Celui qui a 4,000 livres en assignats dans son porte-feuille, et qui voudra acquérir une maison nationale, en les portant d'ici au premier décembre dans les caisses de district ou à la trésorerie nationale, recevra une inscription sur le *grand-livre*, avec laquelle il paiera son acquisition; il pourra aussi l'employer en paiement d'un bien-fonds ou des meubles vendus pour compte de la nation, en portant pareille somme en assignats; dans l'un ou l'autre cas, il sera exempt d'une taxe de 4,000 l. dans l'emprunt forcé. Ainsi, cet emprunt qu'on avoit annoncé attentatoire à la propriété, rendra propriétaires les possesseurs d'assignats qui n'auront d'autres sacrifices à faire que de les échanger : et de faciliter par cet échange la diminution des denrées et des marchandises.

Notre seul but dans toute cette opération, est, nous le répétons, de retirer des assignats en circulation, de rembourser la dette, et d'accélérer la vente des domaines nationaux.

Nous espérons que notre calcul pour retirer les assignats de la circulation, ne sera pas illusoire; car si tous les créanciers de la République vouloient employer leurs titres d'ici au premier janvier 1794, en bien-fonds, le capital de 200,000,000 liv. de la dette consolidée, calculée au denier vingt, monteroit à 4 milliards; ce qui nécessiteroit la rentrée de 4 milliards assignats. Si les inscriptions n'étoient employées que depuis le premier janvier jusqu'au premier juillet 1794, le capital ne monteroit qu'à 3,600,000,000 liv., et il rentreroit pareille somme en assignats; mais la nation économiseroit 400 millions sur le remboursement de la dette; enfin, si elles n'étoient employées que depuis le premier juillet jusqu'au 31 décembre 1794, le capital ne monteroit qu'à 3,200,000,000 l. et on retireroit de la circulation pareille somme en assignats; la nation auroit pour lors un bénéfice de 800 millions sur le remboursement de la dette; par ce calcul gradué, elle seroit dédommagée des dépenses extraordinaires que le retard de la rentrée des assignats lui occasionneroit.

Votre commission n'a pas pensé qu'aucun de ces calculs reçoive son entière exécution; mais elle a estimé que la moitié des créanciers de la République vondroit convertir l'inscription en un domaine national; elle a pensé que les acquisitions s'exécuteront dans les trois époques déterminées pour l'année 1794. En adoptant les bases de votre commission, il en résultera que les 3.4 millions des inscriptions employées d'ici au premier janvier 1794, calculés au denier vingt, produiront un capital de 680,000,000ᵗ

Transporté . . . . . 680,000,000.

Décret sur le grand-livre. K

De l'autre part 680,000,000tt

Trente-trois millions employés du premier janvier au premier juillet 1794, au denier dix-huit, produiront . . . . 594,000,000.

Trente-trois millions employés du premier juillet au 31 décembre 1794, au denier seize, produiront . . . . 528,000,000.

1,802,000,000.

Supposons que 200 millions de ce capital soient employés en acquisitions des maisons, bâtimens et usines . . . . 200,000,000.

Total du capital des inscriptions employées en acquisitions des biens-fonds . . . . 1,602,000,000.

Il faudra donc que les acquéreurs fournissent en 1794 pareille somme en assignats : les 3,217,222,053 liv. qui étoient en circulation le premier août dernier, seront réduits, 1°. d'un milliard par l'emprunt forcé ou volontaire ; 2°. des seize cent deux millions, suivant les calculs précédens ; il n'en resteroit donc, à la fin de 1794, que 615,222,053 liv. auxquels il faudra joindre les nouvelles créations que les circonstances pourront rendre nécessaires.

La dette publique seroit portée, au lieu de 89,888,335 liv., montant actuel de la dette constituée, à 100,000,000 liv. de paiement annuel ; sur ces cent millions il faudra déduire 20 millions de la contribution foncière : la nation n'auroit donc à payer annuellement que 80 millions ; ce qui seroit 9,888,335 l. de moins que la dette constituée, et la dette exigible à terme, ou provenant de la liquidation, sera entièrement acquittée.

Nous ne parlerons plus des 558 millions d'assignats démonétisés, puisqu'ils doivent rentrer d'ici au premier janvier prochain, en paiement des contributions ou des domaines nationaux.

Nous devons faire tous nos efforts pour obtenir ces résultats. Ne vous étonnez donc pas de la rigueur de l'emprunt forcé, puisque ceux qui desirent le rétablissement de la paix pourront s'en exempter en convertissant volontairement leurs assignats en une inscription sur le *grand-livre*. Détruisez en même temps tout ce qui sert à l'agiotage. Que le capitaliste qui voudra placer des fonds à intérêt, soit obligé de les convertir en une inscription sur le *grand-livre*, ou de les prêter à ceux qui voudront se procurer cette inscription.

On pourroit peut-être craindre que le gage des assignats qui seront en circulation ne soit altéré par cette opération : rassurez-vous, il est dû à la nation 1,200 à 1,500 millions provenant de la vente des biens nationaux, et 6 à 700 millions de contributions : il n'y a en circulation que 558 millions d'assignats démonétisés qui seront employés à leur paiement ; il restera donc un excédent de gage d'environ 14 à 1,600 millions ; car la dette publique n'est admise qu'en paiement des biens nationaux à vendre ; ainsi chaque objet aura son gage séparé.

L'opération que nous vous proposons ne peut qu'augmenter la valeur des biens qui sont en vente par la concurrence des acheteurs qu'elle appelle ; elle n'augmente pas cependant le montant des objets qui doivent être remboursés par le produit des domaines nationaux.

La dette exigible à terme qui est remboursée en assignats, monte à   415,945,312.

La dette exigible provenant de la liquidation qui est admissible en paiement des domaines nationaux monte à . . . .   625,706,309.

Les assignats qui rentreront par l'emprunt forcé ou volontaire . sont estimés . . . .   1,000,000,000.

Total de la dette actuelle qui, d'après les lois, doit être admise directement ou indirectement en paiement des domaines nationaux, 2,041,651,621.

Elle sera réduite d'après la supposition que nous avons faite à , 1,802,000,000.

De sorte que , sans compter la plus value sur la valeur des domaines nationaux qui doit résulter de la concurrence de l'admission de la dette publique , nous aurons affecté de moins sur les domaines nationaux . . . .   239,651,621.

Si aucun créancier ne veut convertir son inscription en domaines nationaux , le gage libre des assignats seroit augmenté de deux milliards , et nous aurions à nous occuper des moyens qu'il faudroit employer pour vendre ces domaines et retirer les assignats de la circulation ; ainsi , dans tous les cas, l'opération ne peut qu'être utile à la révolution, et doit prouver à nos ennemis quelles sont nos ressources pour continuer la guerre.

En admettant toutes les créances sur la République en paiement des domaines nationaux à vendre , nous avons dû nous occuper du sort des citoyens qui , ayant des comptes à faire juger , ne peuvent point obtenir leur liquidation , par les lenteurs du bureau de comptabilité qui ne peuvent leur être imputées.

Les offices comptables, ceux des payeurs et contrôleurs des rentes , les fonds d'avance et cautionnemens des compagnies de finance et de leurs employés actuels seront de suite liquidés d'après notre projet, sans avoir égard au terme de leur comptabilité. Le directeur général de la liquidation joindra aux états qu'il doit fournir à la trésorerie, la déclaration si les comptables ont ou non , rempli toutes les obligations qui leur sont imposées , et s'ils sont quittes envers la nation.

Les commissaires de la trésorerie feront de suite opposition , au nom de la nation , sur l'aliénation ou remboursement de sa propriété, ainsi que sur le

K 2

paiement annuel de l'inscription qui sera faite au profit des comptables, etc. qui seront en retard.

Leur liquidation ne sera plus retardée, les droits de la nation seront conservés, et les propriétaires pourront jouir de la faculté qui est accordée aux autres créanciers d'acquérir des domaines nationaux, à la charge de transporter l'opposition faite sur leur inscription, sur le domaine qui sera acquis. Cette opéraration ne peut qu'assurer le gage de la nation, puisque le propriétaire sera obligé de fournir en paiement une somme en assignats, équivalente au montant de son inscription ; ce qui doublera la valeur du gage hypothéqué.

Il existe des créanciers directs de la nation, qui, ayant acquis des domaines nationaux, avant le 1er. octobre 1792, époque à laquelle a cessé le remboursement de leur liquidation, espéroient pouvoir s'acquitter avec le montant de leur créance : il a paru juste à votre commission de leur permettre de donner en paiement de ces acquisitions l'inscription sur le *grand-livre*, qui proviendra de leur créance directe, en la calculant sur le pied du denier vingt. Cette faveur doit être accordée aux personnes qui, acquéreurs aussi des domaines nationaux, avant le 1er. octobre 1792, auront été forcées par la loi de recevoir de leurs débiteurs l'inscription sur le *grand-livre*, en paiement de ce qui leur étoit dû.

Nous avons pensé que la République devoit admettre en paiement de ce qui lui est dû par des citoyens qui sont à leur tour ses créanciers directs, ou par cession forcée, l'inscription qui leur est fournie, en la calculant à raison du denier vingt, en en exceptant les receveurs ou dépositaires des deniers publics, qui sont obligés de se libérer avec les mêmes valeurs qu'ils avoient reçues, la compensation leur étant prohibée par vos précédens décrets.

Le succès de l'opération que nous vous proposons, dépend essentiellement de l'activité de son exécution ; il faut donc que le directeur général de la liquidation accélère les opérations qui lui sont confiées : nous vous proposons de l'autoriser à liquider, sous sa responsabilité et sans le rapport préalable du comité de liquidation, tous les titres de la dette constituée à quelque somme qu'ils se montent, ainsi que les créances exigibles de 8000 liv. et au-dessous, et toutes les maîtrises, jurandes et offices de perruquier.

Vous éviterez les retards considérables qu'éprouvent les rapporteurs du comité de la liquidation pour obtenir la parole, ce qui occasionne des réclamations fondées de la part des citoyens qui ont perdu leur état par la révolution.

Le directeur-général de la liquidation rendra compte de ses opérations au bureau de comptabilité, où elles seront revues par les vérificateurs qui sont surveillés par des commissaires, et seront ensuite soumises à la vérification du corps législatif. La nation aura une garantie plus certaine, puisque la vérifica-

tion sera faite par des agens responsables ; au lieu que , dans ce moment , le directeur-général de liquidation rend compte de ses opérations au comité de liquidation : ces rapports étant surchargés de pièces qui absorbent tout le temps du
rapporteur qui les vérifie , le comité et l'assemblée se reposent sur sa loyauté , par
l'impossibilité qu'il y a de tout vérifier.

D'ailleurs , le directeur-général de la liquidation est déjà chargé de liquider ,
sous sa responsabilité , la dette constituée du clergé et des ex-états provinciaux ; il
n'est soumis au rapport préalable du comité de liquidation que pour la dette
constituée des corps et compagnies supprimés ; ainsi ce n'est qu'une augmentation d'attribution que nous lui déléguons.

Enfin , nous vous proposons de mettre à la disposition du directeur-général
de la liquidation les fonds et le local nécessaire pour augmenter ses bureaux ,
et nous le chargeons de rendre compte à la convention , à l'époque du premier
janvier prochain , de l'état de ses travaux , des objets qu'il aura entièrement liquidés , de ceux restant à liquider , du nombre des employés qu'il aura pour lors à
supprimer. Nous espérons qu'en lui fournissant tous les moyens qu'il a demandés ,
il ne négligera rien pour qu'à cette époque la nation puisse entrevoir la fin de
l'opération qui lui est confiée ; dans tous les cas , le corps législatif jugera sa
conduite.

Voici le projet de décret que je suis chargé de vous présenter : lundi prochain
le citoyen *Ramel* vous présentera le projet de loi relative à l'emprunt forcé.
Votre commission vous observe que cette loi , faisant le complément de notre
projet , ne peut éprouver aucun retard ; nous espérons pouvoir vous soumettre ,
dans quinzaine , un travail complet sur les rentes viagères et les pensions , pour
lesquelles il faudra établir aussi un ordre de comptabilité qui soit simple et clair.

Arrêté à la commission des finances , le 14 août 1793 , l'an deuxième de la
République une et indivisible.

> *Signé* CAMBON fils aîné ; CHABOT ; DELAUNAY (d'Angers) ; RAMEL ;
> MALLARMÉ.

Certifié conforme aux originaux.

A PARIS, de l'Imprimerie du Dépôt des Lois, place de la Réunion , ci-devant du grand-Carrousel.

REGISTRE A.
DÉBITS.

Premier Volume.

NOMS DES FAMILLES et PRÉNOMS.	NUMÉRO, LETTRE ET VOLUME du compte de l'acheteur, ET L'ANNÉE DU TRANSFERT.				MONTANT de L'INSCRIPTION vendue.	NUMÉRO du livre des OPPOSITIONS.	NUMÉRO du GRAND-LIVRE.
	VOLUME.	LETTRE.	NUMÉRO.	ANNÉE.			
Benoît, (Alexandre) nouveau propriét. pour mille livres.	3.	B.	15,001.	1793.	1000 liv.		1.

Premier Volume.

REGISTRE A.
CRÉDITS.

NOMS DES FAMILLES et PRÉNOMS.	NUMÉRO, LETTRE ET VOLUME du compte du vendeur, ET L'ANNÉE DU TRANSFERT.				INSCRIPTION de la somme due annuellement par la RÉPUBLIQUE.
	VOLUME.	LETTRE.	NUMÉRO.	ANNÉE.	
Adrien, (Jean Paul) premier propriét. pour mille livres.				1793.	1,000 liv.

REGISTRE B.
DÉBITS.

Second Volume.

NOMS DES FAMILLES et PRÉNOMS.	NUMÉRO, LETTRE ET VOLUME du compte de l'acheteur, ET L'ANNÉE DU TRANSFERT.				MONTANT de L'INSCRIPTION vendue.	NUMÉRO du livre des OPPOSITIONS.	NUMÉRO du GRAND-LIVRE.
	VOLUME.	LETTRE.	NUMÉRO.	ANNÉE.			
Cambon, (Joseph) nouveau, propriétaire pour cinq cent livres.	3	C.	30,000.	1797.	500 liv.	15,001.	

Second Volume.

REGISTRE B.
CRÉDITS.

NOMS DES FAMILLES et PRÉNOMS.	NUMÉRO, LETTRE ET VOLUME du compte du vendeur, ET L'ANNÉE DU TRANSFERT.				INSCRIPTION de la somme due annuellement par la RÉPUBLIQUE.
	VOLUME.	LETTRE.	NUMÉRO.	ANNÉE.	
Benoît, (Alexandre) nouveau propriét. pour mille livres, au lieu de Jean-Paul Adrien, &c.		2.	1.	1793.	1,000.

[N°. 10.]

REGISTRE C.
DEBITS.

REGISTRE C.
CREDITS.

Troisième Volume.

Troisième Volume.

NOMS DES FAMILLES et PRÉNOMS.	NUMÉRO, LETTRE ET VOLUME du compte de l'acheteur, ET L'ANNÉE DU TRANSFERT.				MONTANT de L'INSCRIPTION vendue.	NUMÉRO du livre des OPPOSITIONS.	NUMÉRO du GRAND-LIVRE.	NOMS DES FAMILLES et PRÉNOMS.	NUMÉRO, LETTRE ET VOLUME du compte du vendeur, ET L'ANNÉE DU TRANSFERT.				INSCRIPTION de la somme due annuellement par la RÉPUBLIQUE.
	VOLUME.	LETTRE.	NUMÉRO.	ANNÉE.					VOLUME.	LETTRE.	NUMÉRO.	ANNÉE.	
							30,000.	Cambon (Joseph) nouveau propriétaire pour cinq cents liv. au lieu d'Alexandre Betroli.	3.	B.	15,001.	1797.	500 liv.

MODÈLE
DE LA FEUILLE DE PAIEMENT.

A

OBSERVATIONS.	Numéros du registre des oppositions et mains-levées.	SEMESTRES.	ÉMARGEMENS.	NUMÉROS de la feuille.	RAPPEL des numéros du grand-livre de la dette publique.	NOMS de famille, ET PRÉNOMS.	MONTANT de l'inscription.	Montant de la contrib. foncière, fixée au 5e. pour 1794.	MONTANT NET du paiement annuel.	MONTANT NET du paiement par semestre.
		6 derniers mois 1794.	Signé, Aaron.....	1.	1.	Aaron. (Jules).....	1,200tt	240tt	960tt	480tt
		6 prem. mois 1795.	Signé, Aaron.....							480.
Abel émarge comme fondé de pouvoirs d'Alphonse.		6 derniers mois 1794.	Signé, Abel.......	2.	2.	Alphonse. (Charles).	800.	160.	640.	320.
		6 prem. mois 1795.	Signé, Abel.......							320.
		6 derniers mois 1794.	Signé, Achille....	3.	3.	Achilles (Auguste)..	1,800.	360.	1,440.	720.
		6 prem. mois 1795.	Signé, Achille....							720.
		6 derniers mois 1794.	Signé, Adrien....	4.	4.	Adrien (Pierre-franç).	2,400.	480.	1,920.	960.
		6 prem. mois 1795.	Signé, Adrien....							960.
		6 derniers mois 1794.	Signé, Aglaé.......	5.	7.	Aglaé (Marie-Vict.).	4,000.	800.	3,200.	1,600.
		6 prem. mois 1795.	Signé, Aglaé.......							1,600.
Le chiffre ci-contre indique une opposition au payement annuel, et le numéro de l'opposition.	4.	6 derniers mois 1794.		6.	8.	Aimond. (And. Jules)	400.	80.	320.	
		6 prem. mois 1795.								
		6 derniers mois 1794.	Signé, Alexandre..	7.	9.	Alexandre(Jules Cés.)	1,500.	300.	1,200.	600.
		6 prem. mois 1795.	Signé, Alexandre...							600.
		6 derniers mois 1794.	Signé, Anacharsis..	8.	10.	Anacharsis. (Claude).	3,000.	600.	2,400.	1,200.
		6 prem. mois 1795..	Signé, Anacharsis..							1,200.
Quoique la propriété soit à Julie Andrieux, Pierre Boulogne touche, et émargé comme étant son mari.		6 derniers mois 1794.	Signé, Boulogne...	9.	11.	Andrieux (Julie) fem. de Pierre Boulogne..	900.	180.	720.	360.
		6 prem. mois 1795.	Signé, Boulogne...							360.
		6 derniers mois 1794.	Signé, Appelle....	10.	12.	Appelle. (Auguste)..	2,000.	400.	1,600.	800.
		6 prem. mois 1795.	Signé, Appelle....							800.
Les 6 premiers mois 1795 n'ont pas été touchés par négligence ou autre cause.		6 derniers mois 1794.	Signé, Aubert.....	11.	13.	Aubert.(Simon Jules).	100.	20.	80.	40.
		6 prem. mois 1795.								
		6 derniers mois 1794.	Signé, Auguste....	12.	14.	Auguste. (César)...	1,900.	380.	1,500.	760.
		6 prem. mois 1795.	Signé, Auguste....							760.

Le montant de l'inscription à payer dans le district de   , est de................. 20,000tt

TOTAL des paiemens faits pendant les deux semestres, échéant le 1er. Janvier et 1er Juillet 1795....... .... 16,000tt

Il a été payé du 1er. Janvier au 31 Octobre 1795............................ .... 15,640.   15,640tt

RESTE en débet......................... .... 360.

DÉCRET

DE

LA CONVENTION NATIONALE,

Du 11 septembre 1793 , l'an second de la République Française , une et indivisible.

Qui défend la vente, cession, négociation ou transport des titres actuels constatant les créances non viagères sur la nation, à compter du premier octobre prochain ; qui règle l'échange de ces titres contre un extrait provisoire d'inscription ; et autorise les porteurs des extraits provisoires d'inscription, à les échanger contre un bon admissible, pendant l'année 1794, en paiement des domaines nationaux adjugés depuis le 24 août dernier, à la charge de fournir en même temps pareille somme en assignats.

LA CONVENTION NATIONALE, après avoir entendu sa commission des finances, décrète ce qui suit :

ART. I.er A compter du 15 septembre courant, à Paris, et du premier octobre prochain dans le reste de la République, les titres actuels constatant les créances non-viagères sur la nation, de quelque nature qu'ils soient, ne pourront être négociés, vendus, cédés ou transportés, sous peine de nullité de l'acte de vente, négociation, cession ou transport, et de trois mille livres d'amende, payable par l'acheteur, le notaire, courtier de change, ou autre agent qui auroit participé auxdites ventes, cessions, négociations ou transports.

II. A compter des mêmes époques, il est défendu aux préposés du droit d'enregistrement d'enregistrer aucun acte de vente, négociation, cession ou transport prohibé par l'article précédent, sous peine de mille livres d'amende, et d'être destitués de leur emploi.

III. Les propriétaires de la dette exigible soumise à la liquidation, et ceux qui remettront au directeur-général de la liquidation leurs titres de créances provenant de la dette constituée du ci-devant clergé de France, chapitres, maisons religieuses, et autres établissemens ecclésiastiques et laïcs, des ci-devant états provinciaux, des corporations de judicature et ministérielles, des communautés d'arts et métiers, des villes et communes, départemens et districts, et généralement de toute la dette soumise à la liquidation, pourront se faire inscrire sur les états à fournir par le liquidateur, en attendant que leur liquidation soit terminée pour moitié de leur créance présumée, pourvu qu'aucune partie ne soit au-dessous de mille livres de capital.

A

IV. Les propriétaires des quittances de finance, effets au porteur, annuités, reconnoissances de liquidation, contrats des rentes payées par les payeurs de Paris, et récépissés de l'emprunt volontaire, qui les remettront, à compter de ce jour au liquidateur de la trésorerie, et les créanciers portés sur les états de liquidation, pourront recevoir, en attendant que le *grand-livre* soit terminé, un extrait d'inscription provisoire, dont le modèle est annexé au présent décret (N°. 1).

V. Les créanciers seront tenus de joindre à leurs contrats les titres qui constatent leurs propriétés, et un certificat des payeurs, pour constater le montant de la somme annuelle pour laquelle ils sont compris dans les états qu'ils doivent fournir en exécution de la loi du 24 août dernier, sur la consolidation de la dette; et à l'égard des contrats et reconnoissances de liquidation, un certificat des conservateurs des saisies et oppositions, qui constate qu'il n'en existe aucune sur les propriétaires desdits effets : ils fourniront aussi leurs certificats de résidence et de non-émigration.

VI. Les extraits d'inscription provisoire seront fournis par le liquidateur de la trésorerie, visés par le contrôleur de la dette publique, et certifiés par un des commissaires de la trésorerie nationale ; ils ne feront pas mention du capital, et suppléeront jusqu'au premier juin prochain les extraits d'inscription sur le *grand-livre*.

VII. Ils pourront être cédés, vendus et transportés jusqu'à cette époque dans les formes prescrites par les articles CLXII et CLXIII de la loi du 24 août dernier sur la consolidation de la dette, en payant les droits fixés par l'art. CLXIV de la même loi.

VIII. Ils seront reçus en paiement des domaines nationaux qui ont été ou seront adjugés après le 24 août dernier, et de ce qui est dû à la nation, ainsi qu'il est prescrit par les titres XLV et XLVI de la même loi, sauf les exceptions qui y sont portées:

IX. Les actes de vente, cession ou transport, qui seront faits d'ici au premier juin 1794, seront transcrits au dos de l'extrait provisoire d'inscription, ainsi que le *visa* du droit d'enregistrement, suivant le modèle annexé au présent décret (N°. II). La forme à suivre pour leur emploi en paiement des domaines nationaux, sera la même que pour les extraits d'inscription sur le *grand-livre*.

X. Après le premier juin 1794, les extraits provisoires d'inscription ne pourront plus être employés, vendus ni cédés, ils seront rapportés au liquidateur de la trésorerie, qui délivrera le certificat de propriété au dernier acquéreur, lequel sera crédité par un *transfert* sur son compte, et retirera l'extrait de son inscription.

XI. Le liquidateur de la trésorerie tiendra un registre des extraits provisoires qu'il délivrera : les créanciers primitifs en seront crédités sur le *grand-livre*; le contrôleur de la dette publique en tiendra un registre de contrôle ; les extraits à fur et mesure de rentrée, seront annullés et déchargés sur le compte du liqui-dateur et sur le livre de contrôle,

XII. Ceux qui, d'ici au premier janvier 1794, porteront au caissier de l'ad-ministration des domaines nationaux, à Paris, des extraits d'inscription provisoire avec une somme égale en assignats ayant cours de monnoie, recevront en échange un *bon* conforme au modèle annexé au présent décret, (N°· III), dans lequel seront énoncés séparément le capital de l'extrait d'inscription calculé sur le pied du denier vingt, et le montant des assignats fournis.

XIII. Les assignats et les extraits provisoires pourront être remis d'ici au pre-mier janvier 1794 aux receveurs de district, qui fourniront un récépissé con-forme au modèle annexé au présent décret, (N°. IV), lequel après avoir été visé par deux membres du directoire de district, sera échangé par le receveur de l'administration des domaines nationaux contre le bon mentionné en l'article précédent.

XIV. Les receveurs de district enverront au receveur de l'administration des domaines nationaux les extraits d'inscription et les assignats qu'ils auront reçus, aprés les avoir annullés; le receveur leur fera passer les récépissés provisoires qu'ils auront fournis, après les avoir aussi annullés; au moyen de cet échange, ils seront valablement libérés.

XV. Les bons délivrés par le receveur de l'administration des domaines na-tionaux, seront visés par le contrôleur de sa caisse, et certifiés par l'adminis-trateur des domaines nationaux.

XVI. Ils pourront être vendus, cédés et transportés, pendant l'année 1794, d'après les formes prescrites par les articles CLXII et CLXIII de la loi du 24 août dernier, sur la consolidation de la dette, en payant deux pour cent sur le capital, à chaque mutation, pour droit d'enregistrement.

XVII. Ils pourront aussi être employés, pendant ladite année 1794, en paiement des domaines nationaux qui ont été ou seront adjugés après le 24 août dernier, sans qu'il soit nécessaire de fournir des assignats.

XVIII. Après le premier janvier 1795, les bons délivrés par le receveur de l'administration des domaines nationaux ne pourront plus être vendus, cédés ni employés; les propriétaires qui les rapporteront à la trésorerie, seront ins-crits sur le *grand-livre* pour les intérêts à cinq pour cent de leur capital.

XIX. Il sera alloué un intérêt de cinq pour cent par an, soumis à la retenue du principal de la contribution foncière, aux bons délivrés par le receveur de l'administration des domaines nationaux.

XX. Ces intérêts commenceront à courir; savoir, sur le capital provenant des assignats, du jour de la date du bon, et sur le capital provenant des extraits provisoires, à compter du premier janvier 1794; lesdits intérêts seront comptés jusqu'au jour de l'emploi desdits bons en paiement des domaines nationaux, ou jusqu'au premier janvier 1795 ; si lesdits bons sont inscrits sur le *grand-livre* ; dans ce dernier cas les intérêts seront payés à cette époque en assignats.

XXI. Le receveur de l'administration des domaines nationaux et le contrôleur de sa caisse tiendront chacun un compte des bons qu'ils auront signés ou visés, et ils le feront passer chaque mois aux commissaires de la trésorerie nationale, qui en feront tenir aussi un compte séparé.

XXII. Le receveur de l'administration des domaines nationaux remettra chaque mois au caissier général de la trésorerie, sur son récépissé, les extraits provisoires et les assignats annullés qu'il aura reçus directement, ou du receveur du district.

XXIII. Le caissier-général de la trésorerie nationale remettra les assignats annullés au vérificateur des assignats, qui les fera brûler dans la forme ordinaire ; il en retirera un procès-verbal de brûlement ; il remettra au liquidateur de la trésorerie les extraits provisoires d'inscription pour en faire le transport au crédit du compte de la nation, ainsi qu'il est prescrit par l'article CC de la loi du 24 août dernier sur la consolidation de la dette.

XXIV. Le caissier-général de la trésorerie tiendra un compte séparé de cette recette ; il en comptera au bureau de comptabilité, en fournissant les procès-verbaux de brûlement et les certificats de décharge du *grand-livre* de la dette publique.

XXV. Les bons du receveur de l'administration des domaines nationaux seront reçus pour comptant, pendant les années 1793 et 1794, par les receveurs de district, en paiement des domaines nationaux qui ont été ou seront adjugés après le 24 août dernier, ainsi que le montant des intérêts qui leur sont alloués ; les receveurs les annulleront, et les enverront comme *assignats* au caissier général de la trésorerie nationale.

XXVI. Le caissier général les fera passer au crédit du compte qui sera tenu à la trésorerie nationale, et il les remettra au receveur de l'administration des domaines nationaux en échange des récépissés qu'il lui aura fournis.

XXVII. Les extraits provisoires d'inscription et les bons délivrés par le receveur de l'administration des domaines nationaux, seront divisés à la volonté du créancier ; mais ils ne pourront être moindres de mille livres.

5

N.º I.er

Modèle de l'inscription provisoire sur le grand-livre de la dette publique.

*Vu par moi con-
trôleur de la dette
publique.
Paris, le
l'an   de la
république, une et
indivisible.
Certifié par nous
commissaires de la
trésorerie nationale
A Paris, le
l'an   de la
république, une et
indivisible.*

Je soussigné, liquidateur de la trésorerie nationale, certifie que (*mettre les noms et prénoms*) a droit à une inscription sur le *grand-livre* de la dette publique, pour une somme de

Paris, le   l'an   de la république une et indivisible.

N.º I I.

Modèle de l'acte de Vente ou Cession.

ENREGISTRÉ.	Aujourd'hui est comparu devant nous, notaire (ou juge de paix) (*mettre les noms, prénoms, profession et demeure du déclarant*) lequel a déclaré qu'il entend que (*mettre les noms, prénoms, profession et demeure de l'acheteur*) soit propriétaire de l'extrait d'inscription ci-dessus, et a signé avec nous. A ce l'an de la République une et indivisible.

N.º III.

Administration des Domaines nationaux.

Modèle du bon applicable, pendant toute l'année 1794, au paiement des domaines nationaux qui ont été ou seront adjugés après le 24 août 1794.

Bon pour la somme totale de

qui m'a été remise par

Vu par moi con-
trôleur de la caisse
de l'administration
des domaines natio-
naux.
   Paris, le
mil sept cent quatre-
vingt-
l'an   *de la*
république, une et
indivisible.
   Certifié par moi,
administrateur des
domaines natio-
naux.
   Paris, le
mil sept cent quatre-
vingt-
l'an   *de la*
république, une et
indivisible.

S *A V O I R :*

la somme de

en un extrait provisoire d'inscription, qui, calculée au denier

vingt, forme un capital

de

et

en assignats ayant cours de monnoie, que j'ai de suite annullés : ladite somme de

pourra être employée, d'ici au premier janvier 1795, en paiement des domaines nationaux qui ont été ou seront adjugés
après le 24 août 1793 et après le premier janvier 1795 ; elle
sera convertie en une inscription sur le *grand-livre*, à raison
de cinq pour cent de son capital.

   A Paris, le   mil sept cent quatre-
vingt-   l'an   de la République, une
et indivisible.

Modèle de l'acte de vente ou cession.

Aujourd'hui est comparu devant nous, notaire (ou juge de paix) ; (*mettre les noms, prénoms, profession et demeure du déclarant*) lequel a déclaré qu'il entend que (*mettre les noms, prénoms, profession et demeure de l'acheteur*) soit propriétaire de l'extrait d'inscription ci-derrière; et a signé avec nous. A ce l'an de la République , une et indivisible.	ENREGISTRÉ.

N°. IV.

Modèle du récépissé à fournir par les receveurs de district.

Vu par nous membres du directoire du district de le mil sept cent quatre-vingt- l'an de la république une et indivisible.

Je soussigné, receveur du district de déclare avoir reçu de un extrait provisoire d'inscription sur le *grand-livre*, de la somme de qui, calculée au denier 20, forme un capital de ensemble la somme de en assignats que j'ai annullés en sa présence,

Fait à le mil sept cent quatre vingt- l'an de la république une et indivisible.

Visé par l'inspecteur. Signé, PÉRARD.

Collationné à l'original, par nous président et secrétaires de la Convention nationale. A Paris, le 12 septembre 1793, l'an second de la République française, une et indivisible. *Signé* BILLAUD-VARENNE, *président;* MERLIN (de Douai), D. V. RAMEL et P. J. DUHEM, *secrétaires.*

Au nom de la République, le Conseil exécutif provisoire mande et ordonne à tous les Corps administratifs et Tribunaux, que la présente loi ils fassent consigner dans leurs registres, lire, publier et afficher, et exécuter dans leurs départemens et ressorts respectifs(en foi de quoi nous y avons apposé notre signature et le sceau de la République. A Paris, le douzième jour du mois de septembre mil sept cent quatre-vingt-treize, l'an second de la République Française, une et indivisible. *Signé* GOHIER, président du Conseil exécutif provisoire. *Contresigné* GOHIER. Et scellée du sceau de la république.

Certifié conforme à l'original.

A PARIS,
DE L'IMPRIMERIE DU DÉPOT DES LOIS.

DÉCRET

DE

LA CONVENTION NATIONALE,

Du 25 septembre 1793, l'an second de la République Française, une et indivisible,

Additionnel à celui du 24 août dernier, sur la consolidation de la Dette publique.

LA CONVENTION NATIONALE, après avoir entendu le rapport de sa commission des finances, décrète :

TITRE PREMIER.

Des Extraits d'inscription provisoire.

ARTICLE PREMIER.

Le liquidateur de la trésorerie nationale pourra déclarer dans les extraits d'inscription provisoire, lorsqu'il en sera requis, que le créancier y dénommé a le droit de payer les acquisitions des domaines nationaux qu'il a faites avant le premier octobre 1792, avec l'extrait d'inscription provisoire, ainsi qu'il est prescrit par l'article CCII de la loi du 24 août dernier, sur la consolidation de la dette publique.

II. Le créancier ne pourra requérir cette déclaration, qu'autant que son extrait d'inscription proviendra des créances exigibles soumises à la liquidation, et qu'il rapportera ou la reconnoissance de liquidation, ou le certificat du directeur-général de la liquidation, qui constate que sa créance lui donne ce droit.

III. Les créanciers directs de la nation pour créances exigibles, soumises à la liquidation, auront la faculté de rembourser avec leur extrait d'inscription provisoire, au moyen d'un transfert fait sans frais, leurs créanciers personnels, ayant privilège ou hypothèque direct ou spécial sur cette inscription, ainsi qu'il est prescrit pour les inscriptions par l'article LXVI de la loi du 24 août dernier, sur la consolidation de la dette publique.

IV. Le créancier cessionnaire par transfert, désigné en l'article précédent, qui voudra profiter de la faculté ainsi à lui accordée par ledit article CCII, rappelé à l'article premier du présent décret, rapportera au liquidateur de la trésorerie, avec l'extrait d'inscription et le transfert, les pièces justificatives de l'hypothèque ou privilège en vertu desquels le transfert a eu lieu ; le liquidateur annullera l'extrait d'inscription rapporté, et en délivrera un nouveau de même somme audit créancier cessionnaire, lorsqu'il en sera requis ; il y déclarera que le créancier a droit de jouir de la faculté accordée par l'article CCII.

V. Il sera fait mention du tout, tant sur le registre d'inscription provisoire du liquidateur, que sur celui du contrôleur de la dette publique ; et le liquidateur

A

en comptera au bureau de comptabilité, ainsi qu'il est prescrit au titre XIII de la loi du 24 août dernier, sur la consolidation de la dette publique.

VI. Le receveur de l'administration des domaines nationaux et les receveurs de district ne pourront recevoir les extraits d'inscription provisoire en paiement de domaines nationaux acquis le premier octobre 1792, qu'autant qu'ils seront fournis par le créancier primitif, et qu'ils contiendront la déclaration qu'il a droit de jouir de la faculté accordée par l'article CCII.

VII. Les extraits d'inscription provisoire ne seront pas admis en paiement des contributions.

TITRE II.

Des Titres de Créances.

ARTICLE PREMIER.

Les notaires de Paris pourront, par exception à l'article CXXI de la loi du 24 août dernier sur la consolidation de la dette, expédier et délivrer une grosse et ampliation seulement des contrats de reconstitution ou de rentes viagères nouvellement constituées, et dont les propriétaires n'ont encore reçu aucune expédition.

II. La dette constituée du ci-devant clergé de France, actuellement payée par les payeurs des rentes, et immatriculée sur les registres, sera comprise dans les états à fournir par lesdits payeurs, et les titres en seront rapportés au liquidateur de la trésorerie, comme il est prescrit pour les autres rentes acquittées par les payeurs.

III. Tous les propriétaires de rentes ou intérêts payés par les payeurs des rentes, seront tenus de rapporter leur titres d'ici au premier janvier prochain, sous peine de perdre les intérêts du premier semestre 1794 ; et d'ici au premier juillet 1794, sous peine de perdre les intérêts et capitaux, ainsi qu'il est prescrit par l'article LXXXVI de la loi du 24 août dernier sur la consolidation de la dette publique.

IV. Les propriétaires d'effets au porteur sortis en remboursement avant le 24 août 1793, ne seront tenus de rapporter que les coupons dont le paiement échoit à compter du premier janvier 1794.

V. Les propriétaires des actions de la compagnie des Indes, et des quittances de finance de l'édit de décembre 1792, sorties en remboursement avant le premier janvier 1793, ne seront tenus de rapporter aucuns coupons, attendu qu'ils n'ont pas été renouvelés.

VI. Il sera tenu compte, par le liquidateur de la trésorerie, aux propriétaires d'actions et de portions d'actions de ladite compagnie des Indes, sorties aux tirages des 17 mars 1791 et 22 août 1792, et dont les coupons n'ont pas été renouvelés, des intérêts, à compter du premier janvier 1792, jusqu'au premier jour du mois indiqué pour le remboursement dans les états de tirage.

VII. Les billets d'emprunt de ladite compagnie des Indes, de 500 livres de capital, étant garnis de coupons, dont le premier échoit pour les uns avant et pour les autres après le premier janvier 1794, le liquidateur de la trésorerie retirera les coupons échéant postérieurement au premier janvier 1794, et liquidera les intérêts dus aux uns et aux autres jusqu'au jour premier janvier 1794.

VIII. Il tiendra pareillement compte des intérêts dus à cause des récépissés de liquidation pour reconstitution, depuis l'époque fixée auxdits récépissés jusqu'au premier janvier 1794.

IX. Tous lesdits intérêts seront liquidés avec la retenue dont ils sont susceptibles; le liquidateur de la trésorerie en dressera des états, et les fera payer de la manière prescrite par l'article CVI de la loi du 24 août dernier, sur la consolidation de la dette.

X. Il ne sera plus tenu compte des bonifications résultant de la proclamation du 11 novembre 1789, pour tous les effets au porteur sortis en remboursement avant le premier janvier 1791.

TITRE III.

Des Créances soumises à la liquidation.

ARTICLE PREMIER.

Le directeur-général de la liquidation avertira, par la voie des affiches et des journaux, les propriétaires de créances soumises à la liquidation, ou leurs fondés de procuration, de lui envoyer, avec la note énonciative de la nature de leur créance, et de leur numéro d'enregistrement, leur adresse clairement désignée.

II. Le directeur-général préviendra, par une circulaire qu'il fera charger à la poste, et dont les frais seront payés par ceux auxquels elles seront adressées, ceux des créanciers liquidés qui lui auront fait parvenir les renseignemens prescrits par l'article précédent, à l'effet d'opérer sans délai la liquidation de leur propriété.

III. Faute par les propriétaires actuellement liquidés d'avoir fourni leur adresse, et d'avoir satisfait à l'avertissement dans le délai d'un mois, le directeur-général de la liquidation les comprendra dans les états qu'il doit adresser à la trésorerie nationale, pour l'inscription sur le *grand-livre* de la dette publique, sous les noms et pour les sommes énoncés dans les liquidations.

IV. Les propriétaires des créances liquidées jusqu'à ce jour, qui résident en France, justifieront de leur propriété d'ici au premier janvier 1794, sous peine de perdre les intérêts du premier semestre de 1794, et d'ici au premier juillet 1794, sous peine de perdre les intérêts et les capitaux; ainsi qu'il est prescrit par l'article LXXVI de la loi du 24 août dernier sur la consolidation de la dette publique, pour la remise des titres de créance.

V. A l'avenir, lorsque les liquidations seront terminées, le directeur-général de la liquidation en préviendra sans délai le propriétaire par des circulaires chargées, ainsi qu'il est prescrit par l'article premier.

VI. Trois mois après la date des circulaires ordonnées par l'article précédent, faute par les créanciers d'avoir produit leurs titres de propriété, les créances seront inscrites sur le *grand livre* de la dette publique, et les propriétaires seront déchus du paiement du premier semestre après l'inscription; et si, six mois après ce premier délai, les créanciers n'auront pas encore justifié de leur propriété, ils en seront définitivement déchus.

VII. Le directeur-général de la liquidation tiendra un registre des chargemens faits à la poste, et l'émargera du nom des créanciers qui auront produit leurs titres de propriété, de la date de leur production. Il y notera les déchéances à mesure qu'elles seront encourues.

VIII. Ce registre sera coté et paraphé par le président du conseil exécutif.

IX. Le premier janvier 1794, et à chaque semestre suivant, le directeur-général de la liquidation et le liquidateur de la trésorerie adresseront aux commissaires de la trésorerie nationale, des états distincts des déchéances encourues, 1°. pour le paiement du semestre, 2°. pour la propriété de l'inscription.

X. Les commissaires de la trésorerie nationale feront émarger du mot *déchu* la feuille de paiement du semestre pour les sommes dont la déchéance aura été encourue, et ils en déduiront le montant du compte du payeur ; ils feront faire le transfert du compte du créancier en retard au crédit du compte de la nation, pour la propriété de l'inscription dont la déchéance aura aussi été encourue.

XI. Les créances qui auront été inscrites sur le *grand-livre*, d'après les divers états des payeurs et liquidateurs, et qui, par la vérification de la propriété faite avant le délai prescrit pour la déchéance, appartiendront à un nouveau proprié-taire, seront assujéties au paiement du droit de transfert, lorsqu'il aura lieu.

Visé par l'inspecteur. Signé, BLAUX.

Collationné à l'original, par nous président et secrétaires de la Convention nationale. A Paris, le 26 Septembre 1793, l'an second de la République française, une et indivisible. *Signé* THURIOT, *ex-président ;* PONS (de Verdun) et C.te JAGOT, *secrétaires.*

AU NOM DE LA RÉPUBLIQUE, le Conseil exécutif provisoire mande et ordonne à tous les Corps administratifs et Tribunaux, que la présente loi ils fassent consigner dans leurs registres, lire, publier et afficher, et exécuter dans leurs départemens et ressorts respectifs ; en foi de quoi nous y avons apposé notre signature et le sceau de la république. A Paris, le vingt-sixième jour du mois de septembre mil sept cent quatre-vingt-treize, l'an second de la répu-blique Française. *Signé* DALBARADE. *Contresigné* GOMER. Et scellée du sceau de la république.

A PARIS,

DE L'IMPRIMERIE DU DÉPOT DES LOIS.

DÉCRET

N.° 1724.

DE LA

CONVENTION NATIONALE,

Du 24e. jour du 1er. mois de l'an 2e. de la République Française, une et indivisible,

Relatif à la formation d'un état des Propriétaires des rentes constituées sur la ville de Paris, à la remise des titres de propriété, aux époques de paiemens des arrérages, aux moyens d'accélérer l'inscription sur le grand-livre, aux déclarations à fournir par les créanciers de sommes exigibles, et aux retenues à faire sur les rentes.

LA CONVENTION NATIONALE, après avoir entendu le rapport de sa commission et de son comité des finances, décrète :

TITRE PREMIER.

ARTICLE PREMIER.

Dans un mois à compter de ce jour, le trésorier de la ville de Paris fournira aux commissaires de la trésorerie nationale, un état contenant les noms de famille et prénoms de tous les propriétaires des rentes constituées non-viagères sur le domaine de la ville de Paris, et le net produit desdites rentes, en déduisant toutes les retenues ou contributions auxquelles elles sont assujetties.

II. Ledit trésorier se conformera, en dressant ledit état, aux dispositions contenues aux articles XI, XII et XIII de la loi du 24 août dernier, sur la consolidation de la dette publique.

III. Ledit trésorier sera garant de l'exactitude de l'état qu'il fournira, et qu'il certifiera véritable ; il lui sera fourni une reconnoissance par les commissaires de la trésorerie, lors de la livraison.

A.

IV. Ledit trésorier sera tenu de remettre d'ici au douzième jour du quatrième mois de la deuxième année (1ᵉʳ. janvier 1794, ancien style), au bureau de comptabilité, un double de l'état qu'il aura fourni à la trésorerie, et d'y joindre à l'appui les pièces justificatives de propriété.

V. Les vérificateurs du bureau de la comptabilité vérifieront ledit état, et après le rapport des commissaires surveillans, le corps législatif prononcera la décharge dudit trésorier pour ce qui concerne les rentes constituées; cet état vérifié servira d'autant à la vérification définitive des comptes qu'aura à rendre ledit trésorier.

VI. A l'expiration du délai fixé pour la remise de l'état, les commissaires de la trésorerie en instruiront la convention; et si le trésorier se trouve en retard, il ser condamné à une amende de dix livres par jour de retard.

TITRE II.

VII. Les contrats et titres de propriété des rentes non viagéres et intérêts payés par les payeurs des rentes dits de *l'hôtel de ville*, pour la dette constituée ou pour celle du ci-devant clergé de France, et par le trésorier de la ville de Paris pour la dette constituée sur le domaine, seront remis dans les délais fixés par l'article LXXVI de la loi du 24 août dernier, sur la consolidation de la dette, et par l'article III du titre II de la loi du 25 septembre dernier, auxdits payeurs ou tresorier dans la partie desquels lesdites rentes et intérêts étoient distribués, sous les peines qui y sont portées, étant dérogé aux articles CXIV, CXVI et CXVII de ladite loi du 24 août dernier, et à l'article III du titre II de celle du 25 septembre dernier, qui ordonnoit que cette remise seroit faite au directeur général de la liquidation ou au liquidateur de la trésorerie.

VIII. Les payeurs et trésoriers feront mention de cette remise sur leurs registres, ils en donneront un certificat aux propriétaires suivant le modèle annexé au présent décret.

IX. Les titres de propriété qui ont été déjà remis au liquidateur de la trésorerie ou au directeur général de la liquidation, seront par eux remis aux payeurs dans la partie desquels les rentes étoient payées.

X. Les payeurs des rentes, et le trésorier de la ville de Paris remettront tous les dix jours au bureau de comptabilité, les titres et pièces qui leur auront été rendus, avec un bordereau qui énoncera le numéro de leurs sommiers, le nom du créancier, la somme nette annuellement due et le nombre des pièces remises; il sera tenu registre au bureau de comptabilité de ces remises, et il en sera donné reconnoissance aux payeurs et trésorier.

XI. Les extraits d'inscription au *grand-livre* pourront être retirés avec les certificats de remise des titres, tant du liquidateur de la trésorerie, que du directeur
général de la la liquidation et des payeurs et trésorier susdésignés.

XII. Les payeurs des rentes et trésorier de la ville adresseront aux commissaires
de la trésorerie nationale des états distincts des déchéances encourues 1°. pour le
paiement des sémestres; 2°. pour la propriété, ainsi qu'il est prescrit par l'article IX du titre III de la loi du 25 septembre dernier sur la dette publique.

XIII. Le liquidateur de la trésorerie pourra, quand il en sera requis, délivrer
des extraits d'inscription provisoire aux propriétaires des rentes et intérêts susdésignés, en lui fournissant le certificat de remise des titres desdits payeurs et trésorier, et en outre les autres certificats prescrits par l'article V de la loi du 11 septembre dernier, sur les inscriptions provisoires.

XIV. Il sera alloué aux payeurs des rentes et au trésorier de la ville de Paris,
pour la confection des états, bordereaux et extraits des titres, un droit qui sera
calculé à raison de cinq sous par chaque cent livres de rente, qui sera payé par
les propriétaires; au moyen de ce droit, les payeurs des rentes seront déchus des
quarante mille livres qui leur étoient allouées par l'article XVII de la loi du 24
août dernier, sur la consolidation de la dette.

TITRE III.

XV. Pour accorder les paiemens par sémestrre de la dette publique avec l'ère
nouvelle, toute la dette inscrite sur le *grand-livre* commencera à courir pour le
paiement, du premier jour de l'an deuxième de la République (22 septembre
1793, *vieux style*); et attendu que le *grand-livre* ne pourra pas être terminé avant
le premier sémestre qui écherra le premier jour du septième mois de la deuxième
année (21 mars 1794, *ancien style*), le paiement n'en sera fait que le premier jour du dixième mois de la deuxième année (19 juillet 1794, *ancien style*),
sur une feuille particulière de paiement. Le second sémestre sera payé le premier jour du premier mois de la troisieme année (22 septembre 1794, *ancien
style*), et les paiemens à venir seront continues de six mois en six mois; ainsi
qu'il est prescrit par la loi du 24 août dernier, sur la consolidation de la dette.

XVI. Les arrérages de rentes et intérêts non viagers du premier sémestre 1793
et années antérieures, qui sont dus par les payeurs des rentes de l'hôtel-de-ville,
ne seront plus payés par ordre alphabétique de nom; ils ne pourront être acquittés que lorsque les parties rapporteront leurs titres, et ils le seront à fur et

A 2

mesure de leur remise, sans aucun retard, en observant les anciennes formalités.

XVII. Lesdits payeurs acquitteront aussi à bureau ouvert et lors de la remise des titres, les intérêts non viagers qui sont dus jusqu'au 22 septembre dernier pour le dernier semestre 1793, lesquels seront calculés à raison d'un trimestre moins un dixième.

XVIII. Les propriétaires des titres déjà remis à la trésorerie ou au directeur général de la liquidation, seront payés sans délai.

XIX. Le trésorier de la ville de Paris acquittera aussi à fur et mesure de la remise des titres, et à bureau ouvert, tous les arrérages des rentes non viagères qui seront dus pour le premier semestre 1793 et années antérieures, ainsi que ceux qui seront dus jusqu'au 22 septembre dernier, pour le dernier semestre 1793, ainsi qu'il est prescrit par l'article XVII pour les payeurs.

XX. La trésorerie nationale fournira les fonds nécessaires au trésorier de la ville de Paris pour acquitter lesdits arrérages, d'après les bordereaux qu'il en fournira, ainsi qu'il est d'usage pour les payeurs des rentes, sous le même ordre de comptabilité, et en exigeant les certificats de résidence, de non émigration, et du paiement des contributions.

XXI. Le trésorier comptera au bureau de comptabilité pour le paiement desdits arrérages, dans la même forme que les payeurs des rentes.

XXII. Les coupons d'intérêts qui échoient d'ici au premier mars 1794, seront payés de suite et à bureau ouvert par la trésorerie nationale, pour le montant des intérêts échus au 22 septembre 1793, d'après la liquidation qui en sera faite, en rapportant les titres qui les accompagnent.

XXIII. Les bulletins de l'édit de décembre 1783, qui, d'après le décret du quatorzième jour du premier mois de l'an second, ont été fixés à un capital de 93 livres 15 sous, valeur au premier janvier 1794, seront réduits à 92 liv. 10 sols, valeur au 22 septembre 1793, et leur paiement ou leur inscription sur le *grand-livre* en seront faits à présentation d'après ce capital.

XXIV. Au lieu des trois millions cent soixante-huit mille neuf cent quatre-vingt-sept livres dix sous qui devoient être payées à la caisse d'escompte le premier janvier 1794, par l'article XLI de la loi du 24 août dernier, il lui sera payé à bureau ouvert deux millions deux cent quatre-vingt-dix-sept mille cinq cent quinze livres dix-neuf sous, pour les intérêts qui lui sont dus jusqu'au premier jour de la seconde année (22 septembre 1793, *ancien style*).

XXV. Les notaires de Paris rembourseront à la trésorerie nationale les intérêts de neuf jours qui leur ont été payés dans l'annuité échue le mois de septembre dernier; et l'article XLV de la loi du 24 août, qui ordonnoit qu'il leur seroit fait le premier janvier 1794, un paiement de soixante-dix-sept mille neuf cent quinze livres, est rapporté.

XXVI. Le directeur général de la liquidation et le liquidateur de la trésorerie nationale, ne liquideront à l'avenir les intérêts des liquidations faites ou à faire, que jusqu'au premier jour de la deuxième année (22 septembre 1793, *ancien style*).

Les liquidations déjà faites seront rectifiées.

XXVII. Le liquidateur de la trésorerie déduira, sur le capital des liquidations qui lui seront présentées, la somme qui sera nécessaire, pour faire remonter les intérêts à l'époque du premier jour de la deuxième année (22 septembre 1793, *ancien style*).

XXVIII. La déchéance des intérêts du premier sémestre 1794, qui a été décrétée contre ceux qui n'auront pas remis leurs titres d'ici au premier janvier 1794, aura lieu, à compter du premier jour du premier mois de la deuxième année (22 septembre 1793, *ancien style*), pour ceux qui n'auront pas remis leurs titres à l'époque qui a été fixée au douzième jour du quatrième mois de la deuxième année (premier janvier 1794, *ancien style*).

TITRE IV.

XXIX. Pour accélérer l'inscription sur le *grand-livre* de la dette publique des sommes portées dans l'emprunt volontaire, le caissier des recettes journalières de la trésorerie, et les receveurs de district fourniront tous les quinze jours aux commissaires de la trésorerie, un état contenant les noms et prénoms des prêteurs dans l'emprunt volontaire, et les capitaux par eux fournis; les propriétaires seront crédités sur le *grand-livre* de l'intérêt à cinq pour cent du montant du capital.

XXX. Les états seront certifiés, à l'égard du caissier des recettes journalières, par le contrôleur des caisses de la trésorerie; et à l'égard des receveurs de district, par deux membres du directoire.

XXXI. Les récépissés dudit emprunt seront remis au liquidateur de la trésorerie nationale, qui les annullera et les remettra au caissier général de la trésorerie, qui lui fournira en échange les procès-verbaux de brûlement des assignats, conformément à l'article CVII de la loi du 24 août dernier, sur la consolidation de la dette publique.

XXXII. Le liquidateur de la trésorerie liquidera les intérêts qui seront dus auxdits récépissés; il fera payer de suite ceux qui seront dus depuis l'époque de leur *visa* jusqu'au premier jour de la deuxième année (22 septembre 1793, *vieux style*), et les porteurs joindront à leurs récépissés le montant qui sera nécessaire pour compléter les intérêts depuis l'époque du *visa*, en remontant au premier jour de la deuxième année (22 septembre 1793, *vieux style*).

TITRE V.

XXXIII. Les créanciers des sommes exigibles soumises à la liquidation au-dessous de trois mille livres, qui seront d'ailleurs propriétaires d'autres créances sur la nation, seront tenus d'en faire leur déclaration, sous les peines portées par l'article LXX de la loi du 24 août dernier sur la consolidation de la dette ; et si, par la réunion des divers capitaux, ils excèdent la somme de trois mille livres, la partie de la dette exigible ne sera plus remboursée, et le propriétaire en sera crédité pour les intérêts sur le *grand-livre*, à cinq pour cent du capital.

XXXIV. Pour ne laisser aucun doute sur les déductions qui doivent être faites par les liquidateurs et payeurs pour les retenues et contributions sur les rentes, la Convention interprétant, en tant que de besoin, l'article XIX de la loi du 24 août dernier, sur la consolidation de la dette publique, décrète qu'une rente de cent livres soumise à la retenue des deux vingtièmes et deux sous par livre, ne sera portée sur les états que pour quatre-vingt-neuf livres, que celle de cent livres soumise à la retenue des impositions royales sur laquelle on déduisoit le cinquième, ne sera portée que pour quatre-vingts livres, et que celle de cent livres, exempte de retenue, y sera portée pour cent livres, et ainsi par proportion pour toutes les autres sommes.

N°.
du registre du
payeur.

MODÈLE DU CERTIFICAT.

Certificat de remise de titres pour obtenir l'extrait d'inscription sur le grand-livre, conformément à la loi du

JE sous-signé payeur de la . . . . partie des rentes (ou trésorier de la commune de Paris) certifie que

m'a remis les titres de créances sur la République établissant

d'une somme annuelle de

pour laquelle

compris dans l'état

par moi fourni à la trésorerie nationale

A Paris, le   jour du
mois de l'an   de la République une et
indivisible.

Visé par l'inspecteur. Signé *S. E. MONNEL.*

Collationné à l'original, par nous président et secrétaires de la Convention nationale. A Paris, le 25ᵉ jour du premier mois de l'an second de la République une et indivisible. *Signé* L. J. CHARLIER, *président;* PONS (de Verdun) et LOUIS (du bas Rhin), *secrétaires.*

AU NOM DE LA RÉPUBLIQUE, le Conseil exécutif provisoire mande et ordonne à tous les Corps administratifs et Tribunaux, que la présente loi ils fassent consigner dans leurs registres, lire, publier, afficher et exécuter dans leurs départemens et ressorts respectifs; en foi de quoi nous y avons apposé notre signature et le sceau de la République. A Paris, le vingt cinquième jour du premier mois de l'an second de la République Française, une et indivisible. *Signé* DESFORGUES. *Contresigné* GOHIER. Et scellée du sceau de la République.

Certifié conforme à l'original.

A PARIS,

DE L'IMPRIMERIE DU DÉPOT DES LOIS.

DÉCRET

DE LA
CONVENTION NATIONALE,

Du neuvième jour du deuxième mois de l'an 2 de la République Française, une et indivisible.

Relatif à la remise des Titres de créance.

LA CONVENTION NATIONALE, après avoir entendu le rapport de son comité des finances, décrète :

§. Ier.

De la remise des Titres de créance dont la déchéance est définitivement prononcée.

ARTICLE PREMIER.

En exécution des lois des 12 février, 1er. mai et 1er. septembre 1792, les possesseurs d'offices militaires, de finances, des cautionnemens, des fonds d'avance, des brevets de retenue; des offices de judicature et ministériels ; des jurandes, des maîtrises, des charges de perruquier ; les créanciers de l'arriéré jusqu'au premier juillet 1790, pour les maisons et bâtimens du ci-devant roi, et de l'arriéré jusqu'au premier janvier 1791, pour les départemens de la guerre, marine et finances ; les créanciers des établissemens ou corporations ecclésiastiques ou laïcs supprimés, des ci-devant pays d'États, des administrations provinciales, générales et particulières, pour fournitures, ouvrages, frais judiciaires, et généralement tous les propriétaires des créances exigibles soumises à la liquidation, qui n'ont pas

A

encore fourni au directeur général de la liquidation ou aux corps administratifs, soit des mémoires, soit des copies collationnées, soit des titres originaux ou autres pièces pour établir leurs créances, ou qui les auroient fournis postérieurement au premier septembre 1792, sont définitivement déchus de toute répétition envers la République.

I I.

Sont exceptés des dispositions de l'article précédent, les payeurs et contrôleurs des rentes de l'Hôtel-de-ville de Paris, qui, n'ayant été supprimés que par la loi du 24 août dernier sur la consolidation de la dette publique, n'ont été compris dans aucune loi de déchéance; ils seront tenus de remettre leurs titres au directeur général de la liquidation d'ici au premier jour de frimaire, troisième mois de la seconde année Républicaine (21 novembre 1793, vieux style); et faute par eux de le faire dans le délai prescrit, ils sont dès-à-présent déclarés déchus de toute répétition envers la République.

I I I.

Sont aussi exceptés les aliénataires et engagistes des domaines nationaux qui doivent présenter leurs titres à la liquidation, pour la remise desquels il sera prononcé par un décret particulier.

I V.

Les possesseurs des dixmes, de quelque nature qu'elles soient, et ceux des créances dont la déchéance est définitivement prononcée par l'article premier, seront tenus de rapporter tous les titres et pièces qui constatoient leur créance ou possession, aux directoires de district, d'ici au premier jour de nivôse, quatrième mois de l'année républicaine (21 décembre 1793, vieux style); et faute de remise dans le délai prescrit, ils sont dès-à-présent déclarés suspects, et seront comme tels mis en état d'arrestation, à la diligence des procureurs-syndics de district ou des comités de surveillance.

V.

Pour mettre les administrations de district en état de connoître les personnes mentionnées à l'article précédent, le directeur général de la liquidation adressera, d'ici au 15 de frimaire, troisième mois de la seconde année républicaine (6 décembre 1793 , vieux style), aux directoires de district, les états nominatifs des personnes qui sont en retard, d'après ceux qui lui ont été adressés en exécution des précédens décrets de suppression, et ceux des personnes qui ne lui ont remis que des copies collationnées postérieurement au premier septembre 1792 ; il leur fera passer aussi tous les renseignemens qu'il peut avoir.

V I.

Les directoires de département feront aussi passer dans le même délai aux directoires de district, les renseignemens qu'ils peuvent avoir, et la liste des personnes qui ne leur ont produit que des copies collationnées postérieurement au 1er. septembre 1792.

V I I.

Les directoires de district seront tenus de se procurer chez les notaires et autres dépositaires publics ou particuliers, ou en consultant les préposés au droit d'enregistrement, et par tous les moyens qui sont en leur pouvoir, la connoissance des détenteurs des titres mentionnés aux articles Ier. et IV.

V I I I.

Tous les titres et pièces mentionnés aux articles précédens qui seront remis aux directoires de district ou qui ont été remis postérieurement au 1er. septembre 1792, soit aux corps administratifs, soit au directeur général de la liquidation, seront coupés de suite au moins en douze morceaux, et vendus à l'enchère par les administrateurs, au pouvoir desquels ils se trouveront, pour le produit en être versé dans les caisses des receveurs de district, les frais de coupure et vente préalablement prélevés.

I X.

Le comité de liquidation nommera deux commissaires pour surveiller la coupure et la vente qui seront faites par le directeur général de la liquidation, des titres mentionnés au présent décret.

S. I I.

Pour ordonner le complément des productions de titres déjà commencées, et la remise des titres originaux par ceux qui ont produit des copies collationnées, sous peine de déchéance.

X.

A compter de la publication du présent décret, le directeur général de la liquidation et les corps administratifs ne liquideront plus sur des copies collationnées ou sur des productions incomplettes. L'ordre du numéro de la liquidation ne sera suivi que pour les personnes qui auront fourni les titres originaux et complété leur production.

X I

Les liquidations qui sont préparées par le directeur général sur des copies collationnées, seront terminées comme par le passé.

X I I.

Les possesseurs des créances exigibles mentionnées en l'article Ier., même ceux des maisons du ci-devant roi et de ses frères, qui ont fourni avant le 1er. septembre 1792, soit des mémoires, soit des copies collationnées, soit même des titres originaux incomplets ou autres pièces, seront tenus d'adresser au directeur général de la liquidation, d'ici au treizième jour de pluviôse, cinquième mois de la seconde année républicaine (1er. février 1794, vieux style,) tous les originaux des pièces constatant leurs créances; et faute par eux de les remettre dans le délai prescrit, ils sont dès-à-présent déclarés déchus de toute répétition envers la République.

X I I I.

La même déchéance aura lieu pour les possesseurs des créances qui ont fourni, soit des mémoires, soit des copies collationnées, soit même des titres originaux incomplets aux corps administratifs avant le 1er. septembre 1792, s'ils ne fournissent pas dans le même délai les originaux des pièces constatant leur créance.

X I V.

A fur et mesure de la vérification des titres, le directeur général de la liquidation avertira par des circulaires qu'il fera charger à la poste, et dont les frais seront payés par ceux auxquels elles seront adressées, les créanciers qui lui auront fourni leur nom et leur adresse, et qui auront satisfait aux dispositions de l'article XII dans le délai prescrit, s'ils ont oublié de fournir des pièces nécessaires à leur liquidation.

X V.

Le registre prescrit par l'article VII du décret du 25 septembre dernier, servira aussi au directeur général de la liquidation pour l'exécution des dispositions portées en l'article précédent.

X V I.

Ceux qui n'auront pas envoyé leurs nom, prénom et adresse, ou qui ne satisferont aux demandes que le directeur général de la liquidation leur fera par lettre chargée, dans les trois mois de l'enregistrement des lettres, sur le livre à ce destiné, sont dès-à-présent déclarés définitivement déchus de toute répétition envers la République.

X V I I.

Les entrepreneurs des bâtimens dont les mémoires ne sont pas réglés, et les propriétaires des créances dont les titres sont susceptibles d'être justifiés par des ordonnances des ministres, ordonnateurs ou autres agens, ou par des arrêtés des corps administratifs, sont autorisés à faire des poursuites et diligences contre les ministres, ordonnateurs, corps administratifs et autres agens qui doivent leur fournir les pièces qui leur sont nécessaires pour éviter la déchéance.

X V I I I.

Si la déchéance résulte de la faute des ministres, ordonnateurs, corps administratifs ou autres agens, ils seront responsables envers les créanciers déchus des pertes qu'ils leur auront occasionnées.

X I X.

Les titres qui se trouvent déposés chez des notaires ou entre les mains de particuliers pour servir de gage ou d'hypothèque, pourront être délivrés par les dépositaires, à la charge de notifier, lors de la remise aux administrations publiques, les oppositions et autres faits entre leurs mains.

X X.

Le directeur général de la liquidation et les corps administratifs feront dresser après les délais fixés pour les déchéances, la liste des créanciers qui, faute d'avoir remis leurs titres, sont déchus de toute répétition envers la République; ils l'adresseront sans délai aux directoires de district, qui poursuivront les créanciers en retard pour la remise de leurs titres; et en cas de refus, ils les feront arrêter comme suspects.

X X I.

Les notaires et autres détenteurs des titres, provisions, contrats de vente et autres pièces qui pourroient constater les créances ou possessions des objets mentionnés au présent décret, seront tenus de les remettre aux directoires de district, d'ici au 13ᵉ. jour de pluviôse, cinquième mois de la seconde année républicaine (1ᵉʳ. février 1794, vieux style) sous les peines portées par l'article IV.

X X I I.

Les directoires de district nommeront deux commissaires qui se transporteront le treizième jour de pluviôse, cinquième mois de la seconde année républicaine (premier février 1794, vieux style) aux greffes et archives qui se trouvent dans leur territoire, pour y faire rechercher tous les titres, provisions et autres indications des titres mentionnés aux articles I et IV.

X X I I I.

Les titres qui seront fournis en exécution des articles précédens, et ceux dont la déchéance aura été encourue, faute de n'avoir pas complété les productions dans les délais prescrits, et qui se trouveront chez le directeur général de la liquidation ou aux corps administratifs, seront coupés au moins en douze partie et vendues ensuite au profit de la République, ainsi qu'il est prescit par les articles VIII et IX.

X X I V.

Les mêmes dispositions auront lieu pour tous les titres de créance rejetés par décret, et pour les titres de féodalité déposés chez le directeur général de la liquidation

X X V.

Afin de procurer aux citoyens qui ont remis ou qui remettront les titres mentionnés au présent décret, les moyens de constater cette remise, le directeur général de la liquidation et les corps administratifs leur fourniront un récépissé conçu en ces termes : « Le citoyen . . . . . . a obéi à la loi du 9 » brumaire de la seconde année républicaine par la remise des » titres. »

X X V I.

A Paris, l'administration de département remplacera l'administration de district, et la trésorerie nationale la caisse du receveur de district.

XXVII.

Le présent décret sera imprimé demain au bulletin; tous journalistes seront tenus de l'imprimer dans leurs feuilles, avec ces mots : *Par ordre de la Convention.* Le directeur général de la liquidation avertira par affiches, journaux, avis, et même par lettres chargées, lorsqu'il le pourra, les créanciers qui ont remis ou qui ont à remettre à la liquidation des titres, afin qu'ils lui adressent leur nom, prénom et adresse, et qu'ils évitent les déchéances et peines prononcées par le présent décret.

Visé par l'inspecteur, Signé BOUILLEROT.

Collationné à l'original, par nous président et secrétaires de la Convention nationale. A Paris, le onzième jour du second mois de l'an deuxième de la République, une et indivisible. *Signé* M. BAYLE, *président;* P. FR. PIORRY et LOUIS (du Bas-Rhin), *secrétaires.*

AU NOM DE LA RÉPUBLIQUE, le Conseil exécutif provisoire mande et ordonne à tous les Corps administratifs et tribunaux, que la présente loi ils fassent consigner dans leurs registres, lire, publier et afficher, et exécuter dans leurs départemens et ressorts respectifs; en foi de quoi nous y avons apposé notre signature et le sceau de la République. A Paris, le onzième jour du deuxième mois de l'an second de la République Française, une et indivisible. *Signé* GOHIER, président du Conseil exécutif provisoire. *Contresigné* GOHIER. Et scellée du sceau de la République.

Certifié conforme à l'original.

A PARIS, DE L'IMPRIMERIE DU DÉPOT DES LOIX, place de la Réunion, An II de République.

DÉCRET

DE LA

CONVENTION NATIONALE,

N.° 1978.

Du 21.ᵉ jour de Frimaire, an second de la République Française, une et indivisible.

Sur la Remise des Titres de Créances.

LA CONVENTION NATIONALE, après avoir entendu le rapport de son comité des finances, décrète :

TITRE PREMIER.

Des titres à fournir par les délégataires pour un temps déterminé, ou par les usufruitiers.

ARTICLE PREMIER.

Les propriétaires des rentes constituées sur la nation par délégation pour un temps déterminé, ou les usufruitiers, ne seront tenus de rapporter que la délégation ou le titre d'usufruit, dans les délais prescrits par la loi du 24 août 1793, sur la consolidation de la dette publique, sous les peines qui y sont portées.

II. Il leur sera délivré un certificat de remise, pour constater leur droit à la délégation ou à l'usufruit, lequel certificat fera mention si la remise des titres originaux a été faite ou non par les propriétaires.

III. Les propriétaires des rentes, sur lesquels il existe des délégations ou usufruits, qui n'auront pas remis leurs titres originaux dans les délais prescrits par la loi du 24 août 1793 (*vieux style*), sur la consolidation de la dette publique, seront compris dans les déchéances portées par ladite loi.

IV. les payeurs et liquidateurs tiend ont un registre des déchéances encourues par les propriétaires ; ils en donneront avis, après le premier juillet 1794 (*vieux*

A

style), 13 messidor prochain , au payeur principal de la dette publique, lequel fera mention , sur le compte de l'usufruitier, que le droit de propriété appartient à la République, pour être, après la cessation de la délégation ou usufruit, porté au crédit du compte de la nation.

TITRE II.

Des Titres à fournir par les Délégataires indéfinis.

V. Les propriétaires des rentes par délégation indéfinie n'obtiendront de certificat qu'en rapportant les titres originaux ; ils seront dans le cas des déchéances portées par la loi du 24 août 1793 sur la consolidation de la dette publique, si la remise des titres n'est pas faite dans les délais prescrits.

TITRE III.

Des Titres perdus , et mode de les suppléer.

VI. Ceux qui auront perdu , soit la grosse ou l'ampliation du contrat de constitution ou reconstitution, soit la grosse ou ampliation du titre nouvel , et ceux dont lesdits titres ont été brûlés ou se trouvent dans les pays occupés par les ennemis ou par les brigands, pourront requérir du notaire ou dépositaire la remise de la grosse déposée ou de la minute du contrat, en fournissant une décharge, suivant le modèle annexé au présent décret.

VII. La remise sera faite, quoique le requérant n'ait droit qu'à une partie de la rente ; et ce titre servira pour tous les co-intéressés à ladite rente.

VIII. La décharge fournie par le propriétaire au notaire ou dépositaire, tiendra lieu de la grosse ou minute, lorsqu'elle lui sera demandée.

IX. Les co-intéressés qui ne se présenteront pas dans les délais fixés par la loi du 24 août 1793 (*vieux style*) sur la consolidation de la dette publique, ne pourront point jouir de la remise faite par les autres co-intéressés ; ils seront sujets aux déchéances.

X. Les liquidateurs tiendront registre desdites déchéances, et ils en donneront connoissance au liquidateur ou payeur principal de la dette publique, qui en fera faire les transferts au crédit du compte de la nation, ainsi qu'il est prescrit par les précédentes lois.

XI. Le propriétaire , en remettant ladite grosse déposée , ou la minute du contrat, fera au liquidateur ou payeur la déclaration dont le modèle est annexé au présent décret, par laquelle il se soumettra qu'au cas que le titre perdu se retrouve, il le représentera, sous peine d'être déchu de toute répétition envers la République ; et il sera tenu en outre de justifier du paiement qu'il aura fait à la régie du droit d'enregistrement et des domaines, de deux cinquièmes du montant de la rente comprise dans les titres qui auront été perdus.

XII. Lorsque les titres perdus seront d'une date antérieure à l'année 1793, les propriétaires ne seront tenus de fournir au liquidateur ou payeur que la déclaration mentionnée en l'article précédent.

XIII. Si les titres perdus sont des quittances de finances d'une date postérieure à l'année 1793, les propriétaires seront tenus de fournir le certificat du garde des registres du ci-devant contrôle des finances, comme ladite quittance a été rayée et annullée sans date de radiation, et de justifier du paiement de deux cinquièmes de la rente, ainsi qu'il est mentionné article XI.

XIV. Les notaires, les dépositaires et les gardes des registres du ci-devant contrôle, fourniront les tires ou certificats ordonnés par les précédens, sur la représentation qui leur sera faite des pièces cotées par le liquidateur ou payeur, et du refus d'admission par ledit liquidateur ou payeur à défaut des titres désignés.

XV. Les décharges et déclarations dont les modèles sont joints au présent décret, seront sujettes au timbre seulement.

XVI. Les citoyens qui n'ont d'autre fortune qu'une rente de cent livres et au-dessous, seront exempts du paiement des deux cinquièmes mentionnés aux articles XI et XIII.

TITRE IV.

Des Titres qui sont sous le scellé.

XVII. Les propriétaires de rentes dont les titres sont sous les scellés, pourront requérir le juge de paix ou tel autre officier public qui les aura apposés, de les lever de suite, pour leur remettre lesdits titres, en constatatant cette remise par un procès-verbal.

XVIII. Les juges de paix ou autres officiers publics qui, étant requis, ne déféreront pas de suite à cette réquisition, seront responsables des dommages qu'ils auront occasionnés aux propriétaires par leur négligence ou refus.

XIX. la présence des détenus ne sera pas nécessaire pour la levée des scellés ; ils pourront nommer un fondé de pouvoirs pour les représenter.

TITRE V.

De la notification du présent décret aux détenus.

XX. Le comité de sûreté générale, les comités révolutionnaires et les autorités constituées feront connoître sans délai le présent décret dans toutes les maisons d'arrêt, afin que les détenus puissent donner les pouvoirs nécessaires pour être représentés lors de la levée des scellés, ou pour faire les réquisitions et remises de leurs titres de créances sur la République.

TITRE VI.

Des Titres appartenant aux émigrés, condamnés ou déportés.

XXI. La régie nationale du droit d'enregistrement et des domaines sera tenue de rechercher tous les titres de créances sur la République, appartenant aux émigrés, aux condamnés et aux déportés, pour les remettre aux liquidateurs ou payeurs.

XXII. Il sera fait mention sur les états de la liquidation et sur les certificats de remise des titres, qu'ils appartiennent à tel émigré, ou à tel condamné, ou à tel déporté.

TITRE VII.

Des Titres qui sont aux Indes ou aux Colonies.

XXIII. Les procureurs fondés de ceux dont les contrats sont aux Indes ou dans les Colonies, en feront leur déclaration aux liquidateurs ou payeurs dans les délais prescrits pour la remise des titres, pour être statué à cet égard ce qu'il appartiendra.

TITRE VIII.

Du paiement des arrérages dûs aux pauvres et hôpitaux.

XXIV. Les arrérages des six premiers mois 1793 (*vieux style*), de rentes dues aux établissemens pour les pauvres et aux hôpitaux, pourront être payés sans remise de titres; elle ne sera nécessaire que lors du paiement des deux mois vingt - un jours, échus au premier jour de la deuxième année de la République.

TITRE IX.

Des inscriptions provisoires pour offices comptables et cautionnemens.

XXV. Le liquidateur de la trésorerie nationale pourra, sous les conditions portées aux articles ci-après, délivrer aux propriétaires de liquidations résultant d'offices comptables, ou de finances servant de cautionnement, soit pour moitié présumée, soit pour la totalité de leurs créances, des extraits d'inscriptions provisoires, avec mention qu'elles ne seront pas cessibles, mais seulement admissibles en paiement de tel ou tel domaine national, dont le titre d'acquisition sera désigné.

XXVI. Les extraits d'inscriptions provisoires non cessibles ne pourront être délivrés qu'en justifiant audit liquidateur,

1°. De l'opposition formée aux hypothèques par l'agent du trésor public sur le domaine désigné, et dont les frais seront payés par les propriétaires; 2°. qu'il n'y a point d'autres oppositions subsistantes sur les liquidations de la nature désignée en l'article précédent.

XXVII. Lesdits extraits d'inscriptions provisoires ne seront admissibles qu'aux conditions portées en la loi du 24 août dernier (*vieux style*), sur la consolidation de la dette publique.

TITRE X.

Paiement des acquisitions faites dans l'intervalle du 17 juillet au 24 août 1793.

XXVIII. Les acquéreurs de domaines nationaux dans l'intervalle du 17 juillet au 24 août 1793, qui se trouvoient en même temps propriétaires et porteurs de reconnoissances de liquidation qui doivent être converties en inscriptions provisoires, jouiront de la faculté qui leur avoit été donnée par les articles X et XI de la loi du 17 juillet 1793.

XXIX. Les acquéreurs qui seront dans le cas d'user de cette faculté, justifieront de leur procès-verbal d'adjudication au liquidateur de la trésorerie, lequel, sur leur demande, fera mention sur l'inscription provisoire qu'il leur délivrera, qu'ils ont droit à la faculté accordée par les articles X et XI de la loi du 17 juillet dernier.

MODÈLE de Décharge à donner aux Dépositaires de Titres.

JE soussigné (*mettre les nom, prénom et demeure*) propriétaire de (*énoncer la rente*), dont je déclare que la grosse ou l'ampliation est perdue,

Reconnois que. . . . . notaire à . . . . m'a remis. . . . . (*énoncer en détail le titre remis,*) m'obligeant à remettre à l'instant au payeur de ladite rente ladite grosse ou minute, et à toutes les peines de droit, en cas de fausse déclaration.

A. Paris, le

MODÈLE de la Déclaration à fournir aux Payeurs.

JE soussigné (*mettre les nom, prénom et demeure*), déclare avoir perdu . . . . . . (*désigner le titre qui manque*); en conséquence, et en exécution de l'article XI de la loi du . . . . je remets au citoyen . . . . . payeur de ladite rente ou liquidateur (*dans le cas de l'article XI*), la grosse déposée ou la minute du contrat de ladite rente; (*dans le cas de l'article XII*), la présente déclaration; (*dans le cas de l'article XIII*), le certificat de radiation et annullation de ladite quittance de finance, m'obligeant de rapporter le titre perdu dans le cas où il seroit retrouvé, et me soumettant, en cas qu'il se trouve par la suite quelque chose de contraire à la présente déclaration, à la déchéance de mes droits envers la République pour tous les objets inscrits ou à inscrire en . . . . . . nom sur le grand livre de la dette publique.

A. Paris, le

Visé par l'inspecteur. Signé S. E. MONNEL.

Collationné à l'original, par nous président et secrétaires de la Convention nationale. A. Paris, le 5 Nivôse, an second de la République une et indivisible. *Signé* COUTHON, *président;* A. C. THIBAUDEAU et PERLIN, *secrétaires.*

AU NOM DE LA RÉPUBLIQUE, le Conseil exécutif provisoire mande et ordonne à tous les Corps administratifs et Tribunaux, que la présente loi ils fassent consigner dans leurs registres, lire, publier, afficher et exécuter dans leurs départemens et ressorts respectifs; en foi de quoi nous y avons apposé notre signature et le sceau de la République. A Paris, le cinquième jour de Nivose, an second de la République Française, une et indivisible. *Signé* PARÉ. *Contresigné* GOHIER. Et scellée du sceau de la République.

Certifié conforme à l'original.

A PARIS,

DE L'IMPRIMERIE DU DÉPOT DES LOIS.

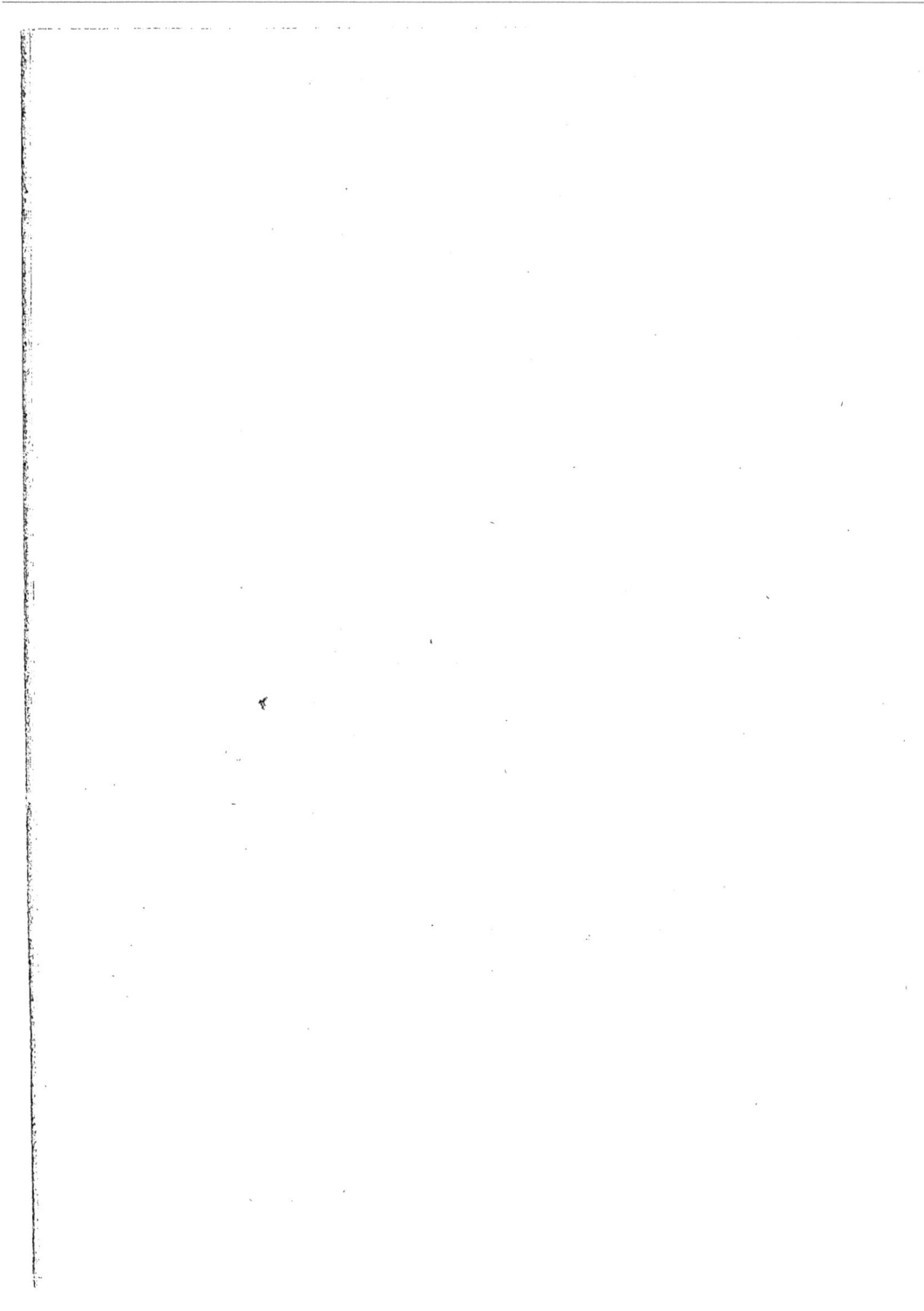

DÉCRET

DE LA

CONVENTION NATIONALE,

Du 7.ᵉ jour de Pluviôse, au second de la République française, une et indivisible.

Qui détermine les bases d'après lesquelles il sera procédé à l'avenir aux liquidations d'Offices.

La CONVENTION NATIONALE, après avoir entendu le rapport de ses comités de liquidation et de finances, décrète :

ARTICLE PREMIER.

Tous les offices de judicature, d'amirauté, de municipalité, ministériels, comptables, places ou charges de finance, cautionnemens, charges de perruquier, de chancellerie, et généralement tous les offices ou charges du remboursement desquels la nation s'est chargée, qui ne sont pas liquidés, le seront d'après les bases déterminées par les articles ci-après.

II. Ceux qui ont été soumis à l'évaluation ordonnée par l'édit de février 1771, seront liquidés d'après l'évaluation qui en aura été faite.

III. Ceux qui étant soumis à l'évaluation n'auront pas été évalués, ne seront pas admis à la liquidation.

IV. Sont exceptés de l'article précédent les titulaires dont la fortune, sans y comprendre le prix de l'office, n'excède pas dix mille livres.

V. L'exception portée en l'article précédent n'aura lieu que jusqu'à concurrence de la somme de mille livres, à laquelle sera réduit le remboursement desdits offices dont la finance ou le prix de l'acquisition se trouveroient supérieurs.

A

VI. Ceux qui n'ont pas été soumis à l'évaluation de 1771, ni assujettis au paiement du centième denier, seront liquidés d'après les versemens justifiés avoir été faits à titre de finance, supplément de finance ou cautionnement, dans le trésor public ou dans les caisses des diverses administrations provinciales ou particulières auxquelles ils étoient attachés.

VII. Les premiers pourvus d'offices créés depuis 1771, et ceux qui depuis cette époque ont levé leurs offices aux parties casuelles, seront remboursés sur le pied de la finance effectivement versée dans le trésor public.

VIII. Les offices d'amirauté qui n'ont pas été soumis à l'évaluation par l'édit de 1771, ni au paiement du centième denier, seront liquidés d'après le produit du quatre cent quatre-vingtième qu'ils payoient au ci-devant amiral; c'est-à-dire, que l'office qui payoit vingt sous par an au ci-devant amiral, sera liquidé pour quatre cent quatre-vingts livres.

IX. Les propriétaires des droits de taxations, droits de quittances, attributions de deniers aux commissaires à la levée des tailles et de la subvention, seront liquidés du montant des sommes originairement versées au trésor public pour jouir desdits droits, sur les quittances de finance qui auront été déposées au bureau de la liquidation.

X. Les titulaires d'offices dans les maisons des frères du ci-devant roi, qui justifieront, en exécution de la loi du 23 mai 1792, d'un versement fait au trésor public, seront liquidés d'après leurs quittances de finance.

XI. Les offices à vie seront remboursés d'après le montant de leurs quittances de finance, dans la proportion du temps qui aura été retranché de la jouissance, qui demeure fixé à trente années seulement; de telle manière que le titulaire qui aura joui de son office pendant vingt-cinq ans, recevra cinq trentièmes de sa liquidation, et celui qui aura joui trente ans, n'aura droit à aucun remboursement.

XII. Les propriétaires des greffes et autres offices domaniaux, fieffés et inféodés, ne seront plus admis à la liquidation.

XIII. Sont exceptés les propriétaires dont la fortune, sans y comprendre la valeur de l'office, n'excède pas dix mille livres, qui seront liquidés; savoir, pour les offices domaniaux, en calculant par quatre cents foi le droit du vingtième qu'ils justifieront avoir annuellement payé au tréso public; et pour les offices fieffés et inféodés, au principal produisant au denier vingt les droits de franc-fiefs, qu'ils établiront aussi avoir acquittés au trésor public.

XIV. L'exception portée en l'article précédent n'aura lieu que jusqu'à concurrence de la somme de mille livres, à laquelle sera réduit le remboursement desdits offices dont la finance, le prix d'acquisition ou le résultat du calcul, d'après les bases adoptées par l'article précédent, se trouvéroient supérieurs à ladite somme.

XV. Le *maximum* des fortunes, pour être admis à jouir des exceptions consacrées par le présent décret, sera établi par des certificats délivrés par les conseils-généraux des communes du domicile de chaque titulaire, qui se feront représenter la cote des diverses contributions des propriétaires desdits offices, et qui pourront au surplus s'environner de tous autres renseignemens à ce sujet.

XVI. Les frais de marc d'or, provisions et autres accessoires, n'entreront plus en liquidation.

XVII. Les offices, charges, etc. dont l'évaluation ou la finance sera de trois mille livres et au-dessous, continueront cependant de jouir du remboursement du marc d'or, droits de mutation et autres accessoires.

XVIII. Il sera retenu sur le montant de la liquidation, les droits de centième denier qui n'auront pas été payés.

XIX. Les droits de centième denier seront remboursés à ceux qui les auront payés pour l'année 1790, ensemble les années de ce droit qui auroient été mal-à-propos payées.

XX. Toutes les charges de mille livres et au-dessous, qui seroient tombées dans les parties casuelles à défaut de paiement du centième denier, seront admises en liquidation sous la renue des droits arriérés.

XXI. Les intérêts de la liquidation à quatre pour cent, sans retenue, seront comptés, sâvoir : pour les offices comptables, cautionnemens, charges de finance, depuis l'époque où ils ont cessé d'être payés;

Pour les offices d'huissiers-priseurs, receveurs de consignations, commissaires et contrôleurs aux saisies réelles, depuis l'époque de leur suppression définitive;

Pour les notaires, à dater du jour du présent décret;

A 2

Et pour les autres offices, depuis le jour de la production de leurs titres jusqu'au premier jour de la seconde année républicaine.

XXII. Les intérêts accordés seront joints au capital, ainsi qu'il est prescrit par la loi du 24 août dernier et autres subséquentes.

XXIII. La faculté accordée par l'article LXVI de la loi du 24 août 1793, de rembourser au moyen d'un transfert de l'inscription sur le grand livre, les créanciers personnels et ayant hypothèque spéciale ou privilégiée, aura lieu pour les intérêts qui peuvent leur être dûs, et qui seront réglés d'après les bases fixées par l'article XXI.

XXIV. La disposition de l'article LXV de la loi du 24 août dernier, qui accordoit aux payeurs et contrôleurs des rentes, le paiement de leurs intérêts et traitement pour 1794, comme par le passé, n'aura lieu que pour le traitement qui leur sera continué jusqu'au premier pluviôse de la troisième année républicaine.

XXV. Les titulaires qui, en vertu d'une loi antérieure, susceptible d'être mise à exécution, auront obtenu des reconnoissances provisoires de liquidation, ne seront point tenus de restituer les sommes qui excéderont le montant de la liquidation faite en exécution de la présente loi.

XXVI. Sont exceptés de la disposition de l'article précédent, les notaires de Paris qui, au mépris du décret du 11 février 1792, ont postérieurement obtenu des reconnoissances provisoires; en conséquence lesdits notaires demeurent tenus de rembourser, dans le délai de deux décades, les sommes excédant le montant de leur évaluation, avec l'intérêt de cet excédant, du jour de l'expédition de leur reconnoissance.

XXVII. L'agent du trésor public poursuivra le paiement des sommes excédant le montant de leur évaluation, dûes par les notaires de Paris, en vertu de l'article précédent; il est autorisé à recevoir de ceux qui ont employé leurs reconnoissance de liquidation en paiement anticipé des domaines nationaux qu'ils avoient acquis avant le premier octobre 1792, leur obligation de se libérer dans les délais fixés par l'acte de vente pour les paiemens qu'ils ont faits par anticipation, et de rapporter une opposition au nom de la nation sur lesdits domaines.

XXVIII. Toutes les dettes actives des compagnies et corporations supprimées, qui restent à liquider, lesquelles ont été constituées en nom collectif sur le ci-devant roi ou sur des particuliers, appartiendront à la République, ainsi que les arrérages échus; savoir, à compter du 1.er janvier 1791 (vieux style), pour celles desdites compagnies et corporations supprimées antérieurement à ladite époque; et seulement à compter du 1.er janvier 1792 (vieux style), pour celles qui n'auroient été supprimées que dans le courant de ladite année, et postérieurement. Quant aux dettes passives contractées par lesdites compagnies et corporations supprimées, elle seront à la charge de la République, ainsi que les arrérages, à compter de la même époque, soit qu'elles soient antérieures ou postérieures à 1791.

XXIX. Il ne sera exigé des notaires publics conservés, ni de leurs successeurs, aucun fonds de responsabilité ou cautionnement pour l'exercice de leurs fonctions.

XXX. Tous les offices supprimés avant le 14 juillet 1789, et dont les propriétaires ont déposé leurs titres, soit à la trésorerie, soit au bureau de liquidation, avant le 1.er septembre 1792, en exécution du décret du 14 février précédent, seront définitivement liquidés par le liquidateur de la trésorerie; à ces fins le directeur-général de la liquidation lui remettra toutes les pièces relatives auxdits offices, déposées en temps utile dans ses bureaux, avec la note de reconnoissances provisoires qu'il peut avoir délivrées aux propriétaires desdits offices.

XXXI. Tous les pourvus d'offices militaires, porteurs de brevets de retenue, seront tenus de les remettre au directeur-général de la liquidation avec un certificat du ministre de la guerre, constatant le montant du versement par eux fait au trésor public, et ce, nonobstant toutes dispositions contraires, sous peine d'être déchus dès-à-présent de toute répétition envers la République.

XXXII. En exécution de l'article XII de la loi du 9 brumaire, les membres de toutes les anciennes compagnies de finance, tels que fermiers-généraux, administrateurs des domaines, étapes, et leurs employés, cessionnaires, bailleurs de fonds ou ayant cause, remettront d'ici au onzième jour de ventôse prochain exclusivement (premier mars 1794), tous les récépissés et cautionnemens originaux qui leur appartiennent, sous les peines de déchéance exprimées par ladite loi, lesquelles seront supportées par les détenteurs desdits titres.

XXXIII. Les propriétaires d'offices qui devant, d'après les lois précédentes, être liquidés sur leurs contrats d'acquisition, ou autres titres, les ont remis avant l'époque de la déchéance, et qui, d'après les nouvelles dispositions, doivent être liquidés, soit d'après les quittances de finance, supplément de finance, ou cautionnement exigés par l'article VI, soit d'après les quittances du droit annuel payé au-cidevant amiral, exigées par l'article VIII, soit d'après les quittances de droits de vingtièmes et de franc-fiefs exigées par l'article XIII, seront tenus de remettre lesdites quittances à la direction générale de la liquidation, avant le premier prairial prochain (20 mai, vieux style), à peine de déchéance de toute répétition envers la République.

Les porteurs des brevets de retenue mentionnés en l'article XXXI, seront tenus de les remettre dans le même délai et sous les mêmes peines.

XXXIV. La propriété des quittances de finance sera acquise lorsque les quittances de cette nature seront rapportées par le dernier titulaire, les héritiers ou représentans, et qu'elles énonceront le titre de l'office et celui de l'exercice des fonctions.

XXXV. Toutes les quittances de finance des greffes et autres offices domaniaux, sont et demeurent annullées en vertu du présent décret, sans qu'il soit besoin de les faire décharger des registres du ci-devant contrôle, dont les gardes et dépositaires ne pourront, à compter de ce jour, délivrer aucune expédition ou duplicata desdites quittances, sous quelques prétexte que ce soit.

XXXVI. Seront néanmoins tenus tous les propriétaires des offices domaniaux, fieffés et inféodés, de remettre tous les contrats d'engagement, quittances de finance et autres anciens titres qu'ils peuvent avoir, et une déclaration affirmative qu'ils n'en conservent aucun en leur pouvoir; savoir, ceux qui sont liquidés et ont obtenu leur reconnoissance de liquidation, au directoire du district de leur domicile, et ceux qui n'ont point encore obtenu leur remboursement, au directeur-général de la liquidation, et ce, dans le délai de quatre décades.

XXXVII. A l'effet de procurer la remise et l'annullement complet des titres mentionnés en l'article précédent, le directeur-général de la liquidation sera tenu de comprendre dans les états qu'il doit adresser aux administrations de district, conformément aux dispositions de l'article V de la loi du 9 brumaire, les propriétaires des greffes et offices domaniaux.

XXXVIII. Ceux qui seront convaincus d'avoir fait une fausse déclaration, ou d'avoir retenu aucun desdits titres, seront punis de dix années de fers.

XXXIX. Les minutes, rôles et états des évaluations faites par les titulaires d'offices dans les ci-devant apanages, en exécution de l'édit de février 1771 et les lois postérieures, seront remis dans quinzaine, pour tout délai, par les ci-devant secrétaires du conseil des apanagistes, ou autres détenteurs, ès-mains du directeur-général de la liquidation, qui leur en donnera décharge; et faute par eux de faire ladite remise dans ledit délai, ils seront déclarés suspects.

XL. Pour jouir des exceptions portées aux articles IV, XIII et XX, les créanciers liquidés seront tenus de justifier à la trésorerie nationale de leur résidence, non émigration et civisme, ainsi que des certificats des conseils-généraux des communes, exigés par l'article XV ci-dessus, et conformes au modèle annexé au présent décret.

XLI. Toutes dispositions contenues dans les décrets antérieurs, relatifs à la liquidation des offices ci-dessus désignés, et qui se trouveroient contraires au présent décret, sont et demeurent rapportées et révoquées.

Sont exceptées de la dérogation générale, les dispositions de la loi du 27 août dernier (vieux style), en ce qui concerne la liquidation des offices de la maison des ci-devant roi et reine.

XLII. Les sections de la direction général de la liquidation qui sont chargées de la liquidation des offices casuels et héréditaires, de judicature, ministériels, civils et militaires, finances et cautionnemens, termineront les opérations qui leur sont confiées d'ici au 30 fructidor de la seconde année (16 septembre, vieux style). Ils recevront une gratification de trois mois de leurs appointemens, si elles sont terminées à cette époque; ils seront jusques-là payés de leurs appointemens et de la gratification promise, quoiqu'ils aient, dans un plus court délai, terminé leurs opérations.

XLIII. Pour publication provisoire, le présent décret sera inséré demain au bulletin.

MODÉLE du Certificat à délivrer par les Conseils-généraux des Communes, en exécution de la loi du 7 Pluviôse, relative à la liquidation des Offices.

LE conseil-général de la commune de   après s'être fait représenter, en exécution de l'article XV de la loi du 7 pluviôse, la cote des diverses contributions du. . . . . *(énoncer les noms et prénoms des réclamans)* domicilié dans cette commune, et avoir exigé sa déclaration sur la valeur de ses propriétés mobiliaires ou immobiliaires, soit dans l'étendue de cette commune, soit ailleurs, et après avoir recueilli tous les renseignemens nécessaires, déclare et certifie que la fortune dudit citoyen. . . . . . ne s'élève pas en capital au-dessus de la somme de dix mille livres, et qu'il peut réclamer le bénéfice de la loi ci–dessus énoncée, pour obtenir le remboursement de la liquidation de ses créances sur la République.

Fait à. . . . . ce . . . . jour du mois. . . . . . . deuxième année républicaine.

Vu par le directoire du district de. . . . . pour légalisation de la signature des membre du conseil de la commune de. . . . .

A. . . . . le. . . . . jour de. . . . . . . mois de. . . . . deuxième année républicaine.

Visé par l'inspecteur. Signé **S. E. MONNEL.**

Collationné à l'original par nous président et secrétaires de la Convention nationale. A Paris, le 12 Pluviose, an second de la République une et indivisible. *Signé* VADIER, *président* ; PH. CH. AI. GOUPILLEAU et ESCHASSERIAUX aîné, *secrétaires.*

AU NOM DE LA RÉPUBLIQUE, le Conseil exécutif provisoire mande et ordonne à tous les Corps administratifs et Tribunaux, que la présente loi ils fassent consigner dans leurs registres, lire, publier et afficher, et exécuter dans leurs départemens et ressorts respectifs; en foi de quoi nous y avons apposé notre signature et le sceau de la République. A Paris, le douzième jour de Pluviôse, an second de la République Française, une et indivisible. *Signé* DESTOURNELLES. *Contresigné* GOHIER. Et scellée du sceau de la République.

A Paris. De l'Imprimerie du Dépôt des Lois , place du Carrousel.

LOIS sur les rentes viagères déclarées dettes nationales.

B. n°. 14.

Des 23 Floréal et 8 Messidor de l'an deuxième de la République française, une et indivisible.

D. 64 et 65.

LA CONVENTION NATIONALE, après avoir entendu le rapport de son comité des finances, décrète :

§. Ier.

Remise des titres.

ARTICLE PREMIER.

Tous les propriétaires de rentes viagères qui ont été déclarées dettes nationales, provenant des emprunts faits par l'ancien gouvernement, par les ci-devant états provinciaux, les ci-devant chapitres, maisons religieuses et autres établissemens ecclésiastiques supprimés, ou par les corporations de judicature et ministérielles, communautés d'arts et métiers, villes et communes, seront tenus de remettre, d'ici au premier vendémiaire de la troisième année républicaine, à la trésorerie nationale, les contrats et titres desdites rentes viagères; et faute par eux de les remettre dans le délai prescrit, ils sont dès-à-présent déclarés déchus de toute répétition envers la République.

II. Les créanciers viagers qui ont remis leurs titres au directeur général de la liquidation, les retireront pour les rapporter à la trésorerie nationale dans le délai prescrit par l'article précédent, sous la peine qui y est portée.

III. Les propriétaires de rentes viagères joindront à leurs titres et contrats originaux,

1°. Les certificats de vie, suivant les modèles numéros I et II, de toutes les têtes sur lesquelles lesdites rentes viagères sont dûes, soit actuellement, soit par droit de survie; lesdits certificats ne pourront être datés antérieurement au premier germinal;

2°. Les actes de naissance de toutes les têtes sur lesquelles les rentes sont assises, toutes les fois qu'ils ne seront pas énoncés dans les contrats.

IV. En Suisse, les certificats de vie pourront être fournis aux habitans naturels de cette République par les magistrats civils; ils seront visés et légalisés par l'agent de la République qui y réside.

V. Les propriétaires des rentes viagères et ceux qui auront droit au capital qui sera liquidé, seront tenus, en remettant leurs pièces et titres, de fournir la déclaration, suivant le modèle n°. III, s'ils veulent, ou non, jouir de la portion

A

de rente viagère conservée par le présent décret; et s'ils veulent en jouir, ils joindront leurs actes de naissance.

VI. Cette déclaration, une fois remise à la trésorerie nationale, ne pourra p être changée; elle sera sur papier libre, faite et signée par le propriétaire ou le fondé de pouvoir, porteur des titres, et par les pères, mères, tuteurs ou c rateurs représentant les mineurs ou interdits, sans qu'il soit nécessaire d'aucu autorisation spéciale pour cet objet.

VII. Les pièces mentionnées aux articles III et V, seront séparées.

VIII. Ceux dont le certificat de vie n'aura pas été remis à la trésorerie dans délai fixé par l'article premier, seront réputés morts, et leurs droits acquis profit de la République; mais le défaut de représentation du certificat de vie quelque tête, dans le délai prescrit, n'empêchera pas la liquidation des part co-intéressées avec celles qui se seront mises en règle.

§. I I.

Paiement des arrérages.

IX. Après la remise des titres et pièces désignés aux articles I, III et V, arrérages des rentes viagères qui seront dûs, seront payés, à la trésorerie, à l reau ouvert, en fournissant

1°. Un certificat, suivant le modèle n°. IV, du payeur, trésorier ou autre age qui aura fait le dernier paiement desdites rentes, constatant le net de ce qui sera dû au premier germinal, an deuxième de la République;

2°. Un certificat constatant que le jouissant réside en France depuis le 9 n 1792, sans interruption;

3°. Un certificat de non-détention à l'époque de leur demande, pour cause suspicion ou de contre-révolution;

4°. Un certificat de non-émigration;

5°. Et une seule quittance, enregistrée dans l'ancienne forme, pour toutes sommes qui seront dûes d'après les divers certificats des payeurs ci-dessus me tionnés.

X. Les arrérages des rentes dûs au premier germinal, ne pourront être pay qu'à l'époque du premier vendémaire, si les propriétaires ne fournissent p toutes les pièces relatives aux droits des expectans, ou s'ils ne justifient de le mort ou émigration.

XI. Les certificats de résidence seront fournis par les municipalités, et à Par par les comités civils des sections, visés par les directoires de district; ceux non-émigration le seront par les directoires de district, et ceux de non-détentio par les municipalités, et à Paris, par les comités civils des sections; lesd

certificats seront enregistrés, et vaudront pendant trois mois de la date de l'enregistrement.

XII. Pour accélérer et faciliter le paiement des rentes viagères, les propriétaires pourront réunir en un seul certificat ceux mentionnés en l'article IX, et
celui constatant le paiement des contributions. Ce nouveau certificat sera conforme au modèle n°. V ci-après, lequel sera délivré par les municipalités, et visé
par les directoires de district, et, à Paris, par les comités civils des sections,
visé par le directoire de département; il sera enregistré, et vaudra aussi pendant
trois mois.

XIII. A compter de ce jour, les créanciers en rentes viagères seront tenus de
se procurer le certificat mentionné en l'article précédent : cependant les paiemens
pourront être continués, sur la remise des certificats qui sont expédiés dans
l'ancienne forme, jusqu'à leur surannation.

XIV. Les certificats des payeurs, trésoriers ou autres agens qui auront fait le
dernier paiement, autres que ceux qui seront fournis par les payeurs *dits* de l'hôtel-de-ville de Paris et par le trésorier de la commune de Paris, seront visés et
vérifiés par l'agent national de la résidence du payeur, sur la représentation des
anciens livres du comptable.

XV. Le directeur général de la liquidation fournira les certificats des arrérages
dûs pour les titres dont les états lui auront été fournis. Lesdits certificats n'auront
pas besoin d'être visés.

XVI. Si quelque payeur, trésorier ou autre agent précédemment chargé du
paiement, était détenu, mort ou absent, le directoire du district commettra un
agent pour délivrer les certificats d'après le registre du comptable; lesdits certificats seront visés et vérifiés par l'agent national de la commune.

XVII. Les payeurs, trésoriers ou autres agens feront mention dans leurs certificats, s'il subsiste ou non, des oppositions sur lesdites rentes; et s'il en existe,
ils donneront les dates et les noms des opposans.

XVIII. Les payeurs ne pourront plus recevoir d'opposition sur les rentes viagères postérieurement à la date de leurs certificats.

XIX. Les propriétaires qui auront remis leurs titres et les pièces mentionnées
aux articles III et V avant le premier vendémiaire de la troisième année, conserveront leurs droits, quoiqu'ils n'aient pas fourni les pièces exigées par l'article IX.

XX. Les certificats de vie ne seront reçus à la trésorerie que pendant deux
mois de leur date; et la remise dans ce délai desdits certificats, accompagnés de
la déclaration mentionnée en l'article V, déterminera les droits résultant du présent décret, pour convertir les rentes viagères en un capital transmissible.

A 2

§. III.

Défense de vendre, céder ni partager les rentes viagères.

XXI. A compter de ce jour, à Paris, et dans dix jours pour le reste de la République, aucun titre de créance viagère sur la République, de quelque nature qu'il soit, ne pourra être négocié, vendu, cédé, transporté ni partagé, directement ni indirectement, sous peine de nullité de l'acte de vente, négociation, cession, transport ou partage, et de trois mille livres d'amende, payable par le propriétaire, l'acheteur, le notaire, courtier de change ou autre agent qui aurait participé auxdites ventes, cessions, transports, négociations ou partages.

XXII. A compter des mêmes époques, il est défendu aux préposés du droit d'enregistrement d'enregistrer aucun acte de vente, négociation, transport ou partage, prohibé par l'article précédent, sous peine de mille livres d'amende, et d'être destitués de leurs emplois.

§. IV.

De la liquidation des rentes viagères et de leur conversion en un capital.

XXIII. Il sera formé un capital du produit de toutes les rentes ou intérêts de la dette viagère de la République, d'après la proportion et les bases établies aux tables jointes au présent décret, savoir :

Pour les rentes viagères sur une tête, suivant la table n°. I.

Sur deux têtes, suivant la table n°. II.

Sur trois têtes, suivant la table n°. III.

Sur quatre têtes, suivant la table n°. IV.

XXIV. Dans aucun cas, le capital provenant de cette liquidation, ne pourra excéder la somme qui aura été fournie dans l'emprunt.

XXV. Si le contrat ne fait pas mention du capital fourni dans l'emprunt, ou si ce capital provient des lots, primes ou chances qui ont été accordés par l'ancien gouvernement, on l'établira d'après les tables annexées au présent décret : mais dans aucun cas, la somme ne pourra excéder 10 fois le montant de la rente sur une tête, $11\frac{111}{1000}$ fois sur deux têtes, $11\frac{762}{1000}$ fois sur trois têtes, $12\frac{5}{10}$ fois sur quatre têtes.

XXVI. Sont exceptées des dispositions des articles précédens les rentes ci-devant tontines, lesquelles seront calculées d'après les bases portées aux diverses tables, sans avoir égard au capital fourni.

XXVII. Les propriétaires de rentes et intérêts viagers seront crédités sur le grand livre de la dette consolidée, des intérêts à cinq pour cent du capital de leur liquidation, sauf les exceptions ci-après.

§. V.

De la faculté accordée de conserver les rentes viagères.

XXVIII. Les propriétaires des rentes viagères, ou ceux qui auront droit au capital qui proviendra de la liquidation desdites rentes, qui sont domiciliés en France ou en pays ami de la République française, pourront convertir ce capital en une rente viagère, qui ne pourra cependant pas excéder 1 000 livres, s'ils sont âgés de 30 ans et au dessous;

1,500 liv.	de 30 à 40 ans;
2,000	de 40 à 50;
3,000	de 50 à 60;
4,000	de 60 à 70;
5,000	de 70 à 80;
7,500	de 80 à 90;
10,000	de 90 et au dessus.

Le surplus du capital, s'ils en ont, sera inscrit sur le grand livre de la dette consolidée, à raison de cinq pour cent.

XXIX. Sont considérés comme ayant droit au capital qui sera liquidé pour les rentes viagères

1°. Ceux qui sont propriétaires d'un droit de survie;

2°. Ceux qui, par un acte ayant date certaine et authentique, antérieure au premier germinal, ont acquis des délégations sur les rentes viagères, ou des portions desdites rentes.

XXX. Les compagnies de finances qui sont propriétaires de rentes viagères, ne pourront point jouir de la faveur mentionnée en l'article précédent.

XXXI. Dans aucun cas, les rentes viagères conservées ne pourront être vendues, cédées ni transportées.

XXXII. Les rentes viagères conservées ne pourront être constituées que sur une seule tête, tout droit de réversibilité ou de succession à cet égard étant supprimé.

§. V I.

De la répartition des capitaux provenant des rentes viagères.

XXXIII. Pour régler la rente viagère qui sera conservée, le liquidateur de la trésorerie nationale l'quidera toujours quel est le capital qui est dû, d'après les bases établies par les articles précédens, sans que jamais ce capital puisse excéder la somme qui aurait été fournie dans l'emprunt ; une fois le capital établi , la rente viagère sera calculée d'après le taux fixé pour chaque âge par la table n°. V.

XXXIV. La portion du capital qui appartiendra aux propriétaires jouissant actuellement, et ceux appelés à la jouissance, sera réglée et liquidée par le liquidateur de la trésorerie , quelles que soient les conditions du contrat, et sauf les exceptions ci-après, porportionnellement aux évaluations portées dans les tables n°. VI à XVII , pour les cas qui y sont prévus.

XXXV. S'il se trouve des cas non prévus dans lesdites tables , la répartition du capital en sera faite d'après les bases qui ont servi aux calculs desdites tables , lesquelles bases seront déterminées par le bureau des calculs qui sera établi à la trésorerie nationale.

XXXVI. Si, lors du placement en rentes viagères sur plusieurs têtes, le jouissant actuel a seul fourni l'entier capital prêté , et si , par le résultat de la liquidation desdites rentes , et par la répartition qui en sera faite , ce jouissant éprouvait une diminution en viager , dont les propriétaires expectans dussent profiter, ces derniers n'auront droit au capital liquidé que déduction faite de la somme qui sera nécessaire pour conserver au jouissant la même rente qu'il reçoit actuellement.

XXXVII. Les pères et les mères actuellement existans, qui lors des placemens en viagers, ont fourni tous les fonds, et ont stipulé une jouissance après leur mort en faveur d'un ou de plusieurs de leurs enfans, seront propriétaires du capital qui reviendra par la liquidation et répartition à l'enfant expectant.

XXXVIII. Dans le cas où les fonds auront été fournis par des inconnus, le capital qui sera liquidé et réparti appartiendra aux personnes jouissantes ou expectantes qui y ont droit, quelles que soient les conditions qui pourroient se trouver dans le contrat.

XXXIX. Les jouissans des rentes viagères , et ceux appelés à la jouissance d'un même contrat, pourront cependant faire entre eux telles stipulations partages et transactions qu'ils jugeront à propos, pourvu que la portion de chacun ne soit pas au-dessous de cinquante livres de rente viagère, ou d'inscription sur le grand livre de la dette consolidée : il ne sera payé que trente sous pour droit d'enregistrement de ces actes.

XL. Si ces propriétaires veulent profiter de l'avantage qui leur est accordé par le présent décret, de conserver une partie de la rente viagère , le capital nécessaire pour constituer ladite rente sera prélevé sur la portion de celui qui leur reviendra par la liquidation; et le taux de l'intérêt dudit capital sera réglé ainsi qu'il est prescrit par l'article XXXIII et suivant la table n°. V.

§. V I I.

Du grand livre de la dette viagère , et de son dépôt.

XLI. Toute la dette publique viagère qui sera conservée, sera enregistrée par ordre alphabétique des noms des créanciers, sur un grand livre en un ou plusieurs volumes.

XLII. Chaque créancier de la République y sera crédité en un seul et même article, et sous un même numéro, de la rente viagère dont il sera propriétaire.

XLIII. Il ne pourra être fait aucune inscription sur le grand livre pour une somme au-dessous de cinquante livres de rente viagère.

XLIV. Pour la facilité des calculs et des paiemens, si par la réunion des diverses parties de rentes viagères qui seront conservées, ou si, par le titre actuel, il étoit dû des sous ou deniers, la fraction au dessous de dix sous serait supprimée, et il sera ajouté la fraction nécessaire pour compléter la livre à celle de dix sous et au dessus.

XLV. Il sera ouvert sur le grand livre de la dette publique viagère, un compte de la nation, au crédit duquel seront portées toutes les extinctions, afin qu'on puisse reconnaître et constater dans tous les temps le montant des diminutions que la dette viagère aura éprouvées.

XLVI. Le grand livre de la dette publique viagère sera le titre unique et fondamental de tous les créanciers viagers de la République.

XLVII. Le grand livre de la dette publique viagère sera sommé, arrêté et signé par trois commissaires de la Convention ou du corps législatif, par les commissaires de la trésorerie nationale et par le payeur principal de la dette publique; il sera ensuite déposé aux archives nationales.

XLVIII. Il sera fait deux copies du grand livre, qui seront sommées et signées par les commissaires de la trésorerie nationale et par le payeur principal de la dette publique.

XLIX. Une de ces copies sera déposée aux archives de la trésorerie nationale; l'autre restera dans les bureaux du payeur principal de la dette publique.

§ V I I I.

De la contribution de la dette publique viagère.

L. Toute la dette publique viagère inscrite sur le grand livre, sera assujétie par moitié au principal de la contribution foncière qui sera réglée chaque année par le corps législatif.

LI. Le paiement de cette contribution sera fait par retenue sur les feuilles de paiement annuel.

§. I X.

Des saisies et oppositions sur les rentes viagères.

LII. A l'avenir, il ne pourra être fait aucune saisie ni opposition sur les rentes viagères qui seront conservées.

LIII. Les saisies ou oppositions qui existent sur les rentes viagères seront transportées sur leur inscription au grand livre de la dette consolidée.

§. X.

Des extraits d'inscription provisoire.

LIV. Le liquidateur de la trésorerie pourra délivrer des extraits d'inscription provisoire aux propriétaires des rentes viagères qui seront converties en une inscription sur le grand livre de la dette consolidée.

LV. Les formes à suivre pour porter les oppositions qui existent sur les rentes viagères, sur le grand livre de la dette consolidée, et pour délivrer les inscriptions provisoires, seront les mêmes que celles qui ont été fixées par la loi du 24 août et subséquentes, sur la consolidation de la dette publique.

LVI. Les inscriptions provenant de la liquidation des rentes viagères seront admises en paiement des domaines nationaux, ainsi qu'il est prescrit par la loi du 24 août dernier, pour celles provenant de la dette exigible.

§. X I.

Des états à fournir par le liquidateur de la trésorerie.

LVII. Le liquidateur de la trésorerie nationale annullera les titres de créance viagère qui lui seront fournis ; il dressera chaque décade

1°. Un état par nom et prénom du propriétaire et du capital provenant de la liquidation ;

2°. Un état aussi par nom et prénom du propriétaire, avec le montant des rentes viagères qui seront conservées.

LVIII. Il enverra chaque décade ces états au payeur principal de la dette publique qui fera créditer sur le grand livre de dette publique les propriétaires des capitaux, du montant de l'intérêt à cinq pour cent, et les propriétaires des rentes viagères, du montant desdites rentes sur le grand livre qui sera à ce destiné.

§. X 1 1.

De la comptabilité du payeur principal.

LIX. Le payeur principal de la dette publique, chargé de la direction en chef du grand livre de la dette publique viagère, sera comptable de cette opération.

LX. Il n'aura sa décharge complète que lorsqu'il aura justifié aux commissaires de la trésorerie, qui en rendront compte à la Convention, ou au Corps législatif, que le montant de la dette publique, transcrite sur le grand livre, est égal à celui des états fournis par le liquidateur.

§. X I I I.

De la délivrance de l'extrait d'inscription.

LXI. Il sera délivré aux propriétaires des rentes viagères inscrites sur le grand livre, qui le demanderont, un extrait d'inscription conforme à celui qui a été prescrit par la loi du 24 août dernier sur la consolidation de la dette publique.

LXII. L'extrait d'inscription ne pourra être délivré au propriétaire, que d'après le certificat du liquidateur de la trésorerie.

LXIII. Le liquidateur de la trésorerie ne pourra délivrer son certificat qu'après avoir vérifié et s'être fait remettre les titres justificatifs de la propriété.

§. X I V.

De la remise et de l'annullation des titres de créance viagère.

LXIV. Tous les contrats et autres titres qui seront remis par les propriétaires en retirant le certificat du liquidateur, après le décret du corps législatif sur leur vérification définitive, seront annullés et détruits.

LXV. Dans le mois qui suivra le dépôt du grand livre de la dette viagère aux archives nationales, les commissaires surveillans du bureau de comptabilité se feront remettre, par les notaires de Paris, les minutes de tous les contrats et autres titres constatant la dette viagère de la nation, portés sur leurs répertoires; ils les feront annuller et détruire; ils feront annuller aussi l'indication portée sur le répertoire.

LXVI. Dès que le dépôt du grand livre de la dette viagère sera fait aux archives nationales, les commissaires de la trésorerie en préviendront les administrations de département et de district, qui seront tenues de se faire remettre de suite, par tous les dépositaires publics, tous les titres, pièces et indications qui constatent les créances viagères dues par la nation, lesquelles seront annullés et détruits.

LXVII. A compter de la publication du présent décret, il ne pourra être délivré par les officiers publics aucune expédition ou extrait de titres de créance viagère sur la nation, de quelque nature qu'ils soient, sous peine de dix ans de fers.

LXVIII. Les titres III, IV, VI et VII de la loi du 21 frimaire dernier, qui règlent le mode de suppléer les titres perdus, ou qui sont sous les scellés, ou aux indes, ou aux colonies, ou qui appartiennent aux émigrés, condamnés ou déportés, seront applicables à la remise des titres des rentes viagères : mais le droit d'enregistrement qui a été établi par les articles XI et XII de la loi du 21 frimaire, ne sera que d'un cinquième de la rente viagère.

LXIX. La régie nationale du droit d'enregistrement et des domaines, sera tenue de rechercher et faire remettre tous les titres de créances viagères appartenant aux détenus pour cause de suspicion ou de contre-révolution, ainsi qu'elle en a été chargée par le titre VI de la loi du 21 frimaire, pour les titres appartenant aux émigrés, condamnés ou déportés.

LXX. Les titres qui se trouvent déposés chez les notaires ou entre les mains d'autres particuliers, pour servir de gage ou d'hypothèque, ou à tel autre titre que ce soit, pourront être remis à la trésorerie nationale par les dépositaires, à la charge de notifier ou faire tous les actes conservatoires pour leur sûreté ou celle d'autrui.

LXXI. Les propriétaires qui ont acquis des portions de rentes viagères ou des délégations, pourront contraindre les dépositaires des titres qui leur servent d'hypothèque ou de gage, de les remettre à la trésorerie nationale; ils seront tenus de remettre, dans les délais prescrits, les titres constatant leurs droits.

LXXII. Si l'acte de vente, cession ou délégation antérieur au premier germinal, a été passé en pays étranger, actuellement ami de la République, par un officier public, et n'est pas encore enregistré, il pourra l'être en payant un cinquième du montant de la rente pour droit de mutation.

§. X V.

Des dépenses pour l'exécution.

LXXIII. Les commissaires de la trésorerie nationale rendront compte au comité des finances, du travail et du zèle que mettront les payeurs *dits* de l'hotel-de-ville de Paris, à l'expédition des certificats exigés par le présent décret, et il sera statué sur la gratification qui leur sera accordée d'après ledit rapport.

LXXIV. Il sera mis à la disposition des commissaires de la trésorerie nationale jusqu'à concurrence de cinq cents mille livres, pour les frais de la liquidation des rentes viagères, ou pour les changemens à faire à la trésorerie pour y établir le paiment des rentes.

§. X V I.

Du paiement des inscriptions viagères conservées.

LXXV. A compter du jour de la publication du présent décret, il ne pourra être payé aucuns arrérages des rentes viagères nationales par aucuns receveurs, caissiers, régisseurs ou administrateurs, autres que ceux de la trésorerie nationale ; ils seront rejetés des états ou comptes où ils seraient portés en dépense.

LXXVI. Le paiement annuel des inscriptions viagères sera fait les premiers vendémiaire et germinal de chaque année, à bureau ouvert, sans attendre l'ordre alphabétique des noms, actuellement usité.

LXXVII. Tous les créanciers viagers pourront recevoir dans le chef-lieu de district le montant de leur inscription viagère : cependant le paiement du premier semestre après le premier germinal, ne pourra être fait qu'à la trésorerie nationale ; le comité des finances demeurant chargé de présenter un projet de décret pour le mode de paiement annuel et les pièces à fournir par les rentiers.

§. X V I I.

Création du bureau des calculs à la trésorerie.

LXXVIII. Les commissaires de la trésorerie nationale choisiront les citoyens qui seront nécessaires pour la formation du bureau des calculs, pour liquider des rentes viagères : le chef de ce bureau signera tous les arbitrages qui y seront décidés ; il en tiendra registre : il lui sera alloué 8,000 liv. par an.

§. X V I I I.

Impression, envoi publication du décret.

LXXIX. La commission des administrations civiles, polices et tribunaux fera imprimer le présent décret chez Baudouin, avec le rapport et les tables, en tel nombre d'exemplaires qui lui seront nécessaires pour en faire l'envoi direct aux corps constitués et fonctionnaires publics.

LXXX. Les corps administratifs et municipaux feront imprimer et afficher le présent décret et le rapport, en annonçant aux citoyens que les tables sont déposées dans leur secrétariat, et que les citoyens peuvent venir en prendre communication.

LXXXI. Le présent décret et le rapport, sans les tables, seront imprimés au bulletin, ce qui servira de promulgation, et le rapport, d'instruction.

Renvoi aux comités de salut public et des finances.

LXXXII. La Convention renvoie aux comités de salut public et des finances, pour examiner s'il ne serait pas d'une justice rigoureuse de diminuer les capitaux qui seront liquidés en faveur des compagnies de finances propriétaires de rentes viagères, d'après une proportion combinée sur le tems de leur jouissance, le taux de l'intérêt viager qui leur en a été payé, et l'âge des têtes sur lesquelles les rentes sont constituées.

N^{o}. I.

Modèle de certificat de vie, pour l'intérieur de la république.

NOUS, officiers municipaux de la commune d   district d
département d   certifions que (nom, prénom du requérant) né le
demeurant à   , est vivant, pour s'être présenté cejourd'hui devant nous.
   A   ce   l'an   de la république une et indivisible. Et
a signé avec nous.

Nota. 1°. Les personnes domiciliées à Paris pourront, sur l'attestation de deux témoins,
obtenir leur certificat de vie par le ministère d'un juge de paix ou officier public, ayant à
cet effet l'autorisation du département, avec mention dans ledit certificat, qui constate que
la personne certifiée, ou les deux témoins, sont connus dudit officier public.
   2°. Ces certificats seront assujétis au droit d'enregistrement.
   3°. Si les officiers municipaux ne connaissaient pas bien l'individu, ils feront appuyer leur
certificat de deux témoins qu'ils dénommeront et feront signer avec eux.
   4°. Si, par le jeune âge, infirmité, maladie, ou autre cause, le certifié ne sait ou ne
peut signer, il en sera fait mention.

N°. II.

CERTIFICAT de vie pour les pays hors la République.

JE soussigné, agent de la république française, à (mettre le lieu de la résidence de l'agent)
certifie que (mettre les nom, prénom du certifié) né le   demeurant à
est vivant, pour s'être cejourd'hui présenté devant nous ; cette existence attestée par (remplir
les noms, prénoms et demeures de quatre témoins connus de l'agent).
   A   ce   l'an   de la république une et indivisible. Et
a, ledit   avec lesdits témoins et moi, signé ledit certificat.

Nota. 1°. Ce certificat doit être légalisé par un chef des bureaux du ministre des affaires
étrangères, enregistré à Paris, et certifié véritable par la personne qui touchera la rente.
   2°. Si, par le jeune âge, infirmité, maladie ou autre cause valable, l'individu ne sait
ou ne peut signer, il en sera fait mention.

N°. III.

MODELE de la déclaration du rentier viager.

JE soussigné (mettre les nom, prénom et date de naissance)   déclare
qu'en conséquence de l'article V, paragraphe premier du décret du

sur les rentes viagères, mon intention est de *conserver* (*telle portion*) *de rente viagère*
(ou) *de renoncer à conserver aucune portion de rente viagère.*

A   ce   l'an   de la république une et indivisible.

N°. IV.

MODELE de certificat du payeur, trésorier, etc. pour constater les arrérages des rentes viagères qui sont dus.

RENTES VIAGÈRES NATIONALES.

Certificat d'arrérages dus au premier germinal, an deuxième de la république.

Année de l'acte de création...... N°. du registre..... Produit net de la rente annuelle.

JE soussigné (payeur ou trésorier, etc.)   certifie que (mettre
les nom et prénom du jouissant, pour les payeurs des rentes à Paris) a droit de
(mettre le net de la rente viagère ou de toutes les rentes
viagères énoncées au tableau qui sera en tête), (et pour les autres payeurs, receveurs ou
trésoriers) a été payé le   d'une rente viagère annuelle, montant net
et que les arrérages lui en sont dus depuis le
(en toutes lettres) jusqu'au premier germinal, an second de la république, et
qu'il n'y a pas d'opposition sur ladite rente.

A   ce   l'an second de la république une et indivisible.

Nota. S'il y a des oppositions, elles seront énoncées par date et nom des. opposans.
Si le présent certificat est délivré par tout autre que par le payeur des rentes à Paris, ou
par le directeur général de la liquidation, il sera visé et vérifié par l'agent national de la
résidence du trésorier ou payeur.

N°. V.

MODELE de certificat unique de résidence, de non-émigration, non-détention, etc.

Département d   District d
Commune d

NOUS, officiers municipaux de la commune d   sur l'attestation
de (mettre les noms, prénoms et demeures des trois citoyens résidant dans ladite commune)
et que nous déclarons bien connaître ;
Certifions que (mettre les noms, prénom et demeure du requérant) s'est présenté aujourd'hui
devant nous ; qu'il a résidé en France depuis le 9 mai 1792 jusqu'à présent, sans inter-

ruption; qu'il n'a point émigré, et qu'il n'est point détenu pour cause de suspicion ou de contre-révolution.

Certifions en outre que ledit   nous a présenté, en bonne forme, 1°. sa quittance d'imposition mobiliaire de 1792 ; 2°. celle du dernier tiers de sa contribution patriotique.

Suit le signalement du citoyen.

Fait à   le   l'an   de la république une et indivisible

Nota. 1°. Ce certificat doit être signé de deux officiers municipaux, du secrétaire de la commune, des trois témoins et du requérant.

2°. Il doit être visé par deux membres du directoire du district, dans le courant de la décade, et enregistré dans la décade de la date du *visa*.

3°. Il sera sur papier timbré.

Visé par l'inspecteur. Signé. B O U I L L E R O T.

Collationné à l'original par nous président et secrétaires de la convention nationale. A Paris, le 8 Prairial, an second de la République française, une et indivisible. *Signé* VOULLAND, *ex-président ;* PAGANEL et FRANCASTEL, *secrétaires.*

L O I *relative aux rentes viagères.*

Du 8 Messidor, l'an deuxième de la République française, une et indivisible.

N°. 65.   La Convention nationale, après avoir entendu le rapport du comité de salut public, décrète :

A R T I C L E   P R E M I E R.

Le *maximum* fixé par l'article XXVIII de la loi du 23 floréal, sera augmenté de cinq cents livres pour les propriétaires, actuellement reconnus créanciers directs, des rentes viagères, et qui en jouissent actuellement ; le *maximum* qu'ils conserveront ne pourra éprouver aucune diminution sur l'intérêt stipulé dans le contrat, mais la rente sera toujours transportée sur la tête même des propriétaires.

II. Les propriétaires de rentes viagères qui ne peuvent pas produire les actes de naissances exigés par l'article III de la loi du 23 floréal, soit parce que ces actes sont en pays avec lequel nous sommes en guerre, ou dans les îles ou aux indes, soit parce qu'ils ont été transcrits sur des registres qui n'ont pas un caractère authentique, ou qui ont été brûlés ou adirés, soit parce qu'ils n'ont jamais été constatés sur aucun registre, pourront les suppléer par un acte de notoriété passé sans frais devant le juge de paix de leur canton, certifié par trois témoins, qui déclareront connaître le lieu, l'époque de la naissance de la personne sur laquelle la rente viagère est assise, son nom et son surnom, et l'impossibilité où elle se trouve de pouvoir fournir l'acte de naissance, occasionnée par un des cas exprimés.

III. Les certificats de vie des militaires en activité de service leur seront délivrés par le conseil d'administration de leur bataillon, visé par le commissaire des guerres de la division.

IV. Les défenseurs de la patrie ayant leur père, mère ou enfans, qui sont propriétaires de rentes viagères placées sur leur tête, et qui sont morts, ou qui ont été ou seront fait prisonniers de guerre en défendant la liberté, ou qui se trouvent dans une position qui rend toute communication avec la République impossible à cause de leur service, pourront être représentés par leur père, mère, femme ou enfans, qui seront admis à recevoir les arrérages échus, en suppléant le certificat de vie par un certificat du départ du défenseur de la patrie, qui sera fourni *gratis* par sa municipalité, visé par le directoire du district.

V. Les pères, mères, femmes ou enfans des défenseurs qui ont été tués en défendant la liberté, auront droit, en outre, au capital provenant desdites rentes, d'après les bases fixées de la liquidation; ils auront, en outre, le droit de les constituer en rentes viagères: ils seront tenus de fournir le certificat qui constatera la mort du défenseur de la patrie.

VI. Les pères, mères, femmes ou enfans des défenseurs de la patrie, dans les cas exprimés par l'article précédent, qui sont propriétaires de rentes viagères assises sur la tête desdits défenseurs, jouiront aussi des avantages mentionnés à l'article III, et pourront en transporter la propriété sur leur tête.

VII. Pour faciliter la liquidation des rentes viagères et la remise des titres à la trésorerie, les propriétaires jouissant actuellement desdites rentes n'auront a produire, relativement au droit des expectans, que leur acte de naissance, ou l'acte de notoriété indiqué par l'article premier pour les cas qui y sont exprimés.

VIII. Dans les cas exprimés par l'article précédent, les jouissans, en remettant les titres qui les concernent, recevront les arrérages échus qui leur appartiennent: la répartition du capital entre les jouissans et expectans, se fera toujours d'après les bases fixées par l'article XXXIV de la loi du 23 floréal; la portion de l'expectant sera considérée comme lui appartenant, pourvu qu'il remette ses titres et pièces dans les délais prescrits, faute de quoi il encourra la déchéance pour la portion lui appartenant, qui sera dévolue à la République.

IX. Les pères et mères encore existant, qui ont la jouissance des rentes assises sur la tête de leurs enfans non mariés, ou qui à l'époque du co trat n'avaient pas atteint l'âge de vingt-un ans, jouiront des exceptions portées par l'article XXXVIII de la loi du 23 floréal, si les fonds desdites rentes ont été fournis par des inconnus.

X. Les certificats de vie des personnes détenues pourront être suppléés par un extrait de l'écrou, signé du concierge, visé par le juge de paix de l'arrondissement.

XI. Les payeurs *dits* de l'hôtel-de-ville et le trésorier de la commune de Paris donneront sans frais, en marge des contrats, un certificat de décès et autres mutations qui leur auront été notifiés : ces certificats serviront à constater la propriété.

XII. L'époque pour déterminer l'âge des rentiers viagers, est fixée au 1er. germinal de l'an 2e.

XIII. Le bureau des calculs établi à la trésorerie nationale, est chargé expressément d'instruire, *gratis*, les citoyens porteurs de contrats viagers, sur le résultat de la loi pour ce qui les concerne.

XIV. Les citoyens habitant Paris, qui ont des titres sur lesquels ils auront délivré des délégations partielles, ou qui en sont dépositaires, et ceux qui ont entre leurs mains des certificats de vie nécessaires pour constater une rente viagère, les remettront dans quinzaine à la trésorerie nationale, sous peine d'être condamnés à une amende égale à la valeur desdits titres.

XV. Les personnes qui ont acquis des rentes viagères avec la condition de réméré, n'auront droit qu'à un capital qui ne pourra pas excéder celui qu'elles auront fourni : les comités de salut public et des finances demeurant chargés d'examiner les pétitions des citoyens indigens qui auraient vendu avec condition du réméré, et d'y statuer, en rendant aux indigens le bénéfice résultant pour la nation par la disposition du présent article.

XVI. Ceux qui abuseront des dispositions du présent décret, seront réputés dilapidateurs des deniers publics, punis comme tels, et jugés par le tribunal révolutionnaire.

XVII. La suspension portée sur l'exécution du décret relatif aux rentes viagères, est levée; les citoyens qui ont déjà fait leur déclaration pour opter une inscription sur le livre de la dette consolidée, ou une rente viagère, pourront la rectifier d'ici à la fin de messidor présent mois.

L'insertion du présent décret dans le bulletin, tiendra lieu de promulgation.

Visé par les l'inspecteurs. Signé *S. E. MONNEL* et *BOUILLEROT.*

Collationné à l'original, par nous président et secrétaires de la convention nationale.
A Paris, le 9 Messidor, an second de la République française, une et indivisible.
Signé ELIE LACOSTE, *président ;* CAMBACÉRÈS et MICHAUD, *secrétaires.*

A PARIS,
DE L'IMPRIMERIE DU DÉPOT DES LOIS,
Place de la Réunion, ci-devant du grand Carrousel.

AN IIe. DE LA RÉPUBLIQUE FRANÇAISE,
UNE ET INDIVISIBLE.

RAPPORT

FAIT PAR CAMBON,

AU NOM DU COMITÉ DES FINANCES,

Sur lequel a été rendu le décret du 23 Floréal, relatif à la Dette publique viagère.

Adopté par la Convention pour servir d'instruction.

Vous avez ordonné depuis long-temps à votre comité des finances de vous faire un rapport sur les rentes viagères. Les agioteurs l'attendent avec impatience et désespoir ; les égoïstes, les usuriers et les vampires de l'ancien régime en sont alarmés ; ils ont communiqué leurs craintes aux rentiers qui ont placé le fruit de leur travail entre les mains du gouvernement pour s'assurer une honnête aisance : mais que ces derniers se rassurent, la Convention n'ayant jamais eu d'autre but que de réduire le taux usuraire de l'intérêt qui a été accordé, de déjouer toutes les combinaisons des agioteurs, et de protéger les honnêtes citoyens ; notre travail a été fait d'après ces principes.

Les rentes viagères qui sont dues, sont, en majeure partie, le résultat des emprunts faits pendant la guerre d'Amérique, et sur-tout sous le ministère d'un homme qui jouissoit d'une grande réputation, mais que la révolution a déjà jugé.

C'est avec ces emprunts qu'il se glorifioit de fournir sans impôts aux frais d'une guerre très-dispendieuse : toute sa science se bornoit à organiser l'agiotage en ruinant le gouvernement.

Les divers comptes qui ont été imprimés n'ont jamais porté la dette viagère que pour le montant hypothétique des rentes. Personne ne pouvoit assurer, d'une manière positive, quelle en étoit la quotité : on n'avoit établi que des calculs imparfaits sur les extinctions, on ne prenoit pas même des précautions pour les connoître ; quarante payeurs étoient chargés de faire le paiement annuel des rentes viagères ; la bigarrure des titres étoit infinie : tontines, emprunt sur une ou plusieurs têtes, sur tous les âges, à divers intérêts ; tout étoit confondu dans les comptes qu'on rendoit ; jamais aucun agent de l'ancien régime n'avoit cherché à connoître quel étoit l'âge des créanciers viagers de l'Etat ; tout étoit dans le chaos. Le premier soin de votre comité des finances a été de le débrouiller,

A

afin de vous présenter un état qui pût vous mettre à même de vous faire une idée précise de cette partie de la dette publique.

C'est aux difficultés que nous avons eues pour recueillir le peu d'instructions que nous nous sommes procurées, que vous devez attribuer le retard que nous avons mis à vous faire le rapport que vous avez demandé.

Encouragés par l'accueil que vous fîtes au travail de votre comité sur la dette publique non viagère, et par la facilité avec laquelle se sont exécutées les opérations préliminaires pour la formation du grand livre de la dette consolidée, qui, quoiqu'en disent les malveillans, sera terminé à l'époque indiquée, et au gré des patriotes, nous nous sommes livrés avec courage aux recherches que le projet que nous vous présentons, a nécessitées.

Secondés par plusieurs agens de la trésorerie nationale, et notamment par les connoissances du citoyen Duvillard sur les calculs mathématiques, et sur les combinaisons de la probabilité de la vie humaine avec l'intérêt de l'argent, nous avons établi un corps d'ouvrage qui nous a paru réunir le respect dû aux propriétés avec l'intérêt du peuple.

Pour vous présenter le tableau de la dette publique viagère, nous avons consulté les divers rapports des Assemblées constituante et législative, et les comptes rendus par les commissaires de la trésorerie nationale.

L'Assemblée constituante ne nous a rien laissé qui pût fixer votre opinion.

Dans le compte rendu par les commissaires de la trésorerie nationale, au premier janvier 1792, les rentes viagères qui étoient dues à cette époque, sont estimées à 102,255,192 liv. On y annonce que les extinctions annuelles peuvent être évaluées au plus à un quarante-cinquième; mais on observe que ces extinctions devoient se compenser avec la constitution en viager qui se faisoit annuellement, de huit millions de capital, provenant de l'emprunt de l'édit de décembre 1785.

Le corps législatif, dans son rapport sur la situation des finances, à la date du premier avril 1792, portoit aussi le montant des rentes viagères à 102,255,192 liv.; il répétoit l'observation faite par la trésorerie nationale sur les extinctions, et l'avis du comité des finances étoit pour lors, qu'il falloit faire une opération générale sur les rentes viagères, qu'il appeloit ruineuses, impolitiques, immorales, et auxquelles il attribuoit le jeu infernal de l'agiotage. Ce comité dénonçoit sur-tout à l'opinion publique l'opération appelée *genevoise*, que les agioteurs ont imaginée pour faire des placemens sur 30, 40 et 100 têtes choisies, afin de s'assurer la plus grande durée de la vie humaine et le moins de chances défavorables à leurs combinaisons.

Dans le compte qui vous fut présenté par les commissaires de la trésorerie nationale le premier janvier 1793, les rentes viagères sont portées pour 100,617,913 liv.

Aucun de ces comptes ou rapports n'a jamais fait connoître quel étoit le capital fourni pour la constitution des rentes viagères, ni les placemens qui ont été faits sur une, deux, trois ou quatre têtes, ni le taux de l'intérêt qui a été accordé, ni les âges des têtes sur lesquelles les rentes sont assises; et par conséquent ils ne présentoient aucune base pour juger la véritable charge de l'État, provenant des rentes viagères, et pour préparer une opération juste et utile.

Les commissaires de la trésorerie, sur la demande du comité des finances, ont dressé un tableau détaillé des rentes viagères, dans lequel ils indiquent la nature des emprunts, et sur combien de têtes les rentes ont été constituées (1); il en résulte que la Nation devoit au premier janvier 1793;

SAVOIR:

Sur une tête . . 70,849,137 liv. de rente, provenant d'un capital de . . . 732,962,123 liv.

Sur deux têtes . 27,028,129 . . . . *Idem* 324,884,490

Sur trois têtes . . 1,945,108 . . . . *Idem* 22,883,715

Sur quatre têtes . 795,539 . . . . *Idem* 9,044,140

TOTAL . . . 100,617,913 liv. provenant d'un capital de . . . . 1,090,674,468 liv.

Dans ce résultat se trouvent confondus les intérêts des tontines, ceux qui ont été réduits et ceux des rentes constituées sur des têtes âgées; et l'on peut établir d'une manière positive, que le total des emprunts viagers sur une tête a été constitué à un intérêt au-dessus de dix pour cent.

La Nation ne verra pas sans étonnement que sous le règne du dernier tyran, en huit années, depuis 1779 jusqu'en 1787, on a emprunté en viager 740,655,388 liv., à 9, 10, 11 et 12 pour cent d'intérêt sur une tête, 8 et 9 pour cent sur deux têtes, 8 et demi pour cent sur trois têtes, et 8 pour cent sur quatre têtes.

Le dernier compte remis par les commissaires de la trésorerie nationale, quoique plus détaillé que les précédens, ne nous a cependant pas fait connoître quel étoit l'âge des rentiers actuels et la quotité des rentes assises sur chaque âge; de sorte que nous ne pouvions point dire si les rentes viagères étoient dues à des enfans ou à des sexagénaires.

Nous avons eu recours aux comptes rendus par les payeurs des rentes au bureau de comptabilité, puisque c'est dans ces comptes seulement

---

(1) *Vide* le tableau coté n°. A, qui est à la suite du rapport.

qu'on rappelle l'année de la naissance des têtes sur lesquelles les rentes viagères sont constituées.

Mais comme ces comptes ne sont au complet que jusques et compris 1787, c'est de cette année que part le tableau des rentes viagères dues sur chaque âge, que nous avons fait dresser d'après leur dépouillement (1).

Vous y verrez qu'en 1787 la Nation devoit 71,796,415 liv. de rentes viagères sur une tête ; que depuis 1787 jusqu'au premier nivôse de cette année, c'est-à-dire, en six ans, les extinctions connues, divisées par chaque âge, se réduisent à 5,548,582 liv. : de sorte que la Nation doit encore 66,247,833 liv. en rentes viagères sur une tête, de celles qui existoient en 1787.

Nous devons vous observer que dans ces extinctions se trouvent comprises celles qui ont eu lieu par la mort du ci-devant Orléans, etc. ; et cependant, si nous nous étions servis des calculs de la probabilité de la vie des rentiers de l'Etat, observée par Parcieux, nous aurions eu à-peu-près les mêmes résultats.

Vous remarquerez aussi que 22,945,484 liv. de rentes viagères sur une tête qui sont dues, sont constituées sur des têtes actuellement âgées depuis 6 jusqu'à 21 ans. Ainsi, toutes les objections qu'on pourroit vous faire sur leur prochaine extinction, doivent disparoître et céder aux calculs.

Nous n'avons pu nous procurer des renseignemens exacts sur le montant des rentes viagères qui ont été constituées depuis 1787, ni sur l'âge des têtes sur lesquelles elles reposent ; mais on peut les estimer, sans erreur majeure, à trois millions de rente.

Les comptes des payeurs ne nous ont pas fourni les instructions que nous desirions relativement aux rentes constituées sur deux ou plusieurs têtes, puisqu'on n'y fait mention que de l'âge de la tête qui est certifiée existante, et que les paiemens se font en prouvant indistinctement l'existence d'une des têtes sur lesquelles les rentes sont constituées : de sorte qu'on ignore presque toujours l'âge et l'existence des co-associés dans le même contrat.

C'est avec les calculs de l'ordre de mortalité des rentiers de l'Etat, que nous avons établi les extinctions qui doivent avoir eu lieu sur ces rentes depuis le premier janvier 1793.

Le compte des commissaires de la trésorerie nationale, à l'époque du premier janvier 1793, portant qu'il étoit dû 27,028,129 liv. de rentes sur deux têtes ; les extinctions probables qui doivent avoir eu lieu, peuvent être estimés 330,819 liv., de sorte que leur montant, au premier nivôse, devoit être de 26,697,310 liv.

---

(1) *Vide* le tableau coté n°. B, qui est à la suite du rapport.

Mais, comme depuis la constitution des rentes sur deux têtes, on n'a jamais calculé la mortalité d'une des deux têtes, nous avons cherché à l'établir par l'ordre de mortalité des rentiers de l'Etat. Il résulte de l'opération que nous avons faite que cette somme devoit être divisée en deux parties ;

SAVOIR:

Sur une seule tête, l'un des jouissans ou survivanciers devant être mort, ci	9,578,670 liv.
Et sur deux têtes qui doivent encore exister, ci	17,118,640
TOTAL	26,697,310 liv.

Quant aux rentes constituées sur trois ou quatre têtes, nous n'avons pas cru intéressant de vous présenter les calculs de la mortalité qui doit avoir eu lieu depuis le premier janvier 1793 ; l'objet étant peu considérable, nous nous sommes bornés à vous offrir le résultat du compte fourni par les commissaires de la trésorerie nationale à cette époque.

Il résulte de nos recherches et de nos calculs, que la dette viagère, au premier nivôse, devoit être composée ;

SAVOIR:

D'après les comptes des payeurs sur une tête, ci	66,247,833 liv.
Création sur une tête, depuis 1787, environ .	3,000,000
Sur une tête provenant des constitutions faites sur deux têtes, ci . . . . , ...	9,578,670
Sur deux têtes existantes, ci	17,118,640
Sur trois têtes, ci	1,945,108
Sur quatre têtes, ci	795,539
TOTAL des rentes viagères au premier nivôse	98,685,790 liv.

La nation doit encore des rentes viagères provenant des emprunts faits par des villes et communes, par les ci-devant états provinciaux, et par les corporations qui ont été supprimés ; mais on n'a aucune connoissance même approximative de leur montant.

Après avoir établi quel étoit le montant des rentes viagères dues par la République, votre comité a dû définir quelle étoit la dette connue sous ce nom.

On doit entendre par rentes viagères celles qui restent entièrement éteintes à la mort de ceux sur qui elles sont constituées ; ainsi elles peuvent être assimilées aux annuités qui comprennent deux parties distinctes : l'une est l'intérêt du capital fourni par l'emprunt ; l'autre est la portion du capital que l'emprunteur rembourse chaque année au rentier.

La réflexion très-simple, que nos besoins durent autant que notre vie et finissent avec elle, a fait naître sans doute l'idée des rentes viagères. Il paroît que l'usage s'en est introduit depuis long-temps, puisque les lois romaines en font mention sous différentes dénominations; mais ce n'est que depuis plus d'un siècle, & particulièrement sous le règne du dernier tyran en France, que les besoins de notre ancien gouvernement et la mauvaise foi ou l'ignorance des ministres ont abusé de ces emprunts, sans avoir égard à aucun calcul.

Cependant l'intérêt du gouvernement auroit dû être de s'instruire et d'éclairer la Nation sur la loi de la mortalité humaine, afin de régler d'une manière équitable le taux de l'intérêt viager.

Plusieurs auteurs ont publié, depuis le commencement du siècle, des ouvrages contenant différens ordres de mortalité humaine, établis tant d'après des registres de naissances et de morts, que d'après d'autres observations. Ces ouvrages indiquent des méthodes pour calculer les rentes viagères; les ministres déprédateurs n'ont point daigné les consulter, tandis que les agioteurs en ont retiré les plus grands avantages.

Parmi ces ouvrages, nous avons distingué, pour notre objet, celui connu sous le titre d'*Essai sur la probabilité de la durée de la vie humaine*, rédigé par feu Parcieux, dans lequel il démontre la probabilité de la vie des rentiers de France, d'après les listes des tontines créées en 1689 et 1696.

Nous nous sommes servis des ouvrages du citoyen Duvillard, qui, après avoir recueilli de nouvelles observations, a perfectionné & étendu cette théorie, ouvrages approuvés par la ci-devant académie des sciences de Paris.

Nous avons consulté les divers auteurs français, anglais & hollandais qui ont écrit sur cette matière.

C'est avec toutes ces instructions que nous avons établi la valeur réelle des rentes viagères, selon les différens âges.

Ceux qui observent avec quelque soin la marche de la nature, y découvrent, à travers une infinité d'irrégularités particulières, un certain ordre général dont elle ne s'écarte guère. Ainsi, quoique chaque homme meure comme au hasard, et sans qu'on puisse assigner le terme de sa vie, on peut du moins, après avoir recueilli un grand nombre d'observations sur les événemens passés, prédire avec beaucoup d'exactitude, combien, sur un certain nombre d'hommes du même âge, il y en aura de subsistans à la fin de chaque année. Ces observations pourroient être telles, et en tel nombre, qu'aucun des motifs de *croire* qui nous déterminent dans la conduite de la vie, n'auroit de fondemens plus certains, parce que tout est probabilité.

Il est clair que si un certain nombre de personnes du même âge veulent faire, par égales parts, un fonds commun, pour le consommer pendant leur vie par une rente annuelle, on peut déterminer d'avance le taux de cette rente, qui aura entièrement absorbé le fonds et les intérêts, lorsque le dernier survivant viendra à décéder.

Celui qui place à une telle condition, peut payer plus ou moins qu'il ne retirera, & hasarde une partie de sa mise ; mais il n'est pas moins vrai qu'ici, comme dans toutes les loteries, les mises doivent être égales ; que, réciproquement, si l'on veut dissoudre un tel établissement, ou annuller les chances, le fonds restant doit être également réparti entre les survivans ; qu'ainsi la véritable valeur d'une rente viagère, est la valeur moyenne qui résulte de l'égale répartition des fonds restans.

Au lieu de cette théorie certaine & lumineuse, les ministres de l'ancien gouvernement ont suivi une ancienne routine qui établit qu'un intérêt viager de dix pour cent est égal à un intérêt perpétuel de cinq pour cent. Ainsi, en tenant le peuple dans l'ignorance, ils ont consacré une erreur sur laquelle il est très-important de l'éclairer, et que l'expérience et les calculs publiés par divers auteurs devroient avoir rectifiée depuis long-temps.

Cette erreur est tellement invétérée, qu'on a vu des septuagénaires se réjouir de placer leurs fonds en viager à douze et même à dix pour cent, tandis que, d'après l'ordre de mortalité moyen, ils auroient dû recevoir quinze et un quart pour cent, pour retrouver leur capital avec les intérêts à cinq pour cent ; et ces mêmes rentiers auroient refusé huit pour cent sur des têtes âgées de quinze à seize ans, d'après le même ordre de mortalité & dans le même cas, ils n'auroient dû recevoir qu'environ six et un quart pour cent.

Lorsqu'on recherche la cause de cette erreur, on croit la trouver dans l'opinion fondée sur l'ordre de mortalité moyen, d'après lequel un intérêt viager de dix pour cent, sur des têtes âgées de cinquante-un ans, équivaut à un intérêt perpétuel de cinq pour cent ; mais ce résultat n'est pas applicable à tous les âges, puisqu'il doit varier suivant le plus ou le moins d'années qu'on a encore à espérer.

Il paroît au surplus que lorsque les emprunts en viager étoient peu considérables, ceux qui y plaçoient leurs fonds cherchoient seulement à se procurer quelque aisance pour le temps de la veillesse ; pour lors le taux de dix pour cent n'étoit pas si disproportionné. Les financiers n'avoient point encore fait, des rentes viagères, un objet de spéculation.

On a toujours distingué plusieurs ordres de mortalité humaine : entre autres celui de mortalité commune, & celui de mortalité des rentiers. Les auteurs ont prouvé que, d'après le premier ordre, la vie de l'homme, en France, prise à sa naissance, faisoit espérer un âge moyen d'environ vingt-cinq ans et demi; tandis que, d'après le second ordre, la vie moyenne des rentiers, en France, prise aussi à leur naissance, donnoit un moyen d'environ trente-sept ans.

Parcieux prouve, dans son ouvrage, que la vie moyenne des rentiers de la France, prise à l'âge de cinq ans, fait espérer un âge moyen de quarante-huit ans et trois mois.

La différence entre ces deux ordres de mortalité est facile à saisir. En effet, on doit considérer les personnes qui constituent ordinairement des rentes viagères, comme des gens d'élite, qui doivent vivre plus que le commun des hommes. La plupart sont à l'abri des maladies de l'enfance, des dangers qui accompagnent certaines professions, de l'extrême misère et des travaux forcés. Ceux qui sont malades et languissans constituent peu de rentes viagères, et les parens qui placent pour leurs enfans, ont soin de choisir ceux dont le tempéramment vigoureux promet une longue existence.

Au contraire, si on établissoit un ordre de mortalité pris parmi les soldats ou gens de mer, ou parmi les citoyens qui s'occupent aux travaux forcés, ou parmi les enfans trouvés dans les grandes villes, on trouveroit un ordre de mortalité beaucoup plus rapide que l'ordre général.

C'est d'après ces observations qu'on est fondé à mettre dans la classe des emprunts ruineux ceux qui ont été faits par l'ancien gouvernement, à raison de dix pour cent, sur des têtes de tout âge, tout le monde ayant intérêt de choisir de jeunes têtes; c'est à cette cause, en partie, que l'on doit attribuer le désordre des finances de la France.

Ces emprunts ont été encore plus désavantageux par les spéculations raffinées que quelques agioteurs ont mises en usage dans les derniers temps de la monarchie. Ils ont choisi dans un pays sain, dans un petit état républicain à l'abri des orages de la guerre, des enfans de cinq à dix ans, qu'ils ont fait inoculer & auxquels ils ont donné le plus grand soin : on a engagé les garçons, au moyen d'une légère pension, à ne point quitter leur pays et à ne point exercer de métier périlleux. Les observations réitérées sur la probabilité de la vie humaine, ayant fait connoître que la vie moyenne des femmes, dans tous les pays, est plus longue que celle des hommes, les spéculateurs ont placé de préférence leurs rentes sur des têtes viagères de filles. C'est de cette manière qu'ils ont rendu fort avantageuss aux prêteurs, et fort onéreuses à l'État, les rentes viagères sur une tête, qui ont été créées par l'ancien gouvernement depuis 1779 jusqu'en 1787.

Des compagnies ont poussé plus loin leurs spéculations. Après avoir observé

observé la loi de mortalité des femmes & filles de Genève, dont la bonne constitution, la saine manière de vivre, l'état d'aisance et la stabilité dans le pays sont les plus probables, ces spéculateurs se sont assemblés avec les médecins pour faire choix des jeunes filles qui, ayant déjà passé par les épreuves des maladies de l'enfance, paroissoient avoir la meilleure constitution ; tous les avis des médecins ayant été réunis, ils ont formé une liste sur laquelle ils ont choisi, à chaque nouvel emprunt, trente têtes ; ils ont constitué sur chacune d'elles un certain nombre de contrats, pour en réunir les rentes annuelles & viagères, et les partager ensuite proportionnellement entre tous ceux qui voudroient s'y intéresser.

C'est ainsi qu'on se jouoit de l'imbécillité de notre ancien gouvernement, & qu'on se préparoit des fortunes énormes sans débourser un seul denier, mais feulement en prêtant un crédit.

Les spéculateurs environnoient les ministres, ils accaparoient presque l'entier emprunt en viager. Ils en étoient les marchands en gros ; on leur accordoit une commission d'un pour cent, un terme plus ou moins long pour en acquitter le montant, au moyen des lettres-de-change qu'ils fournissoient, pour être payées dans 2, 3, 4, 5 et 6 mois. C'est avec de pareilles manœuvres que les ministres des finances se jouoient du peuple, vantoient leur crédit et se glorifioient d'avoir rempli dans un jour les emprunts usuraires qu'ils créoient.

Ces accapareurs des emprunts viagers maîtrisoient le gouvernement ; ils fabriquoient des nouvelles politiques pour accréditer leurs opérations. Ils avoient des émissaires au coin de toutes les rues, dans les cafés et dans les salons, pour donner des louanges au ministre qui les avoit favorisés ; ils appeloient tous leurs collègues à la bourse de Paris, pour faire hausser & baisser à leur gré le crédit public ; ils colportoient dans toutes les places de l'Europe les obligations que la France leur avoit souscrites, & ils se réservoient la faculté de les rapporter au trésor public, dans le cas où ils ne pourroient pas les revendre.

Quelquefois ils en faifoient une nouvelle spéculation, et alors ils employoient leur crédit pour en fournir le montant. C'est pour ces opérations qu'ont vit des compagnies financières envoyer chaque jour des couriers extraordinaires dans toutes les places de commerce, & souscrire des billets solidaires avec lesquels elles se procuroient des fonds qui, sans doute, auroient été mieux employés à favoriser les opérations de l'agriculture & des fabriques nationales.

C'est avec ces manœuvres que les spéculateurs ont aidé la révolution de 1789, parce qu'ils pensoient qu'elle seroit avantageuse à leurs opérations financières ; c'est aussi avec ces manœuvres qu'ils ont voulu soutenir la monarchie, s'opposer à la révolution du 10 août, et qu'ils avoient formé la coalition dangeureuse qui a été anéantie le 31 mai dernier.

Examinons quel étoit le résultat de toutes ces opérations pour les spéculateurs qui s'y livroient, & pour le gouvernement qui s'y prêtoit

Les spéculateurs qui avoient un crédit à l'établissement connu sous le nom de caisse d'escompte, y empruntoient les fonds qui leur étoient nécessaires, en souscrivant entre eux des lettres-de-change pour lesquelles ils se payoient un intérêt qui leur coûtoit 3 et demi ou 4 pour cent par an. Ainsi, supposons qu'un spéculateur eût acheté cent mille livres en rentes viagères, pour lesquelles il auroit fallu fournir un capital d'un million, qui, au moyen d'un pour cent de commission que le gouvernement lui accordoit, ne lui coûtoit que 990,000 livres; il avoit à payer la première année, à la caisse d'escompte, 39,600 liv., pour l'intérêt à 4 pour cent des fonds qu'elle lui avoit fournis : & comme le gouvernement lui payoit cette même année 100,000 liv, le spéculateur s'empressoit de rembourser 60,400 liv. de capital qu'il avoit emprunté, de sorte qu'il ne devoit dans un an que 929,600 liv. Cette opération répétée toutes les années, sans éprouver de mortalité, avoit éteint le capital emprunté avec les intérêts, dans l'espace de 12 ans 10 mois 8 jours ; & nous prouverons que la rente viagère sur des têtes de neuf ans, devoit être payée, en y comprenant les cas de mortalité, pendant 34 ans 5 mois et 12 jours.

A la vérité, ces opérations n'avoient lieu que pour certains spéculateurs privilégiés, qui avoient un crédit illimité, ou qui avoient l'oreille du ministre, & souvent des liaisons d'intérêt avec lui.

La classe des agioteurs qui n'avoit pas un crédit à la caisse d'escompte, étoit obligée de payer à cinq pour cent l'intérêt des fonds qu'elle empruntoit pour placer en rente viagère : mais ne vous attendrissez pas sur son sort, car, en calculant la mortalité, au bout de 15 ans 5 mois 23 jours, elle avoit remboursé le capital emprunté avec les intérêts à 5 pour cent.

Qu'on ne croie pas que les calculs que nous venons de présenter soient chimériques ; ils sont prouvés par tous les ouvrages qui ont paru jusqu'à ce jour; & nous avons un extrait signé des livres (1) de la caisse d'escompte que nous mettons sous vos yeux, qui ne laisse aucun doute à cet égard.

Vous y remarquerez que cette compagnie a acheté depuis le 17 mai 1791, jusques & inclus le 31 mai 1792, diverses parties de rentes viagères, produisant 988,097 liv. 5 den., pour lesquelles l'ancien gouver-

_____

(1) *Vide* le tableau no. C, à la suite du rapport.

nement doit avoir reçu 10,214,972 liv. 6 sols 7 den. de capital, mais qui n'ont coûté à la caisse d'escompte que 10,161,724 liv. 9 sols 3 den., sur laquelle somme elle a déduit annuellement l'intérêt viager que la nation lui payoit; elle y a ajouté l'intérêt à 5 pour cent des fonds dont elle étoit en avance; de sorte que le 31 décembre 1792 elle n'étoit en avance que de 9,334,242 liv. 12 sols. Elle avoit donc fait, pendant ce court espace de temps, qu'on peut estimer, par un calcul moyen, être de dix-huit mois, un bénéfice de 327,481 liv. 17 sols 3 den. en sus de l'intérêt à cinq pour cent.

On objectera peut-être qu'on a couru le risque de la mortalité de quelques têtes, & on ne manquera pas, lorsque ce cas arrivera, de faire valoir le bénéfice qu'on dit énorme pour la nation : mais est-on de bonne foi lorsqu'on avance de pareils faits? Les agioteurs voudroient-ils faire croire qu'ils ont été dupes avec l'ancien gouvernement, dans les emprunts qu'ils combinoient eux-mêmes?

Nous n'exagérerons pas les bénéfices qu'ils ont faits; nous ne nous appuierons pas d'une erreur commise par la plupart des spéculateurs en rentes viagères, qui croient que la valeur d'une rente viagère, constituée sur un assemblage de têtes choisies, est égale à la valeur de cette rente qui seroit payée pendant le temps de leur vie moyenne.

C'est ainsi qu'après avoir appris, par des tables mortuaires, que la vie moyenne des enfans de 9 ans est de 47 ans, certaines personnes imaginent qu'une constitution de 10,000 liv. de rentes viagères, divisées sur 30 têtes de 9 ans, équivaut à une annuité de 10,000 livres payée pendant 47 ans.

Il est vrai que le rentier viager peut compter recevoir 47 fois la rente viagère de 10,000 liv., somme réellement égale à celle qui scroit payée aux créanciers de l'annuité constante pendant 47 ans : mais leur position respective est très-différente, car à la quarante-septième année, le créancier de l'annuité auroit tout reçu, et le rentier viager seroit encore en retard pour une partie considérable, dont le paiement doit se prolonger jusques au-delà de la quatre-vingtième année.

D'après ces observations, on peut établir qu'une rente viagère, constituée sur 30 têtes âgées de 9 ans, est équivalente à une annuité qui dureroit 34 ans 5 mois et 15 jours (1).

Ainsi, l'agioteur qui s'est libéré dans 15 ans 5 mois 23 jours, des fonds qu'il avoit empruntés et des interêts à 5 pour cent, peut compter avec certitude sur un bénéfice égal à une annuité de 10,000 liv. pendant 18 ans 11 mois 22 jours.

Avec de pareilles opérations, doit-on s'étonner des fortunes énormes

_____

1) *Vide* les recherches sur les rentes, par le citoyen Duvillard.

et scandaleuses qui ont été faites dans les derniers temps de la monarchie, par des agioteurs, des spéculateurs sur les fonds publics, et des financiers.

Le gouvernement y trouveroit-il les mêmes avantages ? c'est ce que nous allons examiner.

Si on consulte les tables de probabilité de la vie humaine, d'après un ordre de mortalité moyen, pour que l'emprunt viager fût égal à un emprunt en perpétuel à 5 pour cent, on trouve que l'état ne devoit payer 10 pour cent de rente viagère sur une tête, qu'à l'âge de 51 ans.

Qu'il n'étoit dû 9 pour cent sur deux têtes, qu'à celles âgées de 59 ans, ou de 50 et 70 ans, etc.

Qu'il n'étoit dû 8 et demi pour cent sur trois têtes, que lorsque l'une portant l'autre, elles étoient âgées de 63 ans et demi.

Enfin qu'il n'étoit dû 8 pour cent sur quatre têtes, que lorsque leurs âges pouvoient se rapporter à un âge commun de soixante-six ans.

Mais nous devons observer que l'ordre de mortalité qui a servi de base à ces calculs, suppose que les têtes sont prises au hasard, et nous avons démontré précédemment les causes qui établissoient des différences considérables entre l'ordre de mortalité commun, et l'ordre de mortalité des rentiers ordinaires de l'état.

Or, si nous suivions les calculs que l'ouvrage de Parcieux nous fournit, nous trouverions que, d'après l'ordre de mortalité des rentiers de l'état, les intérêts perpétuels étant comptés sur le pied de 5 pour cent, on n'auroit dû accorder 10 pour cent de rente viagère sur une tête, qu'à l'âge de 57 ans.

Cet auteur n'a point calculé la valeur des rentes viagères sur 2, 3 ou 4 têtes ; et c'est peut-être à cette cause que nous devons attribuer l'ignorance des spéculateurs qui n'ont pas su profiter de tous les avantages que leur offroient les emprunts viagers sur plusieurs têtes, qui ont été créés depuis 1779 jusqu'en 1787.

Si nous établissions un ordre de mortalité pris parmi les têtes choisies à Genève, nous trouverions un plus grand désavantage pour l'état ; mais nous nous bornons, dans ce moment, à l'indiquer, afin de ne pas nous livrer à des recherches trop étendues : il nous suffira seulement de prouver quelle a été la perte de l'état d'après l'ordre de mortalité des tontiniers.

Cet ordre établit que pour pouvoir payer 10 pour cent de rente viagère sur une tête âgée de dix ans, l'intérêt perpétuel étant à 5 pour cent, il faudroit recevoir seize fois et trois dixièmes le montant de la rente, c'est-à-dire, que pour se procurer 10 livres de rente viagère sur une tête âgée de dix ans, il faudroit fournir un capital de 163 liv.

Si nous appliquons cet exemple aux diverses opérations qui se sont faites sous l'ancien gouvernement, nous trouverons que, pour avoir 10 millions en rente viagère sur des têtes âgées de dix ans, il n'a été versé au trésor public que 100 millions de capital, tandis qu'on auroit dû fournir 163 millions; il en est donc résulté une perte de 63 millions.

Si nous comparons le taux de la rente viagère sur une tête de dix ans, équivalent à un intérêt perpétuel de cinq pour cent, nous trouverons que pour 100 liv. de capital, on ne doit payer que six quinze-centièmes pour cent; l'ancien gouvernement payant dix pour cent, éprouvoit donc une perte de trois quatre-vingt-cinq centièmes pour cent d'intérêt par an.

Si nous consultons l'ouvrage intitulé : *Recherches sur les rentes*, *par Duvillard*, nous trouverons que l'emprunt viager de dix pour cent sur une tête de dix ans, équivaut à un intérêt perpétuel de neuf pour cent.

Qu'on ne dise pas que nous avons créé des hypothèses pour grossir les torts des anciens ministres, puisque, d'après les comptes rendus par les payeurs, on voit qu'il est dû encore aujourd'hui 22,945,484 liv., sur des têtes actuellement âgées depuis six jusqu'à vingt-un ans; ce qui prouve que l'état a reçu au moins 240 millions en viager, sur de jeunes têtes; conséquemment il s'est soumis à une perte d'environ 130 millions, pour cette partie seulement.

Et qu'on ne croie pas que le discrédit du gouvernement nécessitât des conditions aussi onéreuses, puisqu'à la suite de ces opérations désastreuses, les ministres se procurèrent des fonds au moyen des emprunts de 80 et de 125 millions, remboursables à des époques déterminées, qui coûtoient six et demi à six trois quarts pour cent d'intérêt, emprunts que vous avez réformés : ainsi, d'après vos principes, vous ne pouvez pas laisser subsister ceux qui sont plus désavantageux.

Nous aurions pu vous citer encore des emprunts plus ruineux, en vous présentant les résultats de ceux faits en viager sur deux, trois et quatre têtes; mais nous avons pensé qu'il suffiroit que vous connussiez une partie des abus, pour que vous vous empressiez d'y apporter une réforme salutaire.

Nous devons regretter que notre opération ait été si retardée; mais heureusement il est encore temps de délivrer la nation d'une partie de cette perte, sans faire aucun acte contraire à la justice la plus sévère.

Dans un temps de révolution, il auroit été peut-être permis de dire aux créanciers qui ont prêté usurairement : tu m'as fournis telle somme; l'intérêt légal étoit à cinq pour cent; il t'auroit produit tant, je t'ai payé tant en sus de cet intérêt; j'impute cet excédant sur le capital que tu m'as fourni. La nation auroit été bientôt libérée de la dette viagère; mais nous aurions commis une injustice, puisque le rentier auroit couru le risque d'une mort, sans aucun avantage pour lui.

Nous aurions pu aussi vous proposer de diminuer les capitaux liquidés, en raison du nombre d'années pendant lesquelles un rentier a joui, en raison de l'intérêt qui lui a été payé. Ainsi, un homme âgé de 52 ans, qui, depuis l'âge de 12 ans, jouit d'une rente viagère constituée à 10 pour 100, n'a rigoureusement droit qu'à ¦¦¦¦, ou ⅐ du capital fourni dans l'emprunt.

Mais ces deux mesures auroient ruiné beaucoup de citoyens qui ont placé leurs économies dans ces emprunts, qui se sont même servis de l'intermédiaire des spéculateurs pour faire leur placement : de sorte que ces agioteurs font aujourd'hui cause commune avec de bons sans-culottes ; aussi les avons nous écartées de crainte de livrer au désespoir la vieillesse que les Français veulent respecter et consoler.

La loi du 24 août dernier, sur la consolidation de la dette publique, nous a servi de guide dans notre travail. Vous avez ordonné que la dette exigible dont le capital excéderoit 3,000 liv., seroit inscrite sur un grand livre pour les intérêts à cinq pour cent : vous avez rejeté de la liquidation les primes, chances, lots, etc., que l'ancien gouvernement avoit promis, lorsque, par leur réunion avec l'intérêt annuel, ils excédoient le taux légal de 5 pour cent ; mais vous n'avez pas voulu donner à cette disposition un effet rétroactif, puisque vous avez validé les paiemens des primes, etc. qui avoient été faits avant votre opération ; vous avez même autorisé celui des primes échues qui n'avoient pas été acquittées.

C'est d'après ces principes que nous vous proposons de décréter que tous les arrérages des rentes viagères qui sont dus à l'époque du premier germinal, seront payés à bureau ouvert sur l'ancien taux, sur la présentation et remise des titres originaux, des certificats de vie, des actes de naissance de toutes les têtes sur lesquelles les rentes viagères sont dues, soit actuellement, soit par droit de survie.

Par cette opération, vous séparerez le passé de l'avenir ; vous connoîtrez dans tous les détails le montant actuel de la dette viagère, et des extinctions qui ont eu lieu, soit par mort, émigration ou séquestre ; vous retirerez le titre royal, et vous républicaniserez cette partie de la dette, comme vous avez fait pour la dette consolidée.

Les rentiers jouiront de suite de l'avantage d'être payés, sans attendre leur tour, par l'ordre alphabétique des noms, puisqu'ils recevront à la trésorerie nationale tout ce qui leur sera dû d'échu, sur une seule quittance ; ils seront seulement obligés de se procurer, de l'ancien payeur, un certificat qui constate le montant des arrérages qu'ils auront à recevoir.

Tous ceux qui n'auront pas remis leur titres d'ici au premier vendémiaire prochain, seront déchus de toute répétition envers la République. Cette mesure n'a pas besoin d'être motivée ; elle a été consacrée par trop de décrets.

Les titres remis à la trésorerie nationale, les rentes viagères seront converties en un capital, représentant leur valeur actuelle et réelle, d'après un intérêt perpétuel à cinq pour cent, en les caculant d'après un ordre de mortalité moyen.

Pour faciliter cette opération, nous avons fait dresser quatre tables qui serviront de base aux calculs à faire pour déterminer le capital qui sera dû pour les rentes viagères constituées sur une, deux, trois et quatre têtes.

La table première est relative aux rentes sur une tête : la première colonne indique l'âge de la tête sur laquelle la rente viagère est constituée.

La seconde règle par combien de fois elle doit être multipliée, relativement à l'âge de chaque tête, afin d'en déterminer le capital.

La troisième colonne est le résultat du calcul pour une rente viagère de 1,000 liv.

Ainsi supposons que Pierre soit créancier de l'Etat pour une rente viagère de 1,000 liv. sur une tête actuellement âgée de quinze ans, il auroit droit, d'après cette table, à un capital de 14,588 livres, s'il avoit fourni au trésor public la valeur réelle de cette rente; mais comme il n'est pas juste que ce créancier reçoive plus qu'il n'a prêté, nous vous proposons de liquider ce qui lui sera dû, par la somme qu'il aura fourni, d'après son contrat.

Or, si cette rente a été constituée à dix pour cent, il n'aura droit qu'à un capital de 10,000 livres; ainsi le dégrèvement actuel de la Nation sera, dans ce cas, au moins de 4,588 liv. de capital.

L'économie pour la Nation seroit bien plus considérable, si nous l'établissons d'après l'ordre de mortalité des tontiniers; car, d'après l'ouvrage de Parcieux, la charge de cette rente équivaut à un capital de 15,940 livres. Dans ce cas, le dégrèvement pour la Nation seroit de 5,940 livres.

Quel reproche fondé pourra nous faire ce créancier ? il aura reçu pendant plusieurs années dix pour cent d'intérêt, et il retrouvera son capital dans son entier.

Si la tête sur laquelle la rente de 1,000 livres est constituée, est actuellement âgée de cinquante-deux ans, le capital liquidé, d'après les bases de la même table, montera à 9,925 liv. : c'est cette somme que nous vous proposons de reconnoître, parce qu'elle représente la véritable valeur actuelle de la rente, d'après l'ordre de mortalité moyen : dans ce cas, on n'aura pas recours à la somme portée par le contrat; ce propriétaire étant plus âgé n'a pas droit à un capital plus fort.

Enfin, si la rente viagère de 1,000 liv. est assise sur une tête de quatre-vingt-dix ans et au-dessus, le capital liquidé montera à 1,723 l. : c'est aussi cette somme que nous vous proposons de reconnoître, d'après les mêmes bases.

On sera peut-être surpris de la modicité de la somme qui reviendra aux vieillards, et peut-être déjà cette considération vous prévient contre notre projet ; mais rassurez-vous, nous avons pris des mesures qui maintiennent sans diminution, aux vieillards, une quotité de leur rente actuelle, relative aux besoins de leurs âges.

Le résultat de notre opération, nous le répétons sans cesse, n'a d'autre but que de réduire tous les intérêts que la Nation paie, au taux légal de cinq pour cent ; et, par ce principe juste, nous sommes parvenus à conserver aux rentiers de cinquante-deux ans & au-dessus, leurs rentes actuelles sans aucune diminution ; ceux de quarante à cinquante ans en éprouveront une très-légère ; la justice nationale réduira seulement les bénéfices que les personnes qui ont abusé de l'imbécillité du gouvernement, en plaçant sur de jeunes têtes, attendoient de leurs spéculations.

Nous avons employé dans nos calculs un ordre de mortalité moyen, pour établir la liquidation du capital équivalent aux rentes viagères, la Nation ne devant avoir aucun égard aux spéculations qui n'ont eu lieu que pour prolonger leur durée.

La table seconde est relative aux rentes existantes sur deux têtes : la première et la seconde colonne indiquent l'âge des deux têtes. Nous les avons classés de cinq en cinq ans, parce que si nous eussions fait d'année en année toutes les combinaisons possibles des deux âges, nous aurions eu à calculer pour plus de cinq mille cas différens ; et nous avons reconnu que l'exactitude seroit suffisante, en s'en tenant aux âges inscrits dans ces deux colonnes : de sorte qu'une tête âgée de douze ans six mois, et une tête âgée de dix-sept ans six mois moins un jour, seront considérées comme ayant quinze ans, ainsi de suite.

La troisième colonne établit par combien de fois doit être multipliée la rente, afin d'en déterminer le capital relativement aux âges des têtes sur lesquelles elle est assise.

La quatrième colonne est le résultat du calcul pour une rente viagère de 1,000 liv.

La troisième table porte les mêmes indications pour les rentes viagères constituées sur trois têtes.

La quatrième pour celles qui sont constituées sur quatre têtes.

Ces deux dernières tables sont calculées de dix en dix ans, de sorte qu'une tête âgée de cinq ans, & une autre de quinze ans moins un jour, seront classées à l'âge de dix ans, etc.

Les exemples que nous avons établis pour l'explication de la première table, suffisent pour faire connoître l'usage des trois autres. Vous trouverez aisément le dégrèvement que la nation éprouvera dans les différens cas, par l'opération qui vous est proposée.

Le

Le capital des rentes viagères une fois liquidé, nous aurions pu vous proposer d'inscrire sur le grand livre de la dette consolidée la totalité de la somme qui sera due : en cela, nous n'aurions fait que suivre les principes que vous avez décrétés pour la dette exigible, personne ne pouvant contester que la rente viagère ne renferme deux parties distinctes, dont une est relative à la portion du capital qui est remboursé, l'autre est l'intérêt annuel ; que ces rentes peuvent être considérées comme des annuités, et que comme telles nous aurions pu les assimiler à celles qui étoient dues à la caisse d'escompte & aux notaires de Paris, dont le capital a été inscrit sur le grand livre de la dette consolidée.

Mais nous avons considéré que cette mesure, toute juste qu'elle eût été, auroit pu priver subitement du nécessaire certains rentiers, âgés et peu fortunés ; et dès-lors nous nous serions écartés des principes démocratiques & d'humanité que vous ne cessez de consacrer.

C'est d'après ces considérations, que, malgré l'immoralité et les inconvéniens des rentes viagères, nous nous sommes déterminés à vous proposer de permettre aux propriétaires actuels, et à ceux qui auront droit au capital liquidé, qui sont domiciliés en France, ou en pays amis de la République, de conserver sur ce capital une rente viagère jusqu'à concurrence de 1000 l. pour ceux qui sont âgés de 30 ans et au-dessous,

de   1500 . . . .   Idem . . . . de 30 à 40
de   2000 . . . .   Idem . . . . de 40 à 50
de   3000 . . . .   Idem . . . . de 50 à 60
de   4000 . . . .   Idem . . . . de 60 à 70
de   5000 . . . .   Idem . . . . de 70 à 80
de   7500 . . . .   Idem . . . . de 80 à 90
de 10000 . . . .   Idem . . . . de 90 et au-dessus.

C'est une faveur que vous leur accordez, puisque vous leur continuerez un remboursement annuel qui n'a pas eu lieu pour les créanciers de la dette exigible.

Vous remarquerez aisément que dans la proportion que nous vous proposons, nous avons eu égard aux besoins de la vie et aux infirmités de l'âge.

En accordant cette faveur, nous avons dû établir un intérêt viager légal & proportionné pour chaque âge, qui fût équivalent à un intérêt perpétuel de cinq pour cent, afin de déjouer toutes les combinaisons des spéculateurs.

Cet intérêt est réglé d'après l'ordre de mortalité moyen, puisque c'est d'après cet ordre que nous avons établi la liquidation des rentes pour en déterminer le capital, & que nous ne pouvions pas avoir deux poids et deux mesures pour la même opération.

D'ailleurs, ces rentiers étant obligés de transporter sur leurs propres

C

têtes les rentes qu'ils veulent conserver, on écarte les têtes choisies, et on fait rentrer dans l'ordre de mortalité moyen, ou dans l'ordre de mortalité des têtes prises au hasard, la majeure partie des rentiers viagers de la république.

La table N°. 5 règle cette proportion, de laquelle il résulte que nous accordons un intérêt viager de 6..... pour cent aux têtes âgés de 8 ans, et de 58 ..... à celles âgées de 90 ans.

Nous allons vous présenter divers exemples qui vous feront connoître quels seront les résultats de l'opération que nous vous proposons, et le sort de divers créanciers viagers de la République.

Le propriétaire d'une rente viagère de 1,000 liv. sur une tête actuellement âgée de neuf ans, aura droit, d'après la table première, au capital de 15,210 liv.; mais comme d'après le taux des emprunts faits par l'ancien gouvernement, ce propriétaire doit n'avoir fourni au trésor public que 10,000 livres, nous vous proposons de lui accorder l'option d'une inscription de 500 liv. sur le grand livre de la dette consolidée, ou de conserver une rente viagère de 657 liv. Dans ce cas le dégrèvement de la nation seroit de 343 liv. de rente viagère.

Si la rente viagère de 3,000 liv. est assise sur une tête actuellement âgée de 52 ans, le propriétaire aura droit aussi, d'après la première table, à un capital de 29,775 liv.; nous vous proposons de lui laisser la faculté de se faire inscrire pour 1,489 liv. sur le grand livre de la dette consolidée, ou de conserver sa rente viagère de 3000 liv.

Enfin, un propriétaire d'une rente viagère de 10,000 livres sur une tête actuellement âgée de 90 ans, auroit droit, d'après les mêmes bases, à un capital de 17,230 liv. qu'il pourra convertir en une inscription de 862 liv. sur le grand livre de la dette consolidée, ou en une rente viagère de 10,000 liv.

Ainsi, ces deux derniers propriétaires n'auront rien à craindre de notre opération, puisqu'ils pourront conserver, sans aucune diminution, la rente viagère dont ils jouissent actuellement; ils obtiendront la faculté de rendre à leurs familles, s'ils le désirent, une partie d'un capital qui étoit entièrement perdu pour elles.

Nous pourrions multiplier ici des exemples qui prouveroient qu'un propriétaire qui a une rente viagère de 1,000 liv. assise sur une tête actuellement âgée de 15 ans, et qui la transportera sur la sienne actuellement âgée de 51 ans, n'éprouvera, pendant sa vie, aucune diminution, puisqu'il pourra conserver les 1,000 livres de rente viagère, sans rien ajouter au capital qui sera liquidé; notre opération se bornant, vis-à-vis de lui, à détruire l'effet des spéculations, qu'il avoit faites lors de son placement, et à régler l'intérêt proportionnellement à son âge, d'après un intérêt perpétuel de cinq pour cent.

Nous pourrions aussi prouver que les propriétaires âgés de 52 ans et au-dessus, qui jouissent d'une rente viagère, assise sur une tête actuellement âgée de 10 ans, pourront augmenter leur jouissance pendant leur vie, en renonçant à la spéculation usuraire qu'ils avoient faite. Cette augmentation sera telle qu'un propriétaire âgé de 90 ans, qui a une rente de 1,000 liv. sur une tête actuellement âgée de 10 ans, pourra la convertir en une rente viagère sur sa tête, de 5,803 livres : ainsi, celui qui n'a placé que dans la vue de se procurer le nécessaire, obtiendra un avantage que l'ancien gouvernement n'a jamais su offrir

Nous avons cru devoir nous borner à vous indiquer ces résultats, pour ne pas abuser de votre attention.

Dans un moment où nous nous occupons de substituer toutes les vertus à tous les vices, nous ne devons pas perdre de vue les moyens que nous fournit la conversion du viager en perpétuel, pour procurer aux citoyens la faculté de disposer d'un capital qu'ils avoient aliéné sous la monarchie, en préférant le célibat, le luxe, et ce qu'on appeloit un état, au bonheur si doux d'être époux et pères de famille; capital qu'ils s'empresseront sans doute de rendre aux enfans qu'ils avoient abandonnés et qu'ils adopteront, ou à ceux qui naîtront d'un mariage que les mœurs républicaines leur feront contracter.

Nous aurions desiré pouvoir distinguer d'une manière non arbitraire, les rentes qui appartiennent aux spéculateurs, afin de vous proposer un article particulier qui les obligeât à une restitution; mais dans des lois générales, les exceptions prêtent toujours à l'arbitraire; elles assujétissent les bons citoyens à des formalités; et souvent les fripons qu'on veut atteindre les évitent, tandis que des pères de famille en supportent la peine : quelquefois même les agens chargés de l'exécution deviennent les maîtres de modifier ou d'appesantir la rigueur de la loi; c'est ce qui nous a déterminé à abandonner le projet que nous avions eu de vous proposer une disposition particulière pour les spéculateurs, la définition de ce mot étant très-difficile dans une loi.

Cependant nous avons pensé qu'on pouvoit, sans inconvénient, priver les compagnies de finances, qui sont propriétaires de rentes viagères, de la faveur d'en conserver une partie : et nous vous proposons de renvoyer à vos comités de salut public et des finances, afin qu'ils examinent s'il ne conviendroit pas de faire supporter à ces compagnies une diminution proportionnée à leur jouissance, à l'intérêt qu'elles ont reçu, et à l'âge des têtes sur lesquelles les rentes ont été constituées.

Pour que cette mesure ne soit pas illusoire, nous vous proposons de décréter qu'aucun titre de créance viagère ne pourra être vendu, cédé ni transporté, à compter du jour de la publication du décret par le bulletin.

Nous avons considéré les rentes viagères qui seront conserveés comme des pensions alimentaires qui sont nécessaires à l'existence d'une famille : ainsi, si dans la République la société doit veiller à ce que tous les citoyens aient des moyens pour vivre, nous devons prendre des mesures afin qu'on ne parvienne pas, par des saisies et oppositions quelquefois dirigées par esprit de chicane et d'inhumanité, à priver des familles ou des vieillards de ce qui est indispensable à leur subsistance.

Nous vous proposons donc de décréter qu'à l'avenir il ne pourra être fait aucune saisie et opposition sur les rentes viagères qui seront conservées.

Dans l'ancien régime, plusieurs rentes ont été déclarées insaisissables ; à la vérité cette mesure étoit le plus souvent en faveur des privilégiés : vous l'étendrez à tous les citoyens ; ainsi, vous ne ferez que généraliser une disposition dont le despotisme avoit senti quelquefois la nécessité.

Les saisies et oppositions qui existent déjà, seront transportées sur l'inscription du grand livre de la dette consolidée.

Nous avons pensé que les rentes viagères qui seront conservées, devoient être inaliénables, qu'elles ne devoient être constituées que sur une seule tête, qui devra toujours être celle du propriétaire ; toutes ces mesures sont nécessaires pour assimiler ces rentes aux pensions alimentaires.

Cette dernière mesure ne pourra point être contestée dans un moment où vous venez de supprimer la faculté de faire des testamens ; dans un moment où le partage égal des biens entre les héritiers naturels vient d'être décrété ; d'ailleurs elle est nécessaire, si vous voulez éviter les formalités qu'entraînent ces espèces de substitutions, si vous voulez simplifier la comptabilité et ne pas multiplier les titres des créances sur la République : l'exception qu'on pourroit réclamer favoriseroit un très-petit nombre d'individus ; vous pouvez en juger par la modicité des sommes qui sont actuellement dues sur 2, 3 et 4 têtes.

En supprimant le droit de reversibilité ou de succession, nous avons eu à nous occuper de la répartition de ce qui doit revenir par la liquidation à tous les co-associés : cette partie de notre travail a exigé la plus scrupuleuse attention, les calculs les plus multipliés ; les connoissances du citoyen Duvillard nous ont été d'autant plus nécessaires, qu'aucun auteur avant lui n'avoit établi cette théorie.

Pour nous guider dans ce travail difficile, nous sommes partis du principe que les rentes viagères sont des espèces de loteries, où chacun spécule sur le plus ou le moins de durée de sa vie et de celle de son co-associé. Pierre et Jean se sont associés pour une rente viagère dont Pierre a la jouissance et Jean l'expectative. En souscrivant à cette condition, ils ont dû faire une mise de fonds proportionnée à leur position respective ; mais que ces conditions aient été faites ou non, la rente étant assurée aux propriétaires, c'est la rente qui doit régler leur droit actuel au capital, et non pas les mises qu'ils ont faites, ou le prix auquel ces rentes avoient cours sur la place, lequel n'a jamais été conforme à leur valeur réelle, mais varioit au gré des spéculateurs.

Le droit des expectans, d'abord très-petit, croît avec le nombre des années qui s'écoulent depuis le moment de l'association, s'ils sont plus jeunes que les jouissans; il diminue, au contraire, d'année en année, s'ils sont plus âgés.

Enfin, la part de chacun est ce qu'il auroit équitablement à fournir présentement pour acquérir le même droit qu'il a sur la rente, de sorte qu'il fût numériquement égal d'acquérir ainsi cette rente, ou de placer le capital à cinq pour cent.

Si le contrat d'association est dissous, si on annulle les chances, le fonds qui proviendra de la liquidation doit être réparti proportionnellement à l'âge de tous les co-associés, en ayant égard à leur position actuelle pour la jouissance ou pour l'expectative.

Nous avons déterminé ce qui étoit dû par la Nation, en établissant par les quatre premières tables, les bases qui doivent servir aux calculs à faire pour régler le capital qui sera liquidé.

Une fois ce capital déterminé, nous n'avons eu qu'à régler la quote-part qui devoit être assignée à chaque intéressé, selon sa position.

Supposons, en premier lieu, que la rente viagère fût également partagée entre les associés; il est clair que s'ils sont du même âge, leurs parts au capital doivent être égales; tandis qu'elles doivent être inégales s'ils sont d'un âge différent.

Elles doivent être encore inégales, dans les cas où la rente viagère est inégalement partagée entr'eux, ou bien dans les cas où l'un des associés attend la mort d'un autre pour entrer en jouissance.

C'est d'après ces considérations que nous avons fait calculer les tables numéro 6 à 17, qui sont jointes au décret.

Celles numéro 6 à 8 règlent la répartition qui doit être faite entre co-associés, du capital qui sera liquidé pour les rentes constituées sur une tête.

Celles numéro 9 à 11, pour les rentes sur deux têtes.

Celles numéro 12 à 16, pour les rentes sur trois têtes.

Enfin, celle numéro 17, pour les rentes sur quatre têtes.

Les exemples ci-après vous feront connoître le résultat de ces répartitions pour divers cas ordinaires, dans les associations sur les rentes viagères; ils guideront les liquidateurs dans leurs opérations, et ils indiqueront aux citoyens les calculs à faire pour connoître ce qui leur sera dû.

Un père actuellement âgé de 60 ans, qui aura placé 10,000 livres de capital, moyennant une rente viagère de 1,000 livres, constituée sur la tête de son enfant actuellement âgé de 10 ans, et qui s'en est réservé la jouissance entière pendant sa vie, pour qu'après sa mort elle appartienne en entier à sa femme actuellement âgée de 40 ans; et qu'enfin, après la mort du père et de la mère, elle appartienne à l'enfant sur la tête duquel la rente a été constituée.

Si on multiplie cette rente par 15 ¹⁹⁄₁₀₀ fois son montant, ainsi qu'il est porté dans la table numéro 1, sa valeur actuelle et réelle équivaudroit au capital de 15,139 livres, qui devroit être réparti comme suit :

	ANS.	TABLE, N°. 7.	CAPITAL.	Inscription sur le grand Livre.	Le capital liquidé, multiplié suivant la Table, N°. 5.	RENTE VIAGÈRE.
Le père actuel-lement âgé de	60.	aura droit à 51 ¹⁹⁄₁₀₀ pr. ⅔	ou 7750 liv.	qui produira 388 liv.	par 11 ⁹⁵⁄₁₀₀₀ pr. ⅔ prod.	927 liv.
La mère, id.	40.	25 ⁷⁵⁄₁₀₀	3891	195	8 ⁴⁴⁴⁄₁₀₀₀	329
L'enfant, id.	10.	23 ¹²⁄₁₀₀	3498	175	6 ⁶⁵⁵⁄₁₀₀₀	231
			15159 liv.	758 liv.		1483 liv.

Ainsi, une rente viagère de 1,000 livres, constituée sur une tête actuellement âgée de 10 ans, divisée sur trois têtes âgées de 60, 40 et 10 ans, augmenteroit de 483 livres; mais comme, d'après notre projet, sa liquidation ne pourra pas excéder le capital qui aura été fourni dans l'emprunt, cette rente ne sera liquidée que pour 10,000 livres. Le dégrèvement actuel pour la Nation, sera dans ce cas de 5,139 livres, et la répartition du capital liquidé sera, savoir :

	ANS	TABLE, N°. 7.	CAPITAL.	Inscription sur le grand Livre.	Le capital liquidé, multiplié suivant la Table, N°. 5.	RENTE VIAGÈRE.
Le père actuel-lement âgé de	60.	aura droit à 51 ¹⁹⁄₁₀₀ pr. ⅔	ou 5119 liv.	qui produiront 256 liv.	par 11 ⁹⁵⁄₁₀₀₀ pr. ⅔ prod.	610 liv.
La mère, id.	40.	25 ⁷⁵⁄₁₀₀	2570	129	8 ⁴⁴⁴⁄₁₀₀₀	217
L'enfant, id.	10.	25 ¹²⁄₁₀₀	2311	116	6 ⁶⁵⁵⁄₁₀₀₀	153
			10000 liv.	501 liv.		980 liv.

Ainsi cette rente qui est constituée sur une tête actuellement âgée de 10 ans, transportée sur trois têtes actuellement âgées de 60, 40 et 10 ans, n'éprouveroit qu'une diminution de 20 livres.

Deux époux, dont un est actuellement âgé de 55 ans, l'autre est actuellement âgé de 65 ans, ont fourni au trésor public un capital de 10,000 livres, qui, à raison de 9 pour cent, forment une rente viagère de 900 livres, qu'ils ont constituée sur leurs deux têtes, pour en jouir par égales parts, pendant leurs vies unies, et qui doit appartenir en entier au survivant.

Cette rente doit être multipliée par 10 $\frac{..}{...}$ fois son montant, suivant la table numéro 2. Sa valeur actuelle et réelle sera de 9,891 liv., qui sera répartie, savoir :

	ANS.	TABLE, N°. 9.	CAPITAL.	Inscription sur le grand Livre.	Le capital liquidé, multiplié suivant la Table, N°. 5.	RENTE. VIAGÈRE.
La tête actuellement âgée de	55.	aura droit à 59 $\frac{..}{...}$ pr. $\frac{.}{.}$	ou 5893 liv.	qui produiront 295 liv.	par 10 $\frac{...}{...}$ pr. $\frac{.}{.}$ prod.	628 liv.
Celle *id.* de	65.	40 $\frac{..}{..}$	3998	200.	13 $\frac{...}{...}$	549
			9891 liv.	495 liv.		1177 liv.

Ainsi, si ces deux époux perdent le droit de réversibilité de la rente de 900 livres, ils gagnent une jouissance actuelle de 277 livres en viager, avec laquelle ils pourront faire des économies, ou bien ils seront les maîtres de retrouver la presque totalité du capital qu'ils avoient constitué en rente viagère, en optant pour une inscription sur le grand livre de la dette consolidée, de 495 livres qu'ils transmettront à leurs héritiers.

André, actuellement âgé de 75 ans, et Antoine, actuellement âgé de 15 ans, ont placé sur leurs deux têtes réunies, un capital de 10,000 livres, à raison de 9 pour cent d'intérêt, ou 900 livres de rente viagère, dont André doit jouir en entier pendant sa vie, et Antoine en doit jouir après la mort d'André.

Vous verrez par la table n°. 2, que cette rente multipliée 14 $\frac{..}{..}$ fois son montant, équivaut à 13,356 livres. Si nous remboursions cette somme, la répartition devroit être comme suit.

La personne jouissante actuellement âgée de...	ANS.	TABLE N°. 10.	CAPITAL.	Inscription sur le grand Livre.	Le capital liquidé, multiplié suivant la Table n°. 5.	RENTE VIAGÈRE.
	75	aura droit à 31 $\frac{...}{...}$ pr. ½	ou 4279 liv.	qui produiront 214 liv.	par 21 $\frac{...}{...}$ pr ½ prod.	900 liv.
Celle expectante, *id.*...	15	68 $\frac{1}{...}$	9086	454	6 $\frac{...}{...}$	623
			13356 liv.	668 liv.		15.3 liv.

Ainsi, le jouissant actuel auroit sa même rente, et la Nation en paieroit une à l'expectant de 623 livres : cette répartition est relative à la valeur actuelle et réelle de la rente de 900 livres, constituée sur les deux têtes unies.

Mais comme la liquidation ne montera qu'à 10,000 livres, somme égale à celle fournie dans l'emprunt, le dégrèvement pour la Nation sera, dans ce cas, de 3.356 livres livres au moins, et la répartition du capital liquidé sera comme suit :

La personne jouissante actuellement âgée de......	ANS.	TABLE N°. 10.	CAPITAL.	Inscription sur le grand Livre.	Le capital liquidé, multiplié suivant la Table n°. 5.	RENTE VIAGÈRE.
	75	aura droit à 31 $\frac{...}{...}$ pr. ½	ou 3 97 liv.	qui produiront 160 liv.	par 21 $\frac{...}{...}$ pr ½ prod.	674 liv.
Celle expectante *id.*	15	68 $\frac{1}{...}$	6803	340	6 $\frac{...}{...}$	466
			10000 liv.	500 liv.		1 40 liv.

Ainsi cette rente de 900 livres qui est constituée sur deux têtes unies de 75 et de 15 ans, étant divisée sur les deux mêmes têtes, montera à 1,140 livres, ou 240 livres en sus de celle actuellement payée ; à la vérité les propriétaires n'auront plus le droit de réversibilité, et la Nation aura deux chances de mortalité à espérer.

Un

Un père actuellement âgé de 64 ans, son épouse actuellement âgée de 53 ans, ont placé 10,000 livres de capital, à raison de 8 ½ pour cent, ou 850 livres de rente viagère, qu'ils ont constituées sur leurs deux têtes et sur celle de leur enfant actuellement âgé de 21 ans. Le père et la mère doivent en jouir par égales parts, pendant leurs vies unies, et après la mort de l'un des deux, elle doit appartenir en entier au survivant, et devenir ensuite la propriété de l'enfant s'il survit.

Ces têtes seront considérées comme étant âgées de 20, 50 et 60 ans, et la rente étant multipliée par 15 $\frac{23}{100}$ fois son montant, ainsi qu'il est porté dans la table numéro 3, représenteroit un capital de 13,371 livres qui devroit être réparti comme suit :

	ANS.	TABLE N°. 16.	CAPITAL.	Inscription sur le grand Livre.	Le capital liquidé, multiplié suivant la Table n°. 5.	RENTE VIAGÈRE.
Le jouissant actuellement âgé de	64	aura droit à 32 $\frac{46}{100}$ pr. ½	ou 4340 liv.	qui produiront 217 liv.	par 13 $\frac{3685}{10000}$ pr. ½ prod.	578 liv
Celui-ci, id...	53	44 $\frac{32}{100}$	5935	297	10 $\frac{1565}{10000}$	609
L'expectant, id	21	23 $\frac{15}{100}$ ..	3096	155	7 $\frac{1855}{10000}$	222
			13371 liv.	669 liv.		1409 liv.

Mais comme cette rente ne sera liquidée que pour 10,000 liv., somme égale au capital fourni dans l'emprunt, la Nation économisera dans ce cas, dès-à-présent, un capital de 3,371 livres, et la répartition de la somme qui sera liquidée, sera comme suit :

	ANS.	TABLE N°. 16.	CAPITAL.	Inscription sur le grand Livre.	Le capital liquidé, multiplié suivant la Table n°. 5.	RENTE VIAGÈRE.
Le jouissant actuellement âgé de	64	aura droit à 32 $\frac{46}{100}$ pr. ½	ou 3246 liv.	qui produiront 162 liv.	par 13 $\frac{3685}{10000}$ pr. ½ prod.	432 liv
Le jouissant, id	53	44 $\frac{30}{100}$	4439	222	10 $\frac{3885}{10000}$	455
L'expectant, id	21	23 $\frac{15}{100}$	2315	116	7 $\frac{1855}{10000}$	166
			10000 liv.	500 liv.		1053 liv

D

Ainsi, si cette famille perd le droit de se transmettre la rente viagère de 850 livres, jusqu'après la mort des trois co-associés, elle augmente actuellement sa jouissance de 203 livres en viager, ou bien elle pourra conserver une inscription de 500 livres, perpétuelle et transmissible.

Quatre personnes, dont une est actuellement âgée de 70 ans, l'autre est actuellement âgée de 64 ans, l'autre de 58, et l'autre de 46 ans, ont placé sur leurs quatre têtes réunies, un capital de 10,000 liv., qui, à 8 pour cent d'intérêt, a formé une rente viagère de 800 livres, qu'ils partagent par égales parts, pendant leurs vies unies, et qui doit appartenir en entier au dernier survivant.

Ces têtes seront considérées comme étant âgées de 70 ans, 60, 60 et 50 ans, et la rente multipliée d'après la table numéro 4, et par 13 ½ fois son montant, produiroit un capital de 10,456 livres, qui devroit être réparti comme suit :

	ANS.	TABLE, No. 7.	CAPITAL.	Inscription sur le grand Livre.	Le capital liquidé, multiplié suivant la Table, N. 5.	RENTE. VIAGÈRE.
La tête actuel- lement âgée de	46.	anra droit à 35 $\frac{...}{...}$ pr. $\frac{1}{2}$	ou 3733 liv.	qui produiront 187 liv.	par 9 $\frac{1349}{...}$ pr. $\frac{1}{2}$ prod.	341 liv.
Celle, id....	58.	24 $\frac{74}{...}$	2587	130	11 $\frac{3623}{10000}$	294
Celle, id.....	64.	24 $\frac{74}{...}$	2587	130	13 $\frac{6083}{10000}$	344
Celle, id....	70.	14 $\frac{88}{100}$	1549	77	16 $\frac{6030}{10000}$	257
			10456 liv.	524 liv.		1236 liv.

Mais la liquidation de cette rente ne montera qu'à 10,000 liv., somme égale à celle fournie dans l'emprunt : ainsi la nation économisera dès-à-

·présent 456 livres de capital, et la répartition de celui qui sera liquidé, sera comme suit :

	ANS.	TABLE, N° 7.	CAPITAL.	Inscription sur le grand Livre.	Le capital liquidé, multiplié suivant la Table, N°. 5.	RENTE VIAGÈRE.
La tête actuellement âgée de	46.	aura droit à 35 pr.	ou 5570 liv.	qui produiront 179 liv.	par 9 pr. prod.	326 liv
Celle, id	58.	24	2474	124	11	281
Celle, id	64.	24	2474	124	13	329
Celle, id	70.	14 . .	1482	74	16	246
			10000 liv.	501 liv.		1182 liv.

Ainsi, ces quatre propriétaires qui jouissent chacun de 200 liv. de rente, en perdant l'expectative qu'ils ont d'avoir un jour une rente viagère, qui progressivement, pourroit monter à 800 livres, gagnent actuellement, savoir : celui âgé de 46 ans, 126 livres de rente viagère ; celui de 58 ans, 81 livres idem ; celui de 64 ans, 129 livres idem ; celui de 70 ans, 46 livres idem ; et ils pourront conserver, s'ils le desirent, une inscription transmissible, savoir : celui âgé de 46 ans, de 179 livres ; celui de 58 ans, de 124 livres ; celui de 64 ans, de 124 livres ; et celui de 70 ans, de 74 livres.

Si, depuis l'époque du placement en rente viagère sur plusieurs personnes, il est mort des têtes sur lesquelles ces rentes étoient assises, la liquidation n'en sera faite que d'après les bases qui sont établies pour les têtes qui seront existantes ; de sorte que s'il est mort une personne sur laquelle une rente constituée sur deux têtes aura été placée, la liquidation n'en sera faite et le capital liquidé n'en sera réparti que d'après les bases et dans les proportions fixées pour les rentes sur une tête, et ainsi de suite, le droit du défunt n'existant plus.

Nous ne vous présenterons pas d'autres exemples qui pourroient se multiplier à l'infini ; mais nous pouvons assurer la Convention que tous ces calculs sont susceptibles de la plus grande exactitude, et que ceux qui

D 2

sont contenus dans les tables ont été faits avec la plus grande attention. Ils sont nécessaires pour rendre justice à tous les rentiers viagers ; une seule inspection vous prouvera quelle est la quotité qui reviendra à chaque co-associé d'après sa position.

Nous nous sommes bornés à établir dans les 12 tables, numéro 6 à 17, des bases et des exemples pour régler la répartition dans les cas les plus ordinaires : il auroit été impossible de préparer d'avance tous les calculs pour les différens cas que les arrangemens entre les divers créanciers de l'Etat auroient nécessités ; mais nous vous proposons d'établir à la trésorerie nationale un bureau des calculs, dans lequel tous les cas qui se présenteront et qui n'ont pas été prévus par les tables, seront décidés avec la plus grande précision : cette mesure est nécessaire pour prévenir des erreurs ou des injustices résultantes de l'ignorance où l'on est généralement sur ces objets.

Ces répartitions sont fondées sur des principes d'une justice rigoureuse, puisqu'elles sont établies d'après un ordre de mortalité moyen, et d'après des calculs mathématiques ; aussi vous proposons-nous de décréter que, quelles que soient les conditions du contrat entre les co-associés qui ont fourni des fonds, le capital liquidé sera réparti proportionnellement aux évaluations portées dans les tables que nous avons fait dresser. Cette mesure est nécessaire, si vous voulez accélérer la liquidation, et éviter des difficultés qu'il est impossible de prévoir.

Nous avons cependant pensé qu'il étoit convenable d'établir quelques exceptions à l'avantage des pères et des mères ou des personnes qui, en plaçant en rentes viagères, ont fait une libéralité en faveur de leurs expectans.

En effet, il existe divers placemens en rentes viagères sur plusieurs têtes, dont les fonds ont été fournis par les seuls jouissans qui ont voulu favoriser, après leur mort, des parens ou amis, en sacrifiant une partie des revenus qu'ils auroient pu se procurer s'ils avoient placé sur leur seule tête.

Aujourd'hui, par l'opération que nous vous proposons, ces jouissans, dans certains cas, pourroient éprouver une diminution sur les rentes actuelles, qui tourneroit au profit des expectans qui, n'ayant rien fourni, ignorent quelquefois jusqu'à l'existence de cette expectative.

Cette diminution seroit telle, dans le cas que nous avons déjà cité du placement d'un capital de 10,000 livres à 9 pour cent, ou moyennant une rente viagère de 900 livres, constituée sur deux têtes, dont une actuellement âgée de 75 ans en a la jouissance entière pendant sa vie, tandis que la tête actuellement âgée de 15 ans n'en a que l'expectative, que par la répartition du capital liquidé, le jouissant n'aura droit qu'à 3,197 livres, avec lesquelles il pourra se procurer une rente viagère de 674 liv. au lieu de 900 livres dont il jouit actuellement, ou 226 livres de moins de jouissance, tandis que l'expectant aura droit à 6,803 livres du capital, avec lesquelles il pourra se procurer de suite une rente viagère de 466 livres.

Cette différence ne provient que des dégrèvemens dont la Nation profite par notre opération; car si nous remboursions la valeur actuelle et réelle de cette rente, le jouissant n'éprouveroit aucune diminution, et l'expectant jouiroit aussi de suite de la valeur actuelle et réelle de son expectative ; mais il n'est pas juste que la Nation rembourse ce qu'elle n'a pas reçu.

. Nous avons pensé que la diminution résultante de ce dégrèvement devoit être supportée par les expectans qui n'ont rien fourni, plutôt que par les jouissans qui ont fourni tous les fonds dans l'emprunt, et qui vraisemblablement n'auroient pas fait ce placement sur deux ou plusieurs têtes, s'ils avoient pu prévoir que leur libéralité les exposoit à éprouver une diminution sur la rente viagère qu'ils se sont réservée pendant leur vie, rente qui peut-être leur est nécessaire pour leur existence.

Il est du devoir du législateur, en établissant un système nouveau d'emprunt, et en détruisant des conditions qui étoient autorisées, d'avoir égard aux erreurs que l'ignorance, l'amitié ou la confiance ont pu faire commettre.

Il est évident qu'il doit y avoir une différence de résultat entre le jouissant qui a fourni tous les fonds d'une rente viagère sur plusieurs têtes, et celui qui n'en a payé qu'une partie, les expectans ayant fait le fonds du surplus.

C'est pour établir cette différence, que nous vous proposons de décréter que si, lors des placemens en rentes viagères, le jouissant actuel a seul fourni l'entier capital prêté, et si, par le résultat de la liquidation desdites rentes et par la répartition qui en sera faite, ce jouissant éprouvoit une diminution en viager, dont les expectans dussent profiter, ces derniers n'auront droit au capital liquidé qu'après avoir prélevé la somme qui sera nécessaire pour conserver à ce jouissant la même rente qu'il reçoit actuellement.

Ainsi dans le cas que nous avons déjà cité d'un jouissant âgé de 75 ans, et d'un expectant actuellement âgé de 15 ans, pour une rente de 900 liv., dont le capital fourni seroit de 10,000 livres, si le jouissant a fourni tous les fonds , lors du placement , la répartition de la somme qui seroit liquidée , sera comme suit :

	ANS.	TABLE, N°. 9.	CAPITAL.	Inscription sur le grand Livre.	Le capital liquidé, multiplié suivant la Table, n°. 5.	RENTE VIAGÈRE.
Le jouissant actuellement âgé de	75.	aura droit à 4 $\frac{7..}{....}$ fois le montant de la rente	ou 4270 liv.	qui produiront 214 liv.	par 21 $\frac{2..}{....}$ pr. ½ prod.	900 liv.
L'expectant, id.	15.	aura droit à l'excédant du capital.	5730	287.	6 $\frac{....}{....}$	393.
			10000 liv.	501 liv.		1293 liv.

Il résulte de l'exception que nous vous proposons, et dans le cas que nous avons cité, que le jouissant actuel n'éprouveroit aucune diminution sur la rente qu'il reçoit actuellement, et l'expectant auroit encore droit à un capital de 5,730 livres, ou à une inscription de 287 livres, ou à une rente viagère de 393 livres ; ainsi, ce dernier qui n'a rien fourni, trouve actuellement une jouissance à laquelle il ne s'attendoit pas encore.

Plusieurs pères ou mères ont placé des capitaux en rentes viagères sur la tête de leurs enfans, en s'en réservant la jouissance pendant leur vie ; d'autres les ont placés sur leurs têtes et sur celles de leurs enfans, ces derniers ne devant en jouir qu'après la mort des premiers.

Nous avons considéré ces placemens comme des donations dont il ne seroit pas juste de dépouiller de leur vivant ceux qui les ont faites ; en conséquence, nous vous proposons de décréter que les pères ou les mères actuellement existans, qui, lors des placemens, ont fourni tous les fonds et ont stipulé une jouissance, après leur mort, en faveur d'un ou de plusieurs enfans, seront propriétaires du capital qui reviendra, par la liquidation et répartition, aux enfans expectans.

Enfin, comme il existe plusieurs placemens dont les fonds ont été fournis pas des inconnus, nous avons cru qu'il étoit important de prévenir les réclamations qui pourroient résulter de ces stipulations, que nous avons considérées comme des libéralités qu'on a voulu laisser même ignorées : nous vous proposons de décréter que le capital qui sera liquidé, appartiendra aux personnes jouissantes ou expectantes qui y auront droit, quelles que soient les conditions qui pourroient se trouver dans les contrats.

Au moyen de ces exceptions et de ces dispositions, nous espérons que la liquidation n'offrira pas des difficultés majeures, et que l'intérêt des parties sera conservé ; et, pour prévenir toutes les discussions et faciliter les modifications que les conditions pourront exiger, nous avons cru qu'il étoit convenable de laisser la faculté aux co-associés de faire tels arrangemens qu'ils jugeront convenables pour la répartition du capital qui sera liquidé : il seroit injuste de les en priver, puisque la nation n'y a aucun intérêt.

Ainsi, ce ne sera que dans les cas où les co-associés ne s'accorderoient pas entre eux, qu'ils auront recours aux bases de répartition que nous avons établies, ou que, pour les cas que nous n'avons pas prévus, ils s'adresseront au bureau des calculs à la trésorerie nationale, qui tiendra registre de toutes les décisions qu'il prononcera, lesquelles seront susceptibles d'une précision desirable dans tous les cas litigieux.

Les répartitions des valeurs que nous vous proposons, parfaitement naturelles et équitables dans tous les temps, donnant aux simples expectatives une valeur disponible, sont peut-être utiles dans un temps de révolution, puisqu'elles divisent les capitaux, augmentent le nombre de créanciers actuels de la République, accordent à certains une propriété qu'ils n'avoient pas encore : elles ouvriront une nouvelle source d'industrie à ces citoyens ; elles procureront à la République un bénéfice par les transferts, et une plus grande concurrence dans l'acquisition des domaines nationaux, par la valeur des inscriptions que ces nouveaux propriétaires pourront y employer ; elles pourront être utiles et avantageuses à de jeunes citoyens qui seront sur les frontières, et qui trouveront de suite la jouissance de l'expectative d'une rente viagère qu'un vieux parent leur a substituée.

Quelques personnes pourront peut-être demander quelle est la raison qui nous détermine à augmenter le montant actuel des rentes viagères sur plusieurs têtes ; elles pourront penser qu'en divisant à chaque co-associé la portion de la rente qui leur est due d'après leur position, il auroit été juste de ne leur payer que jusqu'à concurrence de la somme à laquelle monte la rente actuellement payée.

Nous sommes persuadés que cette objection ne vous a pas paru mériter d'être refutée ; cependant, comme il importe de ne laisser aucun doute dans une opération aussi importante, nous répondrons que l'intérêt de la Nation ne consiste pas dans le plus ou le moins d'intérêt viager qui sera payé, puisqu'il est déterminé d'après l'âge de la tête sur laquelle il sera placé, et que la liquidation des rentes viagères en un capital est le seul objet qui intéresse la Nation. Or, comme nous n'accordons aucune somme en sus de celle qui a été fournie dans l'emprunt, et que, dans le plus grand nombre de cas, il résulte de cette liquidation un dégrèvement pour la Nation, l'opération que nous vous proposons est donc avantageuse à la République ; elle est d'ailleurs calculée d'après un ordre de mortalité moyen, et l'intérêt viager qui sera payé, est équivalent à un intérêt perpétuel à 5 pour cent.

Les rentes viagères sur plusieurs têtes subsisteroient dans l'état actuel jusqu'après la mort de plusieurs personnes réunies ; notre opération les divisant de manière qu'elles diminueront à la mort de chaque co-associé, séparément, la mortalité des rentiers est plus rapprochée, personne ne pouvant contester qu'une rente de 1000 liv. payée pendant la vie unie de deux personnages âgées de 75 et de 15 ans, doit produire aux rentiers une somme plus forte que celle de deux rentes de 500 livres payée séparément aux deux mêmes personnes.

Après avoir réglé le mode de liquidation et de répartition des rentes viagères, notre travail n'offre plus de difficultés, puisque les bases d'exécution se rapportent absolument à celles du grand livre de la dette consolidée.

Les rentes perpétuelles que l'on voudra conserver seront inscrites sur ce grand livre.

Les rentes viagères seront portées sur un grand livre de la dette viagère : mêmes inscriptions à délivrer aux propriétaires, ainsi le titre de créance sera toujours uniforme : même simplicité dans la comptabilité et l'ordre de paiement qu'on pourra exécuter dans les districts, comme pour la dette consolidée : même admission des titres provenans de la liquidation en paiement des domaines nationaux.

La dette viagère qui sera conservée, sera assujettie au principal de la contribution foncière, toutes les fortunes devant être soumises à l'impôt.

Nous nous sommes bien apperçus qu'une rente viagère renfermant la portion du capital que l'on rembourse annuellement, et l'intérêt du restant, il suit de-là que si l'on imposoit les rentes viagères comme les rentes perpétuelles, on imposeroit non-seulement le revenu, mais aussi une partie du capital.

Pour n'imposer que le revenu, il faudroit seulement déduire annuellement de la rente viagère le montant de l'imposition prise sur la valeur capitale et réelle de ladite rente, laquelle varie avec l'âge de la tête sur laquelle elle est assise ; ainsi, si la contribution pour les rentes perpétuelles est fixée au cinquième, il faudroit, pour que tous les rentiers de l'État fussent imposés également, déduire annuellement de la rente viagère le cinquième du cinq pour cent, c'est-à-dire, le centième

du

du capital variable, qui représente, au commencement de chaque année, la valeur réelle de la rente viagère que l'on paie.

Pour fixer les idées sur cette proposition, nous avons fait dresser une table (1) qui indique pour chaque âge la proportion de l'imposition qui devoit être supportée ; cependant, comme nous avons craint que cette nouvelle méthode n'éprouvât des difficultés dans l'exécution, au moment où nous réformons l'ancien système des emprunts, nous nous sommes bornés à l'indiquer, en vous proposant de décréter que l'imposition des rentes viagères conservées sera fixé à la moitié du principal de l'imposition foncière, et nous examinerons si cette nouvelle manière d'imposer pourra s'exécuter facilement.

Il nous reste maintenant à vous présenter le résultat de l'opération que nous vous proposons ; l'économie qu'elle procurera à la Nation, l'ordre et la simplicité qu'elle introduira dans la comptabilité. Cet apperçu suffira, sans doute, pour répondre à toutes les objections que l'on pourra nous opposer.

Nous avons fait dresser un tableau (2) qui vous fera connoître, d'un coup d'œil, le résultat, calculé d'après des données certaines, de l'économie que la Nation fera, dans toutes les hypothèses, sur les rentes viagères constituées sur une tête, qui existent encore d'après les comptes qui nous ont été fournis par les payeurs des rentes.

La première colonne de ce tableau vous indiquera l'âge actuel des têtes sur lesquelles ces rentes sont constituées, et l'époque de leur naissance ; elle distingue les âges depuis six jusqu'à quatre-vingt-dix ans.

La seconde colonne prouve combien il étoit dû en rentes viagères sur une tête, à l'époque du premier nivôse ; elles sont aussi divisées par chaque âge, et montent à 6,247,833 liv.

La troisième colonne indique le capital représentatif de ces rentes, l'intérêt perpétuel étant de cinq pour cent, et d'après la mortalité des rentiers de l'état, observée par Parcieux. Il en résulte que si la Nation laisse subsister ces rentes sur le pied actuel, elle aura à payer un capital de 803,079,404 liv.; plus, l'intérêt à cinq pour cent jusqu'au parfait remboursement.

Qu'on ne dise pas qu'il y aura des extinctions ; tout est calculé d'après l'ordre de mortalité réelle des tontines, qui est certainement plus rapide que celui des têtes sur lesquelles ces rentes reposent.

La quatrième colonne établit quel est le capital représentatif des mêmes rentes, d'après le même intérêt perpétuel de cinq pour cent, et un ordre de mortalité moyen, fourni par Duvillard.

---

(1) *Vide* la table n°. D, qui est à la suite du rapport.
(2) *Vide* le tableau n°. E, qui est à la suite du rapport.

E

Notre rapport vous a prouvé quelle étoit la cause des différences qui existent entre ces deux ordres de mortalité, et les motifs qui nous ont déterminés à prendre ce dernier pour base de nos opérations.

Si tous les rentiers viagers avoient fourni un capital relatif à l'ordre de mortalité moyen, la Nation auroit à rembourser 718,953,566 liv., au lieu de 803,079,404 livres, résultat des calculs par Parcieux ; ainsi l'économie actuelle de la Nation seroit dans ce cas de 84,125,838 liv. de capital.

Mais, comme il n'a été versé au trésor public, par les propriétaires, que 662,478,330 livres, ainsi que vous le verrez par la cinquième colonne ; comme nous vous proposons de ne rembourser que jusqu'à concurrence de la somme qui aura été fournie dans l'emprunt, et comme les têtes qui sont d'un certain âge n'auront droit à un capital que jusqu'à concurrence de la somme qui leur sera due, d'après l'ordre de mortalité moyen, nous avons établi une sixième colonne qui montre que le capital liquidé, d'après notre projet, sera de 589,794,157 l.

Il est donc clair que la Nation économisera un capital de 213,285,247 livres ; plus, les intérêts de ce capital qu'elle auroit à payer si notre proposition n'étoit pas adoptée.

Pour ne rien laisser à désirer, nous avons établi par une septième colonne quel seroit le montant annuel des rentes viagères, si tous les propriétaires usant de la faculté accordée par la loi, les conservoient en entier sur des têtes de l'âge actuel ; vous y verrez qu'au lieu de 66,247,833 liv., la République n'aura à payer que 56,309,380 livres ; ainsi l'économie annuelle seroit dans une proportion de 9,988,453 livres de rente viagère.

Cette différence ne sera point supportée par les têtes âgées depuis 52 ans et au-dessus.

Les 10,119,095 liv. de rentes viagères, qui sont assises sur des têtes actuellement âgées de 40 à 51 ans, supporteront une différence qui, d'après un calcul moyen, sera de 826,749 liv., ou huit liv. pour cent livres de rente.

Les 5,801,681 liv. sur des têtes actuellement âgées de 30 à 40 ans, en supporteront une de 1,131,934 livres, on à-peu-près vingt pour cent.

Les 5,422,846 livres, sur celles de 20 à 30 ans, en supporteront une de 1,304,026 liv., ou à-peu-près vingt-quatre pour cent.

Et les 21,118,935 liv., sur celles de 6 à 20 ans, en supporteront une de 6,675,744 liv., ou environ trente-deux pour cent.

Ainsi, les spéculateurs qui ont employé la médecine, le climat, l'âge, le sexe, la conformation, l'arithmétique et tout ce que l'agiotage a su inventer pour tromper le gouvernement, supporteront la plus forte différence ; ils ne seront cependant privés que du bénéfice usuraire qui résultoit de leur spéculation.

La huitième et dernière colonne vous prouvera que les inscriptions sur le grand livre de la dette consolidée, si tous les propriétaires refusent de conserver des rentes viagères, monteront à 29,489,713 livres. Nous devons vous faire remarquer que si vous laissiez subsister les 66,247,833 liv. de rentes viagères, elles équivalent, d'après l'ordre de mortalité des tontiniers, à un capital de 803,079,404 liv., qui, à cinq pour cent, nécessite un intérêt annuel de 40,153,970 livres. Ainsi la Nation trouveroit dans cette opération un dégrèvement de 10,664,257 liv. de rente perpétuelle.

Tous ces apperçus doivent vous décider. Cependant s'il pouvoit encore exister quelque doute fondé sur ce que le viager libère insensiblement la République, tandis que le perpétuel ne s'éteint jamais, nous vous rappellerons qu'il existe une différence de 9,938,453 liv. de rente viagère entre celles qui sont actuellement dues et celles qui résulteront de notre opération. Ainsi, sous ce point de vue, elle seroit encore avantageuse à la République.

D'ailleurs, la Nation pourra toujours rembourser la dette consolidée, lorsqu'elle le trouvera convenable ; peut-être le temps n'est-il pas éloigné où il faudra s'occuper d'arrêter l'agiotage indigne qui se fait sur les inscriptions de la dette consolidée, en venant au secours des créanciers de la République. Il suffira, pour cette opération, d'affecter un fonds annuel, pour les remboursemens de ceux qui le désireront, à un taux qui sera indiqué ; mais il faut, avant de nous livrer à cette opération, que tous les titres des créances soient uniformes, afin que tous les créanciers puissent concourir également à ce bienfait.

La décision que vous allez prendre pourra nous fournir les moyens d'opérer ce remboursement annuel ; puisque si vous adoptiez notre projet, et si toutes les rentes viagères étoient conservées, vous pourrez y affecter dix millions de rentes viagères que la Nation économisera ; ou bien, si tous les créanciers préfèrent des inscriptions sur le grand livre de la dette consolidée, la Nation n'ayant à payer que 29,489,713 livres de rente perpétuelle, au lieu de 66,247,833 l. de viager, la différence des intérêts viagers aux rentes perpétuelles serviroit à éteindre le perpétuel, c'est-à-dire, que la Nation pourroit se libérer dans vingt années dix mois cinq jours d'un capital égal à celui qui reviendra de la liquidation des rentes viagères.

Nous regrettons de ne pouvoir pas vous présenter d'une manière positive le dégrèvement qui résultera de la liquidation des rentes viagères sur plusieurs têtes ; mais, d'après les calculs que nous avons faits sur leur valeur actuelle, en suivant l'ordre de mortalité des rentiers, il résulte

que la charge de la Nation sur les 26,697,310 liv. des rentes constituées sur deux têtes, est de 289,654,230 liv., tandis que leur liquidation, d'après notre projet, ne montera qu'à 261,302,000 livres ; ainsi
l'économie sur cette partie seroit de 28,352,230 liv.

L'opération que nous vous proposons, doit procurer à la Nation un
dégrèvement actuel de 240 millions sur le capital ; la remise des titres
royaux ; leur conversion en un titre républicain, la destruction des paperasses et parchemins de l'ancien régime ; la facilité de faire payer le viager
dans tous les chefs-lieux de district ; la connoissance parfaite et individuelle des fortunes des rentiers de l'état ; la réunion dans un point central
de tous les titres des créances sur la République ; un cadastre parfait de
ces fortunes de porte-feuille ; la certitude de les imposer au principal
de la contribution foncière ; les moyens d'attacher au sort de la République une foule de citoyens égoïstes par principes, puisqu'ils sont
rentiers viagers, et la facilité de rejeter des états de la dette publique
les sommes qui sont dues aux ennemis de la révolution.

Notre projet est fondé sur la justice : il ne fait que supprimer un intérêt
usuraire. Nous respectons le sort des vieillards ; nous arrêtons les dilapidations occasionnées par les spéculations sur la fortune publique ; nous
divisons les propriétés en augmentant le nombre des créanciers de la
République ; nous rendons à l'agriculture et au commerce des fonds que
l'on pourra utilement employer à l'acquisition des domaines nationaux.
Les pères de famille, qui avoient préféré leur jouissance individuelle,
pourront élever leurs enfans dans une métairie qu'ils acheteront avec un
capital que l'égoïsme leur avoit fait aliéner.

Ce sont ces considérations qui nous ont déterminés à vous proposer le
décret suivant.

Nous terminerons notre rapport en vous annonçant que vos comités
des finances et des secours s'occuperont d'un projet qui aura pour but
l'établissement d'une caisse d'économie, au moyen de laquelle les citoyens,
avec une modique épargne journalière, pourront s'assurer une rente viagère
qui les rendra heureux pendant leur vieillesse, ou avec laquelle ils laisse-
ront un sort honnête à leurs enfans.

DE L'IMPRIMERIE LU DÉPOT DES LOIS, PLACE DE LA RÉUNION.
An II de la République.

L O I sur la réunion de l'actif et passif des hôpitaux , maisons de secours , *de pauvres , etc. au domaine national ;*
La liquidation du passif de ces établissemens ;
La prorogation du délai pour la remise des titres de créances sur les communes ;
Le rapport de la déchéance de six mois d'intérêts ; et autres dispo- sitions *générales sur la liquidation de la dette publique.*

B. n°. 20.

D. 93.

Du 23 Messidor , l'an deuxième de la République Française , une et indivisible.

LA CONVENTION NATIONALE , après avoir entendu le rapport de son comité des finances , décrète :

§. I.ᵉʳ

L'actif et passif des hôpitaux et autres établissemens de bienfaisance , déclaré national.

ARTICLE PREMIER.

Les créances passives des hôpitaux , maisons de secours , hospices , bureaux des pauvres et autres établissemens de bienfaisance , sous quelque dénomination qu'ils soient , sont déclarées dettes nationales.

II. L'actif des établissemens mentionnés en l'article précédent , fait partie des propriétés nationales ; il sera administré ou vendu conformément aux lois existantes pour les domaines nationaux.

III. Les administrateurs des établissemens mentionnés en l'article premier fourniront les états de l'actif et passif , et rendront leurs comptes aux directoires de district , d'ici au premier vendemiaire prochain ; ils continueront d'acquitter les intérêts de la dette constituée ou viagère qui seront dûs jusqu'à cette époque. Les agens de la commission des revenus nationaux , chargés de l'enregistrement , poursuivront la rentrée de ce qui sera dû auxdits établissemens.

IV. La commission des secours publics pourvoira , avec les fonds mis à sa disposition , aux besoins que ces établissemens pourront avoir pour le paiement des intérêts mentionnés en l'article précédent , ou pour leur dépense courante , jusqu'à ce que la distribution des secours soit définitivement décrétée.

§. I I.

De la remise des titres et des déchéances.

V. Les créanciers des établissemens mentionnés en l'article 1.ᵉʳ , remettront leurs

A

titres originaux, savoir; ceux de la dette viagère, à la trésorerie nationale, et ceux de la dette constituée et exigible, au directeur général de la liquidation, d'ici au 1er. nivôse de l'an troisième; et faute de les remettre dans ce délai, ils sont dès-à-présent déchus de toute répétition envers la République.

VI. Le délai fixé pour la remise des titres des créances dûes par les communes, districts et départemens, et par l'école militaire de Paris, et des douze colléges en dépendant, est prorogé jusqu'au 1er. nivôse de l'an troisième : ceux qui ne remettront pas, d'ici à cette époque, les titres de la dette viagère à la trésorerie nationale, et les autres au directeur général de la liquidation, sont définitivement déchus de toute répétition envers la République.

VII. Les citoyens qui, ayant perdu leurs titres, n'ont pas pu profiter des avantages de la loi du 21 frimaire dernier pour les remplacer, parce que les minutes étaient transcrites sur des registres, pourront s'en faire délivrer des extraits certifiés par les-dépositaires, visés par les directoires de district, qui affirmeront que l'usage local était de transcrire sur des registres les actes établissant la propriété des créances; ils sont tenus de remettre lesdits extraits au directeur général de la liquidation, d'ici au 1er. vendémiaire prochain : faute par eux de les remettre, ils sont déchus de toute répétition envers la République.

VIII. Les titres constatant la dette exigible qui était dûe par les ci-devant pays d'états, élections, généralités et administrations provinciales, ou pour réparations et constructions d'églises, ou circonscriptions de paroisses, et ceux constatant la dette constituée, d'où qu'elle provienne, qui ont été déposés à la liquidation avant le 13 messidor, seront admis à la liquidation.

IX. La déchéance de six mois d'intérêts prononcée par les lois des 24 août et 25 septembre derniers, demeure abrogée pour ceux qui ont remis leurs titres avant le délai prescrit pour la déchéance absolue.

X. La trésorerie nationale, le directeur général de la liquidation, les payeurs des rentes et les corps administratifs qui ont reçu, avant les délais fixés pour les déchéances, des titres de créances de la dette constituée dont la liquidation ne leur était pas confiée, se les renverront réciproquement, savoir; pour Paris, dans quinzaine, et dans un mois pour les départemens. Le directeur général de la liquidation provoquera l'exécution de cette mesure par lettre chargée.

§. III.

Des titres à remettre, et des formalités dont ils doivent être accompagnés.

XI. Ceux qui ont des titres de créance à remettre à la liquidation, fourniront les titres authentiques, ou sous seing-privé, *sans minute*, qui leur ont été remis; les expéditions ou extraits des titres authentiques, pris sur les minutes, ou sur les grosses déposées pour en tenir lieu, et délivrées par les dépositaires d'icelles, antérieurement au 24 août 1793 ; les extraits des registres des établissemens débiteurs, délivrés par les détenteurs, lorsque les créances ne seront constatées que par lesdits registres ; les mémoires des frais ministériels, ouvrages et fournitures, taxés et réglés.

XII. Les copies collationnées des quittances de finance, antérieures à 1713, celles des droits accessoires, de quelque date qu'elles soient, attachées sous le contre-scel des provisions, seront considérées comme titres originaux.

XIII. Les mémoires pour frais ministériels, quand bien même ils auraient été réglés, seront présentés au directoire de district de la situation de l'établissement débiteur, avec un précis sommaire de la contestation qui en fait l'objet.

XIV. Les directoires de district rejetteront les mémoires dont le fond du procès aura été occasionné par la mauvaise foi ou la chicane du réclamant, et se feront remettre les pièces à l'appui. Ils déclareront, pour les autres, que les frais légitimement exposés doivent être réglés.

XV. Les mémoires qui seront admis pour être réglés, et les pièces à l'appui, seront ensuite présentés aux tribunaux qui remplacent ceux par-devant lesquels l'instance avait été réglée en dernier lieu, et à Paris, au tribunal du domicile du réclamant à l'époque de la suppression des tribunaux, pour y être taxés sans frais.

Le montant de la taxe sera sommé au bas du mémoire, et signé par deux juges au moins.

XVI. Les agens de la commission des revenus nationaux, chargés de l'enregistrement, se feront remettre, par les détenteurs ou par les tribunaux, les pièces des procédures qui pourraient servir à établir un actif pour la République, et ils seront tenus d'en poursuivre le recouvrement : les autres pièces de procédure seront déposées aux greffes des tribunaux.

XVII. Les mémoires pour ouvrages et fournitures seront présentés aux directoires de district de la situation des établissemens débiteurs, qui s'informeront et certifieront au bas que les ouvrages et fournitures ont été légalement ordonnés et exécutés.

Après cette déclaration, les directoires nommeront deux experts qui procéderont au réglement desdits mémoires. Les experts en sommeront le montant au bas du mémoire, et cette déclaration servira de base à la liquidation. Les pièces à l'appui seront déposées au greffe du directoire de district.

XVIII. Les titres de créance et les mémoires pour frais ministériels, ouvrages ou fournitures, réglés, devront être accompagnés du certificat dont le modèle est joint au présent décret, lequel sera fourni par les administrateurs des établissemens débiteurs ou par ceux qui les remplacent, et visé par les directoires de district.

XIX. Ces certificats suffiront pour autoriser la liquidation des créances, qui ne pourra plus être retardée par défaut d'envoi des états ou comptes exigés par les précédentes lois : les citoyens dénommés dans les certificats, seront reconnus propriétaires; et s'il survient quelque mutation dans la propriété, il en sera justifié à la trésorerie nationale.

XX. Ces certificats ou arrêtés remplaceront la liquidation préparatoire confiée aux corps administratifs, qui est supprimée.

Les corps administratifs n'ordonneront plus de paiement par à-compte ; mais ils continueront la liquidation des créances de 800 liv. et au dessous, sur les titres ci mémoires visés et arrêtés.

XXI. Le directeur général de la liquidation, le liquidateur de la trésorerie nationale et les corps administratifs reconnaîtront pour propriétaire celui qui a été indiqué par les établissemens débiteurs, au moment où la République s'est chargée de leurs dettes; ils n'exigeront de justification de propriété que pour les mutations postérieures : ils n'entreront pas dans l'examen ou discussion des droits ou prétentions résultant des dispositions de la loi du 17 nivôse dernier, sauf aux prétendans de faire à la trésorerie nationale telles oppositions qu'ils croiront nécessaires à leurs intérêts.

XXII. Les dépositaires des actes ou minutes, et les détenteurs des registres d'immatricules des paiemens précédemment faits à la décharge de l'État, sont autorisés à délivrer aux créanciers porteurs d'une demande faite par le directeur général de la liquidation, par la trésorerie nationale ou par les corps administratifs, tous les extraits desdits registres servant à constater les droits à la propriété de l'objet liquidé, nonobstant les dispositions de l'article CXXI de la loi du 24 août 1793 (*vieux style*) sur la consolidation de la dette publique.

XXIII. Les propriétaires des créances, autres que celles soumises aux certificats et arrêtés des corps administratifs, justifieront de leur propriété, dans les trois mois de l'avertissement qui leur en sera donné par lettre chargée par le directeur général de la liquidation, à peine de déchéance. Les délais accordés par la loi du 25 septembre sont abrogés, sans rien innover néanmoins à la déchéance encourue ou à encourir par ceux auxquels il a été écrit en exécution de ladite loi, et qui n'y ont pas satisfait ou n'y satisferont pas dans les délais qu'elle prescrit.

XXIV. Les créanciers qui ont déjà produit leurs titres dans les délais précédemment prescrits, mais dont la liquidation se trouve arrêtée, soit à défaut des états exigés par les différentes lois, soit par défaut des avis des corps administratifs, ou pour toute autre formalité dont l'omission n'entraine pas la déchéance, en seront prévenus par lettre chargée par le directeur général de la liquidation, et ils seront tenus de se conformer aux dispositions mentionnées aux articles précédens, dans les trois mois de l'avertissement, sous peine de déchéance.

XXV. Le directeur général de la liquidation est autorisé à correspondre directement avec les corps administratifs, pour faire mettre en règle les pièces fournies à la liquidation.

XXVI. Tout créancier liquidé préparatoirement par les corps administratifs, jusqu'à la publication de la présente loi, sera tenu de produire, si fait n'a été, à la liquidation générale, d'ici au premier nivôse inclusivement, lesdits avis et arrêtés, et les pièces justificatives d'iceux, à peine de déchéance.

Ceux non liquidés, mais ayant produit en temps utile aux corps administratifs, aux termes des précédentes lois, produiront à la liquidation générale leurs titres visés dans les formes ci-dessus prescrites, d'ici au premier nivôse prochain inclusivement, à peine de déchéance.

XXVII. A l'avenir, le liquidateur général, le liquidateur de la trésorerie nationale, ne s'occuperont plus des oppositions qui pourront subsister sur les créanciers liquidés, à quelque titre et pour quelque cause que ce soit, non plus que des lettres de ratification à obtenir avant le remboursement à faire aux créanciers, pour cause de vente d'immeubles à l'ancien gouvernement : la justification des mains-levées de toutes lesdites oppositions se fera à la trésorerie nationale.

XXVIII. Les créanciers joindront à leurs productions la mention de leurs noms, prénoms, domicile et adresse, afin de pouvoir être informés lorsque leur liquidation sera terminée.

XXIX. Les dispositions de l'article XV de la loi du 27 avril 1791, en ce qui concerne les intérêts des créances exigibles sur les corporations supprimées, sont rapportées.

Néanmoins les intérêts accordés jusqu'à ce jour, sont maintenus.

§. I V.

Remboursement des créances au dessus de cinquante livres d'inscription ; et des déchéances.

XXX. A compter de ce jour, les créances qui auront été rejetées de l'inscription du grand livre de la dette consolidée, comme étant au dessous de cinquante livres d'inscription, seront remboursées par la trésorerie nationale, à bureau ouvert, sur le pied de vingt fois leur net produit annuel, ainsi que les intérêts échus jusqu'au premier germinal.

XXXI. Les propriétaires qui voudront obtenir ce remboursement, seront tenus de remettre

1°. Le certificat de la remise des titres originaux aux agens qui ont été chargés de fournir des états pour l'inscription au grand livre;

2°. Une déclaration qu'ils n'ont pas d'autres créances inscrites ou à inscrire sur le grand livre.

XXXII, Ee cas de fausse déclaration, les propriétaires desdites créances remboursées seront déchus de toute autre répétition envers la République, et en outre condamnés au payement d'une somme double de celle qu'ils auront reçue.

XXXIII. Ceux qui n'auront pas réclamé leur remboursement d'ici au premier nivôse prochain, sont dès-à-présent déclarés déchus de toute répétition envers la République.

XXXIV. Il n'est pas dérogé par les articles précédens aux articles XXXVI, LXXI et LXXIV de la loi du 24 août 1793 (*vieux style*) sur la consolidation de la dette publique, qui continueront d'avoir leur entière exécution.

XXXV. Les capitaux provenant des rentes ou intérêts de vingt livres et au dessous, rejetés des états des payeurs, en exécution des arrêts du conseil des 26 décembre 1784 et 18 août 1785, ne sont pas compris dans les dispositions du présent décret : ils sont au contraire regardés comme définitivement éteints au profit de la République.

§. V.

Des certificats à fournir ; et attribution au comité des finances de statuer par arrêté.

XXXVI. Le certificat de résidence, non-émigration, non-détention, et de paiement de contribution, nécessaire pour obtenir le remboursement des capitaux, sera le même que celui qui a été prescrit par la loi du 23 floréal sur la dette viagère ; mais les certificats qui ont été délivrés jusqu'à ce jour, serviront jusqu'à leur surannation.

XXXVII. Les certificats de résidence, non-émigration, non-détention, et du paiement des contributions, nécessaires pour recevoir à la trésorerie nationale, pourront être enregistrés à Paris.

XXXVIII. La Convention nationale autorise son comité des finances à statuer par arrêté sur les difficultés auxquelles pourraient donner lieu les dispositions du présent décret, et celles des autres lois relatives à la liquidation de la dette publique.

Nous soussignés (*mettre ici les noms et fonctions de ceux qui signeront le* visa) avons visé le ou les pièces ci au nombre de de nous cotées et paraphées, aux termes de la loi du pour être par (*mettre ici le nom du* créancier , ses prenom et domicile) liquidé de (*telle somme en* capital) et des intérêts (*s'il y en a*) sur le pied de (*indiquer* le taux auquel ils ont cours) à compter du Fait à ce
Vérifié et reconnu l'exactitude du visa ci-dessus.

Par nous, administrateurs du district de   (ou d département de   ) dans le cas où le premier *visa* doit être fourni par .e district,
et le second par le département.

N. B. Si le titre n'appartient plus à celui qui y est dénommé ; indiquer celui ou ceux qui
en sont les propriétaires actuels, par leurs noms, prénoms et domicile, en indiquant som-
mairement pour quelle portion et à quel titre ils en sont propriétaires ; par exemple, pour un
tiers, un quart, dixième, un vingtième, etc. comme héritiers, légataires, donataires ou
cessionnaires de   au profit de qui le titre existait originairement.

Visé par l'inspecteur. Signé BOUILLEROT.

Collationné à l'original, par nous président et secrétaires de la Convention nationale.
A. Paris, le 25 Messidor, an second de la République française, une et indivisible.
Signé LOUIS (du bas Rhin), *président ;* BORDAS, BRIVAL, A, DUMONT et
A. BESSON, *secrétaires.*

L O I relative aux prises faites par les vaisseaux de guerre de la B. n°. 19.
République.

D. 90.

Du 23 Messidor, l'an deuxième de la République française, une et indivisible.

La Convention nationale, après avoir entendu le rapport du comité de salut
public, décrète :

ARTICLE PREMIER.

Les consignataires et les préposés à la vente des prises faites par les vaisseaux
de guerre de la République, sont tenus d'adresser à la commission de la marine
et des colonies les états et comptes de leur gestion, avec le montant des sommes
que les ventes faites jusqu'à ce jour ont produites, ainsi que le manifeste ou fac-
ture des marchandises composant les cargaisons restées encore à bord des navires
ou dans les magasins, invendues, quinze jours au plus tard après l'insertion du
présent décret dans le bulletin.

II. Du moment où les prises faites par les vaisseaux de guerre de la République seront mouillées dans une rade ou dans un port, elles seront remises sous
la surveillance et à la disposition du commissaire de la marine et des colonies.
Les juges de paix et les préposés à ladite surveillance, aussitôt qu'ils seront informés de l'arrivée d'un bâtiment, pris dans une rade ou dans un port, se rendront sur-le-champ à bord du bâtiment, pour y apposer les scellés sur toutes les
écoutilles et sur toutes les portes fermant à clef.

III. Tous les chefs, conducteurs des bâtimens pris, sont tenus de faire, sous
24 heures de leur arrivée, par-devant le juge de paix et le surveillant préposé
par le commissaire de la marine et des colonies, le rapport ou déclaration de
tout ce qui concerne les bâtimens pris qu'ils auront conduits.

IV. Il sera, dans les 24 heures après la déclaration du conducteur des prises, procédé, à la diligence du commissaire de la marine et des colonies, à l'instruction de la procédure pour parvenir au jugement des prises.

Cette instruction consistera dans l'apposition des scellés, la réception de la déclaration du capitaine-conducteur, l'interrogatoire de trois prisonniers au moins, dans le cas où il s'en trouverait un pareil nombre, et le translat des pièces de bord ; il sera ensuite dressé inventaire de toutes ces pièces, qui seront, dans deux jours pour tout délai, adressées au commissaire de la marine et des colonies, avec les états ou manifestes des chargemens.

V. Le comité de salut public est chargé de régler le mode de vente qui devra être observé pour les marchandises provenant desdites prises.

L'insertion du présent décret dans le bulletin, servira de publication.

Visé par l'inspecteur. Signé *S. E.* MONNEL.

Collationné à l'original, par nous président et secrétaires de la Convention nationale. A Paris, le 24 Messidor, an second de la République française, une et indivisible. Signé LOUIS (du bas Rhin), *président ;* A. DUMONT et BRIVAL, *secrétaires.*

———————

B. n°. 20. *L O I qui renvoie au* 10 *Thermidor la fête ordonnée en l'honneur des jeunes* Barra *et* Vialla.

D. 94.

Du 23 Messidor, l'an deuxième de la République française, une et indivisible.

La Convention nationale, sur la proposition d'un membre, décrète que la fête ordonnée en l'honneur du jeune *Barra* et du plus jeune encore *Agricole Vialla,* et qui devait être célébrée le 30 messidor, ne le sera que le 10 thermidor.

Visé par l'inspecteur. Signé BOUILLEROT.

Collationné à l'original, par nous président et secrétaires de la Convention nationale. A Paris, le 25 Messidor, an second de la République française, une et indivisible. Signé LOUIS (du bas Rhin), *président ;* BORDAS, BRIVAL, A. BESSON et A. DUMONT, *secrétaires.*

A PARIS,

DE L'IMPRIMERIE DU DÉPOT DES LOIS,
Place de la Réunion, ci-devant du grand-Carousel.

AN IIᵉ. DE LA RÉPUBLIQUE FRANÇAISE,
UNE ET INDIVISIBLE.

L O I S

CONCERNANT

LA DETTE PUBLIQUE.

Des 14 et 16 Ventose, l'an troisième de la République française, une et indivisible.

1°. *L O I sur les titres de créance qui ont été perdus.*

Du 14 Ventôse, l'an troisième de la République française, une et indivisible.

B. n°. 128.

D. n°. 684.

LA CONVENTION NATIONALE, après avoir entendu le rapport du comité des finances, décrète :

ARTICLE PREMIER.

Les créanciers de la nation qui ont perdu leur certificat de propriété, pourront retirer leurs inscriptions définitives en rapportant au directeur du *grand-livre*,

1°. Un duplicata des récépissés perdus qu'ils se feront remettre par les payeurs ou liquidateurs qui les leur avoient fournis;

2°. La soumission de rapporter les certificats perdus, s'il les retrouvent;

3°. Un certificat d'individualité;

4°. Un certificat du liquidateur de la trésorerie, constatant qu'il ne leur a point été délivré d'inscription provisoire pour les sommes portées auxdits certificats.

I I.

Dans le cas où les payeurs ou liquidateurs auroient délivré des certificats

A

de propriété à d'autres personnes qu'aux propriétaires, ils sont autorisés d'en délivrer des *duplicata* aux porteurs de bulletin de remise des titres, en y faisant mention que le *premier certificat a été égaré, on a été remis à un autre individu.*

L'extrait d'inscription sera délivré aux porteurs de ce *duplicata*, qui seront tenus de fournir en même temps un certificat du liquidateur de la trésorerie, constatant qu'il n'a pas été fourni d'inscription provisoire pour les sommes portées au *duplicata*.

I I I.

Les propriétaires des récépissés de l'emprunt volontaire qui les ont égarés, pourront retirer à la trésorerie le certificat de propriété qui leur est nécessaire, pour obtenir leurs inscriptions définitives, en fournissant,

1°. Un triplicata du récépissé du receveur de district ;

2°. La soumission de rapporter le certificat perdu, s'il se retrouve ;

3°. Un certificat d'individualité ;

4°. Le récépissé de la caisse des recettes journalières, constatant qu'ils ont payé la portion des intérêts prescrits par la loi du 24 vendémiaire, an 2.

I V.

Les personnes qui ont perdu leurs inscriptions provisoires, pourront retirer leurs inscriptions définitives, en fournissant,

1°. Un certificat du liquidateur de la trésorerie, constatant que l'inscription provisoire qu'on déclare avoir perdue, a été expédiée ;

2°. Un certificat d'individualité ;

3°. Une soumission de rapporter l'inscription qui a été perdue, si elle se retrouve ;

4°. Une caution suffisante reçue et admise par l'agent de la trésorerie, laquelle durera, ainsi que l'opposition qui sera formée au nom de la nation, sur la propriété de l'inscription délivrée, jusqu'à ce que toutes les inscriptions provisoires soient rentrées.

V.

Dans le cas où l'inscription provisoire déclarée perdue, auroit été vendue ou employée, le réclamant sera condamné à une amende égale à cinq fois le paiement annuel de l'inscription, et la caution garantira le capital de la dite inscription calculée à raison de vingt fois son montant, et cinq années d'arrérages,

V I.

Les personnes qui ont perdu leur certificat d'arrérages pourront recevoir leur paiement sur un *duplicata* qui sera délivré par le payeur ou liquidateur, d'après la demande qui sera faite par le payeur principal de la trésorerie.

Cette demande ne pourra être faite, qu'après que le réclamant aura fourni bonne et suffisante caution, acceptée et reçue par l'agent du trésor public, laquelle s'obligera pendant une année à rembourser la somme réclamée, au cas qu'il y ait un double emploi.

La personne qui aura réclamé un paiement par double emploi, sera condamnée à une amende de trois fois le montant du paiement qui lui aura été fait.

V I I.

Dans le cas où quelques certificats remis à la trésorerie y auroient été égarés, le liquidateur de la trésorerie est autorisé d'en demander un *duplicata* aux payeurs ou liquidateurs qui les auroient fournis, lesquels feront mention sur ce *duplicata* de la demande qui leur en sera faite.

V I I I.

Les personnes qui auront perdu leurs inscriptions de la dette consolidée ou viagère, pourront en obtenir de nouvelles, timbrées du mot *duplicata*.

Ces inscriptions par *duplicata* ne seront admises en paiement des créances dues à la nation, qu'à la trésorerie nationale, dans le cas où la loi admet en paiement les inscriptions sur le *grand-livre*.

I X.

Les personnes qui ont perdu des effets au porteur ou des reconnoissances de liquidation, et autres effets non mentionnés dans la loi du 21 frimaire ou au présent décret, seront tenues d'adresser leurs demandes aux commissaires de la trésorerie nationale d'ici au 1.er vendémiaire, an quatrième, en leur fournissant toutes les preuves et indications qui peuvent établir leurs demandes.

Après ce délai, il ne sera plus reçu de réclamations, ceux qui auroient négligé de les remettre étant déchus de toute réclamation envers la République.

X.

Les commissaires de la trésorerie feront faire toutes les recherches et examens nécessaires pour vérifier la légitimité des demandes; ils en feront un rapport général au comité des finances, qui est autorisé à statuer par un arrêté sur toutes les réclamations, en prenant les précautions nécessaires pour garantir l'intérêt national.

Visé par le représentant du peuple, inspecteur aux procès-verbaux. Signé S. E. MONNEL.

Collationné à l'original, par nous président et secrétaires de la Convention Nationale. A Paris, le 16 Ventôse, an troisième de la République française, une et indivisible. *Signé*, BOURDON (de l'Oise), *président*; LAURENCE, C. ALEX., YSABHAU, *secrétaires*.

2°. *L O I qui modifie et interprète diverses dispositions de celle du 24 août 1793, sur la dette consolidée.*

Du 14 Ventose, l'an troisième de la République française, une et indivisible.

LA Convention nationale, après avoir entendu le rapport de son comité des finances, décrète :

ARTICLE PREMIER.

Les mots, *ou pour toute autre cause*, qui se trouvent dans les dispositions de l'article XIII de la loi du 24 août 1793, sur la dette publique consolidée, sont rapportés et déclarés nuls et comme non avenus.

I I.

L'inscription sur le *grand-livre* provenant d'un transfert, sera faite à présentation du certificat de résidence du vendeur; l'extrait sera remis à celui qui rapportera le récépissé des pièces produites, pour opérer le transfert: il est dérogé à cet égard aux dispositions de l'article CLXXI de la loi du 24 août 1793 (*vieux style*), sur la dette publique consolidée.

I I I.

Le remboursement de la propriété des inscriptions au-dessous de 50 liv.

qui appartiennent à un usufruitier ou à un délégataire et à un tiers pour la nue propriété, sera fait sans exiger la déclaration prescrite par les lois des 24 août 1793 (*vieux style*) et 23 messidor dernier.

I V.

Si la nue propriété d'une inscription au-dessous de 50 liv. appartient à la République, le montant du capital représentatif de l'usufruit ou de la délégation sera déterminé d'après les bases et les calculs établis pour la liquidation de la dette viagère, et le remboursement sera fait aux usufruitiers ou délégataires.

V.

Les créances au-dessous de 50 liv. de paiement annuel dont la propriété sert de garantie à un douaire, seront inscrites sur le *grand-livre*, avec mention de cette garantie, étant dérogé à cet égard aux dispositions de l'article III de la loi du 24 août 1793 (*vieux style*), sur la dette consolidée; le remboursement de ces inscriptions sera fait lors de l'ouverture du douaire, en les calculant par 20 fois leur montant.

V I.

Les créanciers de la nue propriété des inscriptions sur le *grand-livre*, ne pourront pas réclamer des extraits de leur inscription, leurs droits étant suffisamment établis et garantis par la mention faite sur le *grand-livre*; mais lorsqu'ils voudront disposer de cette nue propriété, ils en feront la déclaration devant un juge de paix ou un notaire. Cette déclaration sera signifiée au conservateur des oppositions, visée par le liquidateur de la trésorerie, et portée par le directeur du *grand-livre*, sur le livre particulier qui sera destiné pour le transfert des nues propriétés. Cependant la trésorerie nationale délivrera aux nus propriétaires qui le demanderont, un titre pour prouver leurs droits à la nue propriété, d'après le mode qui sera déterminé par le comité des finances.

V I 1.

Tous les transferts d'inscription sur le *grand-livre* de la dette consolidée, qui seront faits à l'avenir, ne donneront la jouissance aux acquéreurs, qu'à partir du premier jour du semestre lors prochain, étant dérogé à cet égard aux dispositions des articles CLXXIII, CLXXIV et CLXXVIII de la loi du 24 août 1793 (*vieux style*), sur la dette consolidée.

V I I I.

Le comité des finances est autorisé à statuer par arrêté sur les réclamations qui seront faites, pour obtenir un transfert du compte de la République au compte d'un particulier, de la propriété d'une inscription sur le *grand-livre* de la dette consolidée.

I X.

Ces transferts ne pourront être ordonnés que sur le rapport des commissaires de la trésorerie nationale, et d'après un certificat du liquidateur de la trésorerie, indiquant l'origine et le motif du transfert demandé, et constatant que le transfert qui avoit été fait au profit de la République, avoit eu pour objet le paiement d'une créance due à la nation, et qu'il n'a pas reçu son effet.

X.

Le directeur du *grand-livre*, en exécutant le transfert ordonné par le comité des finances, fera mention, sur le compte de la République, de l'arrêté du comité et du certificat du liquidateur qui lui seront remis pour lui servir de pièce de comptabilité.

Visé par le représentant du peuple, inspecteur aux procès-verbaux. Signé S. E. MONNEL.

Collationné à l'original, par nous président et secrétaires de la Convention nationale. A Paris le 16 Ventose, an troisième de la République française, une et indivisible. *Signé* BOURDON (de l'Oise), *président ;* LAURENCE, C. ALX., YSABEAU, *secrétaires.*

3². *L O I qui détermine un mode pour le paiement des arrérages dus aux créanciers de la dette consolidée, qui n'auront pu obtenir leurs inscriptions définitives.*

Du 16 Ventose, an troisième de la République Française, une et indivisible.

La Convention nationale, après avoir entendu le rapport du comité des finances, établit :

ARTICLE PREMIER.

A compter du 20 ventose présent mois, les créanciers de la dette consolidée, qui n'auront pas pu obtenir leurs inscriptions définitives, seront payés du mon-

7

tant des arrérages de la seconde année républicaine et pour le premier semestre de la troisième année, d'après le mode déterminé par les articles suivans.

I I.

Ils pourront se présenter dans l'ordre qui leur sera indiqué par les commissaires de la trésorerie, avec leur bulletin de dépôt, sur le dos duquel on déterminera le montant de l'inscription à obtenir d'après les certificats de propriété fournis.

I I I.

Il sera tenu un registre sur lequel sera enregistré sous un numéro d'ordre le résultat de la transcription au dos du bulletin. Ce numéro sera porté aussi sur le bulletin de dépôt.

I V.

Dix jours après l'enregistrement mentionné en l'article précédent, les créanciers, porteurs du bulletin, seront payés de la totalité des trois semestres mentionnés en l'article I.er

V.

Le directeur du *grand-livre* fera dresser les feuilles de paiement dans la forme usitée, qu'il remettra au payeur principal, afin que le paiement soit exécuté sans retard.

Visé par le représentant du peuple, inspecteur aux procès-verbaux. Signé *Vigur.*

Collationné à l'original, par nous président et secrétaires de la Convention nationale. A Paris, le 17 Ventose, an troisième de la République française, une et indivisible. Signé A. E. Thibaudeau, *président*; C. A. et. Blad, Laignelot, *secrétaires.*

A Paris, de l'Imprimerie du dépôt des Lois.

Au nom de la République française.

L O I

Relative aux rectifications d'erreurs de noms et prénoms sur le grand-livre de la dette publique.

Du 8 Fructidor an V de la République française, une et indivisible.

LE CONSEIL DES ANCIENS, adoptant les motifs de la déclaration d'urgence qui précède la résolution ci-après, approuve l'acte d'urgence.

Suit la teneur de la déclaration d'urgence et de la Résolution du 15 Thermidor :

Le Conseil des Cinq-cents, après avoir entendu le rapport d'une commission spéciale ;

Considérant que la justice exige du Corps législatif qu'il mette sans délai les créanciers de l'Etat dans la possibilité de faire rectifier des erreurs intervenues sur le grand-livre, dans les noms et prénoms de quelques-uns d'eux, attendu que ces erreurs retardent leur paiement,

Déclare qu'il y a urgence.

Le Conseil, après avoir déclaré l'urgence, prend la résolution suivante :

ARTICLE PREMIER.

Les créanciers de l'état au préjudice desquels il pourrait être intervenu quelques erreurs dans leurs noms et prénoms portés au grand-livre et registre de la dette publique, formeront leur pétition en rectification d'erreurs devant les commissaires de la trésorerie, comme par le passé ; ils y joindront les actes de notoriété, et autres pièces authentiques à l'aide desquelles ils croiront pou-

Nº. 2, 9.

voir constater l'erreur, et dont il sera dressé inventaire au moment du dépôt.

II. Les commissaires de la trésorerie examineront, dans le délai d'un mois, la pétition, vérifieront les pièces, rejetteront ou ajourneront, en le motivant, les demandes qui leur paraîtront destituées de preuves suffisantes : si l'erreur leur paraît bien prouvée, ils la rectifieront en la forme ordinaire, et toujours d'après un arrêté motivé.

III. Le créancier qui se croira lésé par le rejet ou l'ajournement de la pétition, pourra se pourvoir devant le tribunal civil du département de la Seine, mais ne pourra produire dans l'instance que les pièces qu'il aura fournies aux commissaires de la trésorerie nationale.

Si, depuis le rejet ou l'ajournement prononcé par les commissaires de la trésorerie nationale, le réclamant s'est procuré de nouvelles pièces, il ne pourra en exciper au tribunal qu'après les avoir communiquées aux commissaires dans la forme prescrite par l'article Ier.

IV. Le créancier déposera au greffe du tribunal lesdites pièces probantes, avec un bref inventaire qui en constatera le nombre et la nature ; et il lui en sera délivré sans frais, par le greffier, un récépissé qu'il fera signifier aux commissaires de la trésorerie, dans la personne de l'agent du trésor public, avec citation à comparaître à jour fixe, après la quinzaine franche, pour voir ordonner la rectification demandée.

V. Dans la huitaine, à dater de l'exploit de citation, les commissaires de la trésorerie seront tenus de remettre au greffe du tribunal leurs observations par écrit sur la demande en rectification d'erreurs, contenant les motifs d'ajournement ou de rejet de la pétition à eux présentée.

VI. Aussitôt après ladite huitaine écoulée, il sera nommé un rapporteur, à qui seront remises les pièces respectivement produites, et qui les communiquera au commissaire du Pouvoir exécutif près le tribunal.

VII. Au jour indiqué par l'exploit, le rapport sera fait à l'audience publique ; et après avoir entendu les observations verbales des parties si elles jugent à propos d'en faire, après avoir entendu aussi les conclusions du commissaire du Directoire exécutif, le tribunal prononcera ce qu'il appartiendra, sans frais ni dépens.

VIII. Les recours de droit resteront ouverts aux parties suivant les règles ordinaires, tant contre le jugement de première instance que contre celui d'appel ; néanmoins il ne pourra être fait, en cause d'appel, d'autres et plus amples procédures et productions que celles ci-dessus réglées pour la première instance.

IX. Les commissaires de la trésorerie nationale fourniront chaque mois, aux commissaires de surveillance établis par le Corps législatif, le bordereau des rectifications, rejets ou ajournemens qu'ils auront prononcés dans le mois précédent, avec les motifs et les pièces à l'appui.

X. Les commissions de surveillance examineront le travail, et feront un rapport au Corps législatif, des abus ou malversations, si aucune était intervenue.

XI. La présente résolution sera imprimée.

Signé DUMOLARD, *président;*
EMMERY, WILLOT, BAILLY, VALENTIN-DUPLANTIER, *secrétaires.*

Après une seconde lecture, le Conseil des Anciens A P P R O U V E la résolution ci-dessus. Le 8 Fructidor an V de la République française.

Signé A. D. LAFFON, *président;*
LIBOREL, LEDANOIS, CHASSIRON, *secrétaires.*

Le Directoire exécutif ordonne que la loi ci-dessus sera publiée, exécutée et qu'elle sera munie du sceau de la République. Fait au palais national du Directoire exécutif, le 9 Fructidor an V de la République française.

Pour expédition conforme : *Signé* L. M. RÉVEILLIERE-LEPEAUX, *président ;*
par le Directoire exécutif, *le secrétaire général,* LAGARDE;
et scellé du sceau de la République.

A PARIS,

DE L'IMPRIMERIE DU DEPOT DES LOIS,

Place du Carrousel.

Et se trouve dans les villes chefs-lieux de départemens, au bureau de correspondance du Dépôt des Lois.

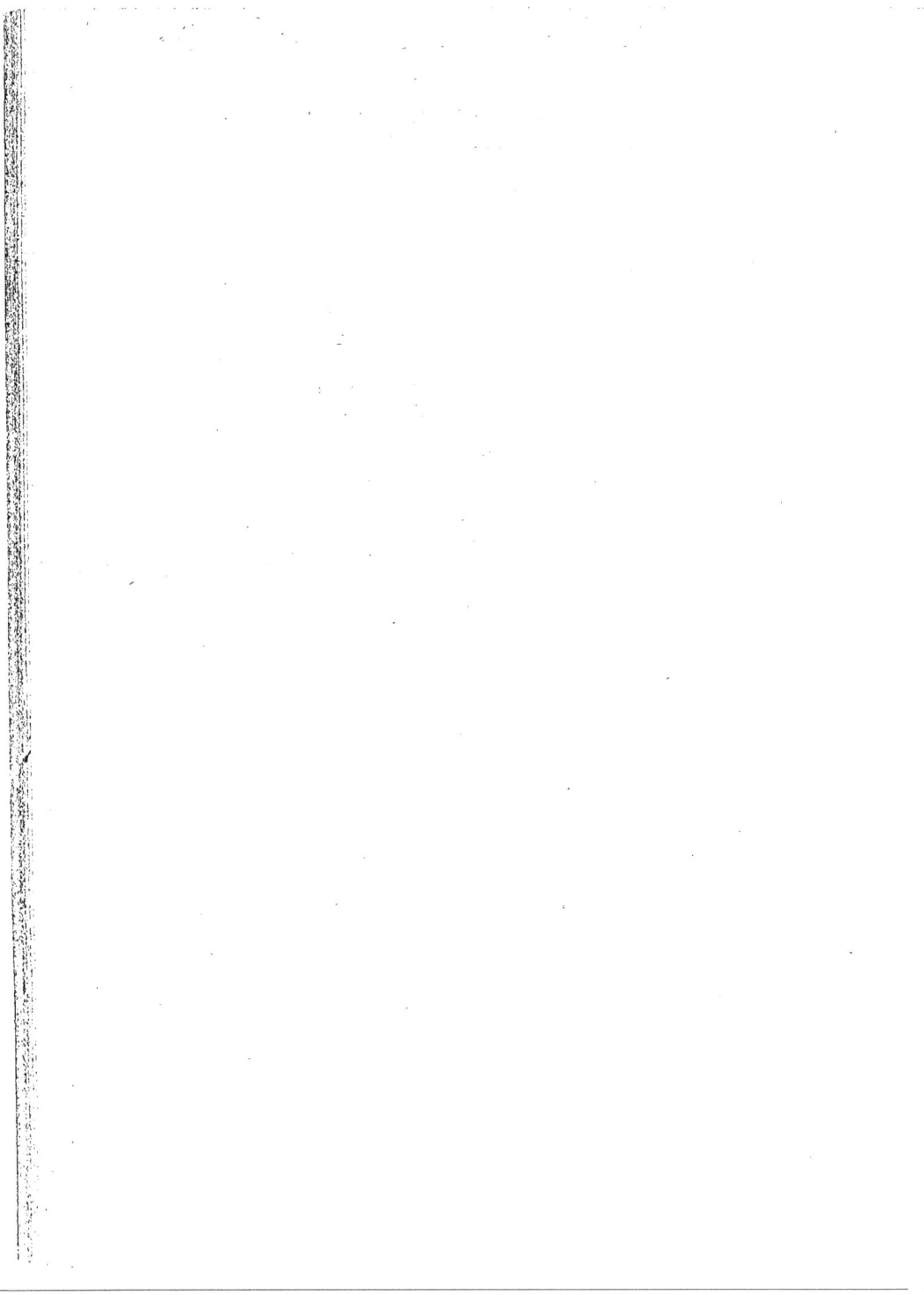

Au nom de la République française.

L O I

Relative aux fonds nécessaires pour les dépenses générales ordinaires et extraordinaires de l'an VI.

Du 9 Vendémiaire an VI de la République française, une et indivisible.

LE CONSEIL DES ANCIENS, adoptant les motifs de la déclaration d'urgence qui précède la résolution ci-après, approuve l'acte d'urgence.

Suit la teneur de la Déclaration d'urgence et de la Résolution du premier jour complémentaire an V.

Le Conseil des Cinq-cents, après avoir entendu le rapport de la commission des finances et des dépenses sur les messages du Directoire exécutif des 19 et 23 du mois dernier;

Considérant que la défense extérieure de la République, le maintien de l'ordre dans l'intérieur, le traitement des fonctionnaires et salariés publics, le sort des rentiers, des pensionnaires, les récompenses dues aux défenseurs de la patrie, et le rétablissement du crédit public, nécessitent d'un côté qu'on a rête l'état des dépenses que ces différens objets exigent, et de l'autre, qu'on assure la rentrée et la disponibilité des fonds nécessaires pour y faire face; que c'est de cette balance que dépend le succès des mesures à employer pour obtenir une paix glorieuse et assurer toutes les parties du service du trésor public;

Considérant que les circonstances ne furent dans aucun temps ni plus urgentes ni plus impérieuses, pour arriver à ce résultat,

Déclare qu'il y a urgence.

Le Conseil, après avoir déclaré l'urgence, prend la résolution suivante :

N.º 9, 10, 11.   A

TITRE PREMIER.

Contributions directes.

ARTICLE PREMIER.

L'état des fonds nécessaires pour les dépenses générales, ordinaires et extraordinaires de l'an VI, demeure provisoirement fixé à la somme de six cent seize millions.

II. La contribution foncière est réduite, pour l'an VI, à deux cent vingt-huit millions en principal; et en recette effective, déduction faite de la contribution des domaines nationaux, à deux cent cinq millions.

III. La contribution mobiliaire, personnelle et somptuaire est réduite, pour la même année, à cinquante millions.

IV. La somme mentionnée dans l'article premier, sera prise sur le produit :

1.° De la contribution foncière.	205,000,000 fr.
2.° De la contribution mobiliaire, personnelle et somptuaire.	50,000,000
3.° De l'enregistrement.	70 000,000
4.° Du timbre.	16,000,000
5.° Des hypothèques.	8,000,000
6.° Des patentes.	20,000,000
7.° Des douanes.	8,000,000
8.° Des postes et messageries.	14,000,000
9.° Du droit de passe sur les chemins.	20,000,000
10.° De la marque d'or et d'argent.	500,000
11.° Des poudres et salpêtres.	500,000
12.° Du revenu des forêts, salines et canaux.	30,000,000
13.° Des revenus des domaines nationaux.	20,000,000
14.° Des ventes des domaines.	20,000,000
15.° Augmentation de droits sur les tabacs venant de l'étranger.	10,000,000
16.° Des loteries.	12,000,000
17.° Des créances sur des puissances étrangères.	10,000,000
18.° Des rescriptions bataves.	15,000,000
19.° D'une réserve sur les contributions de l'an V, années antérieures et dettes actives du trésor public.	87,000,000
TOTAL.	616,000,000 fr.

V. Afin d'arriver à l'époque à laquelle les recettes et les dépenses journalières pourront se balancer, il sera prélevé une somme de cent millions sur les contributions directes de l'an VI, ainsi qu'il sera dit ci-après.

VI. Les lois rendues sur les contributions foncière et personnelle de l'an V, régleront de même celles de l'an VI.

La réduction réglée par les articles II et III, s'opérera, savoir : sur la contribution fontière, par la déduction d'un sou par livre; et sur la contribution mobiliaire, personnelle et somptuaire, par la déduction du dixième sur le montant des quotes des contribuables, au fur et à mesure et dans la proportion des paiemens qui s'effectueront sur chacune de ces contributions.

VII. Les plus imposés de chaque commune, jusqu'à concurrence de la moitié des contribuables, seront tenus d'acquitter, d'ici au premier nivose prochain, la moitié du montant de leur contribution foncière de l'an VI; les autres contribuables seront tenus d'en acquitter le quart dans le même délai : le surplus sera payé par portions égales dans les neuf mois suivans.

VIII. Les contributions directes de l'an V seront acquittées sur les rôles provisoires existans, jusqu'à concurrence des quatre-cinquièmes, sauf l'imputation sur la contribution foncière de l'an VI, de l'excédant ou plus-payé, qui sera constaté par le rôle définitif de l'an V.

IX. Les contributions directes de l'an V, mentionnées dans l'article précédent, et tout l'arriéré des exercices antérieurs, seront soldés dans les mois de vendémiaire et brumaire prochains.

X. Les percepteurs des communes, les receveurs de département et les préposés, sont respectivement déclarés responsables de la non-rentrée des sommes mentionnées dans les articles précédens, et aux époques qui y sont indiquées; ils seront contraints, par la vente de leurs biens, à remplacer les sommes pour le recouvrement desquelles ils ne justifieront point avoir fait les diligences de droit dans la décade de l'échéance.

XI. Les rôles définitifs des contributions directes de l'an V, seront achevés avant le premier frimaire prochain; ils serviront à l'acquit des mêmes contributions pour l'an VI, sauf la remise proportionnelle du sou pour livre et du sixième, mentionnés dans l'article VI.

XII. Les répartiteurs et les administrations municipales sont, chacun en ce qui les concerne, personnellement responsables de la formation des rôles dans les délais prescrits; à défaut de ce, les administrations centrales de département nommeront des commissaires, qui procéderont à la formation desdits rôles, aux frais des répartiteurs et des membres des administrations municipales en retard.

Les dispositions de la loi du 17 brumaire an V, auxquelles il n'est pas dérogé par la présente, continueront à être exécutées.

XIII. Les recettes ordinaires et extraordinaires de l'an VI serviront uniquement à acquitter les dépenses ordinaires et extraordinaires de la même année. Il sera, à cet effet, ouvert à la trésorerie nationale, de nouveaux registres le premier vendémiaire prochain.

L'arriéré des contributions de toute nature, dettes actives du trésor public, déduction faite des quatre-vingt-sept millions compris dans l'état de la recette de l'an VI, serviront à acquitter l'arriéré de la dépense, en donnant la préférence à la solde arriérée et à ce qui reste dû pour le quart du premier semestre des pensions de l'an V; les registres actuellement existans continueront de servir aux recettes et dépenses antérieures à la même époque.

TITRE II.

Enregistrement.

XIV. Les droits d'enregistrement des actes dont les prix et sommes ont été stipulés en assignats ou en mandats, et de ceux faits pendant le cours de ces papiers, dont les prix et sommes n'ont pas été spécifiés soit en numéraire, soit en papier-monnaie, seront perçus en

A 2

numéraire, et liquidés d'après la valeur qu'avaient lesdits papiers à la date des actes, suivant le tableau de dépréciation arrêté par l'administration centrale du département, en exécution de la loi du 5 messidor dernier.

Il en sera de même des actes de ces espèces, dont la liquidation des droits aurait été suspendue lors de l'enregistrement, depuis l'extinction du papier-monnaie.

XV. Le droit d'enregistrement des contrats de vente de biens nationaux soumissionnés en vertu de la loi du 28 ventose an IV, qui ne sont point encore passés, ou qui ne l'ont été que postérieurement à l'extinction du papier-monnaie, sera liquidé sur les trois quarts du prix payable en mandats, suivant la base prescrite par l'article précédent, et d'après la valeur qu'avaient les mandats à l'époque de la soumission.

Toute liquidation qui aurait été suspendue, sera faite de la même manière.

XVI. Le droit d'enregistrement des donations et autres actes entre-vifs, à titre gratuit, et des mutations par décès, *d'immeubles réels*, sera perçu suivant les quotités ci-après, quelle que soit l'époque de la mutation, sans préjudice néanmoins de la prescription; savoir :

Pour les actes entre-vifs, à titre gratuit.

En ligne directe, un pour cent;

Entre maris et femmes, un et demi pour cent;

Entre frères, sœurs, oncles, tantes, neveux et nièces, trois pour cent;

Entre toutes autres personnes, quatre pour cent.

Pour les mutations par décès.

En ligne directe, un demi pour cent;

Entre maris et femmes, un pour cent;

Entre frères, sœurs, oncles, tantes, neveux et nièces, trois pour cent;

Entre toutes autres personnes, quatre pour cent.

XVII. Il sera payé moitié des droits réglés par l'article précédent;

1.º Pour les donations et pour les mutations par décès d'usufruits *d'immeubles réels*.

La liquidation du droit se fera sur la valeur entière des biens.

2.º Pour les donations et pour les mutations par décès *d'immeubles fictifs*.

L'usufruit de ces derniers ne sera assujéti qu'à la moitié des droits fixés pour lesdits immeubles fictifs.

XVIII. Les droits des donations de sommes et d'effets mobiliers, ainsi que ceux des déclarations à faire par les époux survivans d'objets de cette nature, seront perçus sur le pied ci-après; savoir :

En ligne directe et entre époux, demi pour cent;

Entre toutes autres personnes, un et demi pour cent.

XIX. Les transmissions d'immeubles réels ou fictifs, ou d'objets mobiliers, à titre entre-vifs, qui s'opérèrent en faveur et par contrat de mariage, ne seront soumises qu'à la moitié des droits réglés par l'article XVI ci-dessus, pour les donations entre-vifs, et par l'article XVII suivant, s'il ne s'agit que d'un usufruit.

XX. Le droit dû, suivant la loi du 27 août 1791, pour les mutations par décès et les donations entre-vifs d'actions ou coupons sur des compagnies ou sociétés d'actionnaires, sera payé, à dater de la publication de la présente, sur le pied réglé pour les immeubles fictifs.

XXI. L'estimation en capital des immeubles réels échus aux héritiers, légataires ou donataires, sera porté à vingt-deux fois le prix annuel des baux ou du revenu dont sont susceptibles les objets non affermés.

Il en sera de même des rentes foncières stipulées en denrées.

L'évaluation des autres rentes subsistera telle qu'elle est réglée par l'article X de la loi du 14 thermidor an IV.

L'estimation des maisons et bâtimens autres que ceux servant à l'exploitation des biens ruraux, et dont la valeur se confond avec celle des terres sur lesquelles ils sont assis, sera de dix-huit fois le prix annuel des baux, ou la valeur locative.

XXII. S'il y a insuffisance dans l'estimation des immeubles, déclarés ou évalués pour régler les droits, la preuve en sera établie par des pièces et actes propres à faire connaître le véritable revenu ou la valeur en capital.

A défaut d'acte, la régie est autorisée à requérir une expertise, dont les frais resteront à la charge de la partie qui succombera.

La peine d'une fausse estimation constatée continuera d'être d'un droit en sus de celui qui sera dû sur le supplément de valeur.

Les omissions dans les déclarations continueront aussi d'être assujéties à ladite peine du droit en sus.

XXIII. Ceux qui auraient fait des omissions ou des estimations insuffisantes dans leurs déclarations, antérieurement à la publication de la présente, seront admis à les réparer sans être assujétis à aucune peine, pourvu qu'ils en fournissent la déclaration et en acquittent les droits dans les trois mois de ladite publication.

Ce délai passé, la peine prononcée par la loi du 19 décembre 1790, leur restera appliquée s'ils n'ont pas fait leurs déclarations et rectifié les estimations insuffisantes.

XXIV. Il est accordé aux héritiers, légataires ou donataires qui n'ont pas fait dans les délais prescrits les déclarations des biens qui leur sont échus, un délai de trois mois, à partir du jour de la publication de la présente, pour y satisfaire, sans être assujétis à aucune peine; le délai expiré, ceux qui n'auront pas fourni leurs déclarations y seront contraints, tant pour les droits dûs que pour la peine prononcée par la loi du 19 décembre 1790.

Ce délai sera double pour les défenseurs de la patrie en activité de service, et pour les héritiers des condamnés et des déportés, dont les biens avaient été confisqués ou séquestrés;

Il sera d'une année pour les biens que l'on justifiera, par certificats des municipalités, avoir été ravagés ou incendiés par la guerre intérieure ou extérieure; et il ne sera perçu à leur égard que la moitié des droits fixés pour les mutations par décès qui auront eu lieu jusqu'au jour de ladite publication.

XXV. Les héritiers des condamnés seront admis à donner en paiement des droits d'enregistrement des déclarations qu'ils ont à passer, les bons qui leur ont été ou seront délivrés en exécution de la loi du 21 prairial an III, pour intérêts ou fruits perçus, ou pour capitaux reçus par la République sur les successions qui leur ont été restituées.

Les héritiers des déportés auront la même faculté.

XXVI. Tout acte de partage de biens immeubles qui sera fait entre quelques personnes que ce soit, sera assujéti au droit proportionnel d'enregistrement, à raison d'un demi pour cent de l'estimation qui en sera faite en capital, ainsi qu'il en est usé pour les partages de biens mobiliers.

Il ne sera plus fait déduction sur les droits résultant des partages d'effets mobiliers, de la perception faite sur les inventaires où ils auraient été compris.

Loi du 9 Vendémiaire an VI. N.º 568.   A 3

XXVII. A compter du premier brumaire, et quelle que soit la date de la mutation, le droit d'enregistrement des transferts des inscriptions sur le grand-livre de la dette publique, sera d'un pour cent de la somme exprimée dans l'inscription.

Le droit ne sera que d'un demi pour cent pour les transferts d'inscription viagère.

Quant aux autres mutations desdites inscriptions, le droit sera payé, à partir de la même époque, suivant les quotités établies par les articles XVI et XVII ci-dessus pour les immeubles fictifs; il sera également perçu sur le montant annuel de la rente, sans égard au capital.

XXVIII. Tout acte d'emprunt pour acquitter le prix d'acquisition de biens nationaux sera soumis au droit proportionnel d'enregistrement, suivant le tarif du 19 décembre 1790. Il est en conséquence dérogé à cet égard, comme il l'a été pour les ventes desdits biens par la loi du 14 thermidor an IV, à la loi du 6 ventose an III.

XXIX. Le droit d'enregistrement des quittances finales et de tous actes de délibération, sera perçu sur la totalité des sommes acquittées, dont le dernier paiement fera partie, à la seule déduction de ce qui sera justifié avoir été payé par actes enregistrés.

XXX. Tout acte sous signature privée, translatif de propriété ou d'usufruit d'immeubles réels ou fictifs, sera soumis à la formalité de l'enregistrement dans les trois mois du jour de sa date, et avant qu'il puisse en être fait usage en justice ou devant quelque autre autorité constituée, ou devant notaire, à peine du triple droit.

A l'égard de ceux faits antérieurement à la publication de la présente, il n'est rien changé aux dispositions de la loi du 19 décembre 1790 qui les concernent : cependant ceux qui seront présentés à l'enregistrement dans les trois mois de ladite publication, seront exempts de la peine du droit en sus prononcé par ladite loi.

Passé ce délai, ceux desdits actes qui seraient d'une date antérieure au premier février 1791, ne seront plus admis au simple droit d'enregistrement; en conséquence il est dérogé, quant à ce, à la disposition de l'article XXIII de ladite loi du 19 décembre 1790, qui les exempte, sans limitation de temps, de la peine du droit en sus.

XXXI. Les actes sous signature privée ne pourront être produits en justice, et il ne pourra en être fait aucun usage devant les bureaux de paix ou de conciliation, non plus que devant les administrations centrales et municipales, avant d'avoir été enregistrés.

Les secrétaires des administrations seront soumis à cet égard aux mêmes obligations et aux mêmes peines que les greffiers et les notaires.

XXXII. A compter de la publication de la présente, toute contre lettre qui serait faite sous signature privée, de laquelle il résulterait une augmentation du prix stipulé dans d'autres actes ou contrats, est déclarée nulle et de nul effet; néanmoins il y aura lieu à exiger, à titre d'amende, les droits simples sur les sommes qui feraient l'objet desdites contre-lettres, lorsque la connaissance en sera acquise.

Il n'est rien innové pour celles faites antérieurement à la publication de la présente, lesquelles demeureront soumises aux dispositions qui leur sont relatives dans le tarif annexé à la loi du 19 décembre 1790.

XXXIII. La mutation d'un immeuble en propriété ou usufruit sera suffisamment établie relativement à la demande des droits, soit d'après les paiemens faits d'après les rôles de la contribution foncière, soit par des baux passés par le nouveau possesseur, soit enfin par des transactions ou tous autres actes qui constateront sa propriété ou jouissance.

XXXIV. Tout nouveau possesseur d'immeubles réels ou fictifs, qui, après avoir laissé passer le délai fixé pour l'enregistrement de sa déclaration, agira en sa qualité de possesseur, soit en justice, soit devant quelque autre autorité constituée, ou devant notaire, sera contraint au paiement du double droit d'enregistrement.

XXXV. Les marchés et traités composés de sommes déterminées et d'objets mobiliers désignés, susceptibles d'évaluation, dont il est question au septième article de la seconde section de la première classe du tarif du 19 décembre 1790, seront assujétis au droit d'un pour cent, fixé par la quatrième section de la même classe.

XXXVI. Il est dérogé à l'article V de la loi du 9 octobre 1791 : en conséquence, toutes citations faites devant les juges de paix ou bureaux de paix, sans distinction de celles faites par les huissiers, ou par les greffiers, sont assujéties à l'enregistrement dans les quatre jours qui suivront celui de leur date, et elles seront soumises au droit de 75 centimes, fixé par la troisième section de la troisième classe du tarif annexé à la loi du 19 décembre 1790.

XXXVII. Les jugemens préparatoires ou définitifs, rendus par les juges de paix, les tribunaux civils, ceux du commerce et le tribunal de cassation, et tous actes généralement quelconques faits par les juges ou reçus aux greffes, même les actes et les certificats des bureaux de paix, de quelque nature qu'ils soient, seront enregistrés, soit sur les minutes, soit sur les expéditions, d'après les distinctions contenues dans les articles XXXVIII et XLI suivans. Il est en conséquence dérogé à toutes les lois portant que quelques-uns de ces jugemens ou actes sont exempts de la formalité de l'enregistrement.

XXXVIII. Les actes judiciaires soumis à l'enregistrement sur la minute, sont tous ceux qui contiennent transmission d'immeubles réels ou fictifs ; les cautionnemens, les actes d'apposition de scellés ; ceux de reconnaissance et ceux de levée de scellés ; les inventaires, les nominations de tuteurs ou curateurs, les émancipations, les procès-verbaux de nomination d'experts ou arbitres ; les certificats, de quelque nature qu'ils soient, même ceux de non-comparution ; les affirmations de voyage ; les procès-verbaux d'assemblées de famille, les actes de dépôt et consignations ; les entérinemens de procès-verbaux contenant autorisation, opposition, acquiescement, acceptation ou répudiation.

Cet enregistrement sera fait dans le délai de deux décades, à compter de la date des actes, et ce à la diligence des greffiers ; après ce délai, la formalité ne pourra plus être donnée qu'en acquittant un droit en su'.

XXXIX. Les greffiers qui n'auraient pas reçu des parties ou de leurs défenseurs le montant des droits des actes rappellés dans l'article précédent, ne seront cependant pas tenus d'en faire l'avance ; mais ils ne pourront délivrer aucune expédition ni extrait desdits actes et jugemens, même par simple copie ou *duplicata*, avant qu'ils aient été enregistrés, à peine d'une amende de cinquante francs pour chaque contravention, et d'être contraints personnellement au paiement du droit.

XL. Lorsque les greffiers n'auront pas reçu la somme nécessaire pour acquitter les droits, et qu'ils ne présenteront pas les actes à la formalité dans les deux décades, à compter de leur date, ils seront tenus, sous les mêmes peines, de remettre aux receveurs de l'enregistrement, dans la décade suivante, un extrait certifié des actes et jugemens ; sur cet extrait, les parties à la poursuite desquelles lesdits actes judiciaires auront été faits, seront contraintes au paiement des droits.

XLI. Les jugemens et tous autres actes judiciaires non rappellés dans l'article XXXVIII ci-dessus, et dans le XLVI ci-après, ne seront sujets à l'enregistrement que sur les expéditions qui en seront demandées par les parties ; mais il est défendu aux greffiers d'en délivrer aucune, même par simple note ou extrait, avant qu'elles aient été enregistrées, à peine d'une amende de cinquante francs pour chaque contravention, et d'être personnellement contraints au paiement du droit.

XLII. Les expéditions des jugemens des tribunaux de police ordinaire ou correctionnelle, et de ceux des tribunaux criminels, seront aussi soumises à la formalité de l'enregistrement, sous les peines portées par l'article précédent, lorsqu'elles seront requises par les parties : il n'y aura d'exemptes que celles qui seront délivrées aux accusateurs publics et aux commissaires du Directoire exécutif ; et, à cet effet, il y sera fait mention de cette destination.

A 4

XLIII. Les actes du ministère des commissaires du Directoire exécutif, faits à leur requête dans les tribunaux civils ou criminels, seront enregistrés *gratis* ; mais après le jugement de condamnation, il y aura lieu de suivre la rentrée des droits d'enregistrement desdits actes et des expéditions, contre les parties condamnées.

XLIV. Les droits proportionnels réglés par la première section de la première classe du tarif du 19 décembre 1790, pour les expéditions des jugemens portant condamnation, liquidation ou collocation, et les droits fixes énoncés aux quatrième et cinquième sections de la troisième classe, pour les autres actes judiciaires, seront perçus, pour les actes et jugemens des juges de paix et des bureaux de paix, comme aussi pour ceux des tribunaux de police ordinaire ou correctionnelle et des tribunaux criminels, sur le pied des fixations portées auxdites sections.

La perception sera double pour les jugemens et actes de même nature émanés des tribunaux civils et de commerce.

Le droit sera de 24 francs pour les expéditions des jugemens du tribunal de cassation.

XLV. Lorsque le droit proportionnel aura été perçu sur un jugement rendu *par défaut*, la perception sur le jugement *contradictoire* qui pourra suivre n'aura lieu que pour le supplément, s'il y a augmentation de condamnation; et dans le cas contraire, il ne sera payé que le droit *fixe*.

XLVI. Dans le cas où les actes et jugemens des juges de paix et bureaux de paix, des tribunaux civils et de commerce, contiendraient obligation de l'une des parties à l'égard de l'autre, ou une condamnation quelconque, non fondée sur un titre enregistré et susceptible de l'être, il sera perçu les mêmes droits que ceux auxquels seraient soumises les obligations des parties ou les conventions de toute nature que les condamnations supposent, si elles étaient contenues dans des actes notariés.

Cette perception aura lieu sur la minute des actes ou jugemens, dans les deux décades de leur date.

XLVII. Toutes les fois qu'une condamnation sera rendue sur un acte enregistré, le jugement en fera mention, et énoncera le montant du droit payé, la date du paiement, et le nom du bureau où il aura été acquitté. En cas d'omission, le percepteur exigera le droit, sauf la restitution dans le délai prescrit, s'il est ensuite justifié de l'enregistrement de l'acte sur lequel aura été prononcé le jugement.

XLVIII. Les parties ne pourront agir, ni les huissiers, notaires, greffiers et secrétaires des administrations, rédiger aucun acte en vertu de ceux judiciaires non enregistrés, sous peine de 50 francs d'amende et du paiement du droit, sauf le recours des huissiers, notaires, greffiers et secrétaires contre la partie, pour le remboursement du droit seulement.

XLIX. Les secrétaires des administrations municipales et départementales, qui auront négligé de faire enregistrer dans le délai d'un mois, fixé par l'article XIII de la loi du 19 décembre 1790, des actes émanés desdites administrations, qui sont assujétis à cette formalité, seront soumis à la même peine que celle qui est prononcée contre les notaires par l'article IX de la même loi, pour les actes passés devant eux.

L. L'amende de 50 francs prononcée par l'article XIV de la loi du 19 décembre 1790, contre les notaires, greffiers et huissiers, pour chaque omission d'inscrire jour par jour sur leurs répertoires les actes qu'ils reçoivent, sera aussi par eux encourue pour le refus e communiquer, soit leurs répertoires, soit leurs minutes de l'année, aux préposés de l'enregistrement, à la première réquisition qui leur en sera faite.

LI. Les droits d'hypothèques résultant d'actes passés pendant le cours du papier-monnaie, et qui se trouvent dans les cas prévus par l'article XIV ci-dessus, seront liquidés et payés d'après les dispositions de cet article, et suivant la même base.

LII. Les droits d'enregistrement ne pourront être acquittés qu'en numéraire, à l'exception seulement de ceux dûs pour les successions, dont il est fait mention à l'article XXV ci-dessus.

LIII. Les dispositions des lois antérieures, relatives à l'enregistrement, auxquelles il n'est pas expressément dérogé par la présente, continueront d'être exécutées.

TITRE III.

Timbre.

LIV. A compter du jour de la promulgation de la loi, la formalité du timbre fixe ou de dimension, établie par la loi du 5 floréal dernier, est étendue aux pétitions et mémoires présentés, soit aux ministres, soit aux administrations de département et municipalités, ainsi qu'à la trésorerie et comptabilité nationale et aux directeurs de la liquidation.

LV. Sont exceptés de la formalité du timbre les pétitions et mémoires qni auront pour objets les demandes en avancement, conges absolus ou limités, pensions de retraite, paiemens des arrérages de rentes et pensions, secours et encouragemens, et première demande en réparations de torts occasionnés par une autorité constituée ou un fonctionnaire public.

LVI. Les lettres de voiture, les connaissemens, charte-parties et police d'assurance, les cartes à jouer, les journaux, gazettes, feuilles périodiques ou papiers-nouvelles, les feuilles de papier-musique, toutes les affiches autres que celles d'actes émanés d'autorité publique, quelle que soit leur nature ou leur objet, seront assujétis au timbre fixe ou de dimension.

LVII. Sont exceptés les ouvrages périodiques relatifs aux sciences et aux arts, ne paraissant qu'une fois par mois, et contenant au moins deux feuilles d'impression.

LVIII. Le droit de timbre fixe ou de dimension pour les journaux et affiches, sera de cinq centimes (ou un sou) pour chaque feuille de vingt-quatre centimètres sur trente-huit, feuilles ouvertes, ou environ.

Et pour chaque demi-feuille de cette dimension, trois centimes, (ou sept deniers un cinquième.)

Ceux qui voudront user pour lesdites impressions de papier dont la dimension serait supérieure à vingt-cinq centimètres pour la feuille, et à douze centimètres et demi pour la demi-feuille, les feront timbrer extraordinairement, en payant un centime pour cinq centimètres d'excédant.

Le papier sera fourni, dans tous les cas, par les citoyens auxquels il sera nécessaire.

LIX. La régie fera graver deux timbres pour lesdits journaux et affiches.

Chaque timbre portera distinctement son prix; ils auront pour légende : *République Française.* Elle se servira provisoirement des timbres actuels appliqués en rouge, à la charge de ne percevoir que les droits réglés par la présente.

LX. Ceux qui auront répandu des journaux ou papiers-nouvelles et autres objets compris dans l'article LVI ci-dessus, et apposé ou fait apposer des affiches sans avoir fait timbrer leur papier, seront condamnés à une amende de cent livres pour chaque contravention; les objets soustraits aux droits seront lacérés.

LXI. Les auteurs, afficheurs, distributeurs et imprimeurs desdits journaux et affiches, seront solidairement tenus de l'amende, sauf leur recours les uns contre les autres.

TITRE IV.

Hypothèques.

LXII. Il sera établi, au profit du trésor public, et perçu par les receveurs de l'enregistrement,

1.º Un droit proportionnel calculé à raison d'un pour deux mille du montant des créances hypothécaires antérieures à l'entière mise en activité du régime hypothécaire, et dont l'inscription sera requise pour en obtenir la conservation ; et à raison d'un pour mille du montant de celles postérieures.

2.º Un autre droit proportionnel d'un et demi pour cent sur le prix intégral des mutations que les nouveaux possesseurs voudront purger d'hypothèques.

TITRE V.

Patentes.

LXIII. Les droits de patente pour l'an VI, seront perçus conformément aux lois rendues pour l'an V, et payés aux mêmes échéances qu'elles prescrivent.

TITRE VI.

Poste aux Lettres.

LXIV. La poste aux lettres sera affermée ; l'usage du contre-seing et de la franchise est supprimé, à compter du premier brumaire prochain, excepté pour le bulletin des lois. Il sera accordé des indemnités aux différens fonctionnaires publics.

TITRE VII.

Messageries.

LXV. Au premier nivose prochain, la régie des messageries nationales cessera toutes fonctions.

LXVI. Dans le délai de deux mois, à dater de la publication de la présente, il sera procédé, par enchères et par affiches faites un mois d'avance, à la vente et adjudication de tous les effets mobiliers dépendans des messageries nationales, et à la location des maisons et bureaux servant à leur exploitation.

LXVII. Si par la suppression de l'entreprise nationale des messageries, une ou plusieurs communications dans la République étaient menacées d'interruption, le Directoire exécutif y pourvoira par les mesures provisoires qui lui paraîtront les plus convenables, à charge d'en informer le Corps législatif.

Il est à cet effet autorisé à distraire de la vente des objets mobiliers, dépendans des messageries nationales, ceux qu'il jugera nécessaire de conserver.

LXVIII. A compter du premier brumaire prochain, il sera perçu au profit du trésor public, un dixième du prix des places dans les voitures exploitées par des entrepreneurs particuliers. Il ne sera rien perçu sur les effets et marchandises portés par lesdites voitures, ni sur les places établies sur l'impériale.

LXIX. Tout citoyen qui entreprendra des voitures publiques, de terre ou d'eau, partant à jour et heure fixes, et pour des lieux déterminés, sera tenu de fournir aux préposés de la régie d'enregistrement, sa déclaration, contenant,

1.º L'énonciation de la route ou des routes que sa voiture ou ses voitures doivent parcourir ;

2.º L'espèce, le nombre des voitures qu'il emploiera, et la quantité de places qu'elles contiennent dans l'intérieur de la voiture et du cabriolet qui y tiendrait ;

3.º Le prix de chaque place, par suite de laquelle déclaration lesdites voitures seront vérifiées, inventoriées et estampées.

LXX. Tout entrepreneur de voitures suspendues, partant d'occasion ou à volonté, sera tenu de fournir la déclaration de sa voiture ou de ses voitures, et de payer chaque année, pour tenir lieu du dixième imposé sur les autres voitures publiques, ainsi qu'il suit ;

à 2 roues et deux places.	20 francs.
à 2 roues et quatre places.	35
à 2 roues et six places.	45
à 2 roues et huit places	60
à 2 roues, à neuf places et au-dessus.	70
à 4 roues et à quatre places.	40
à 4 roues et six places.	50
à 4 roues et huit places.	65
à 4 roues, à neuf places et au-dessus	75

Pour une voiture,

LXXI. Le calcul du produit de chaque voiture sera fait dans la supposition que toutes les places seraient occupées : l'entrepreneur sera tenu de verser chaque décade, au receveur du droit d'enregistrement, le dixième de ce produit, sous la déduction abonnée par la présente loi, d'un quart, pour tenir lieu d'indemnités pour les places vuides que pourraient éprouver lesdites voitures.

LXXII. Tout entrepreneur convaincu d'avoir omis de faire sa déclaration, ou d'en avoir fait une fausse, sera condamné à la confiscation des voitures, harnois, et à une amende qui ne pourra être moindre de 100 francs, et plus forte de mille francs.

LXXIII. Quant aux voitures d'eau, la régie de l'enregistrement est autorisée à régler leur abonnement, d'après le nombre moyen des voyageurs qu'elles transportent annuellement ; et dans le cas de contestation ou de difficulté sur la quotité de cet abonnement, le ministre des finances prononcera.

TITRE VIII.

Droit de passe sur les chemins.

LXXIV. La taxe d'entretien destinée aux réparations et confections des grandes routes, sera perçue sur toutes les voitures employées au transport ou roulage, sur les voitures de voyage suspendues et non suspendues, sur les bêtes de somme et de monture, et sur les chevaux ou mulets menés à la main ou voyageant en bandes, le tout, sauf les modifications et exceptions qui seront jugées convenables, et statuées par les lois à intervenir.

LXXV. Seront exemptes de payer la taxe d'entretien, les bêtes allant au pâturage ou revenant, les bêtes et voitures allant et revenant pour le travail de l'exploitation des terres, ainsi que les voitures de transport, lorsqu'elles seront employées aux travaux d'entretien, réparation et confection des routes.

LXXVI. La taxe d'entretien sera perçue, au moyen des barrières et bureaux placés sur les grandes routes; elle sera due à raison des distances parcourues ou à parcourir : les distances seront réduites en myriamètres.

LXXVII. La taxe d'entretien sera réglée par un tarif qui sera incessamment décrété par le Corps législatif.

LXXVIII. Dès que les circonstances le permettront, chaque barrière sera affermée par la voie des enchères, à la charge d'entretenir la portion de route fixée par le cahier des charges, sous les conditions particulières que les localités pourront exiger, et moyennant le prix annuel de ferme fixé par la plus haute enchère.

LXXIX. Jusqu'à l'époque où les barrières établies pourront être affermées, elles seront régies pour le compte de la République, sous les ordres du Directoire exécutif, sous la surveillance des administrations centrales de département, et par les règles qui auront été décrétées par le Corps législatif.

LXXX. Les fonds provenant de la taxe d'entretien, perçus dans l'étendue d'un département, seront versés dans la caisse du receveur-général du département.

LXXXI. L'administration de la taxe d'entretien est réunie aux attributions du ministre de l'intérieur; il ordonnancera la distribution des fonds provenant de ladite taxe, pour acquitter les dépenses causées par l'entretien, les réparations, les confections et l'administration des grandes routes, sans que, sous aucun prétexte, il puisse être donné aucune autre destination à ces fonds; à l'effet de quoi les commissaires de la trésorerie sont tenus de refuser leur *visa* à toute ordonnance contraire à la présente disposition.

LXXXII. En cas d'insuffisance de la taxe perçue dans un département pour acquitter les dépenses de ses routes, il y sera pourvu par des reprises sur les départemens qui auraient obtenu des produits excédant les besoins de leur arrondissement.

LXXXIII. Les barrières et bureaux ne seront établis que successivement, et seulement sur les routes ou parties de route préalablement mises en bon état de réparation; les premières seront placées aux avenues de la commune de Paris, d'où elles s'étendront graduellement jusqu'aux barrières des frontières.

LXXXIV. Les barrières à établir seront réduites au moindre nombre possible. Le Directoire exécutif est chargé de faire procéder à la désignation des lieux où elles devront être placées, et au devis des dépenses nécessaires, tant pour la construction des barrières que pour les loges ou maisons destinées aux percepteurs.

LXXXV. Il ne sera construit des maisons d'habitation pour les percepteurs, que dans le cas où les barrières se trouveraient placées à une distance des communes situées sur les grandes routes, telle qu'ils ne puissent pas y habiter.

LXXXVI. Il sera par la suite pourvu à l'établissement d'un petit nombre de ponts à bascule, destinés à vérifier le poids des voitures et à assurer l'exécution des réglemens à intervenir contre leur surcharge.

LXXXVII. Le Directoire exécutif est autorisé provisoirement à placer les barrières dans les lieux qu'il jugera les plus convenables; il rendra compte au Corps législatif, de six mois en six mois, de leur placement, et des dépenses qu'elles occasionneront.

LXXXVIII. Les dispositions des articles LXXXIV, LXXXV et LXXXVII de la présente, seront incessamment exécutées sur toutes les routes qui aboutissent à Paris, en partant de cette commune, et pour la portion de ces routes qui est actuellement en bon état de réparation.

LXXXIX. L'ouverture, le perfectionnement et l'entretien des chemins de communi-

cation, autres que les grandes routes, pourront être entrepris par des citoyens, sous l'autorisation du Corps législatif, suivant les règles qui seront décrétées par la suite, et au
moyen de la concession du droit de percevoir pendant un temps une taxe aux barrières
particulières qui seront établies par eux.

TITRE IX.

Loterie.

XC. La ci-devant loterie nationale de France est rétablie sur les bases et combinaisons
qu'elle avait à l'époque de sa suppression. Le Directoire est chargé d'en organiser provisoirement l'administration, sans retard, en faisant toutes les réductions d'agens qu'il sera
possible.

XCI. Tout établissement de loterie particulière ou étrangère est prohibé.

XCII. Les individus qui se permettront de recevoir pour les loteries étrangères, seront
condamnés, pour la première fois, une amende de trois mille francs, et la seconde,
outre l'amende, en six mois de détention.

XCIII. Les receveurs de la loterie nationale qui seront convaincus d'avoir reçu pour
les loteries étrangères, et d'avoir joué pour leur propre compte ou pour celui des particuliers, seront condamnés en l'amende de six mille francs, et destitués de leurs fonctions.

TITRE X.

Tabacs.

XCIV. Les droits sur les tabacs venant de l'étranger seront augmentés de manière à
donner un produit de dix millions.

TITRE XI.

Coupons de l'emprunt forcé.

XCV. Les huit derniers coupons de l'emprunt forcé ne seront plus admis en paiement
des contributions directes ni du droit d'enregistrement; ils seront reçus comme dette publique, en paiement des domaines nationaux vendus ou à vendre, en exécution des lois
16 brumaire et 2 fructidor derniers.

Les deux premiers coupons de l'emprunt forcé seront admis en paiement des contributions échues.

TITRE XII.

Négociations.

XCVI. L'article III de la loi du 9 thermidor dernier, concernant les négociations, est
rapporté; elles continueront d'être faites conformément aux dispositions de celle du 3 frimaire de l'an IV.

TITRE XIII.

Dispositions générales.

XCVII. Le Directoire exécutif prendra les moyens nécessaires pour que toutes les parties du service, et notamment celles des départemens de la guerre et de la marine, soient assurées de manière à être en mesure de faire une nouvelle campagne, au cas que la paix ne soit pas conclue.

TITRE XIV.

Dette publique.

XCVIII. Chaque inscription au grand livre de la dette publique, tant perpétuelle que viagère, liquidée ou à liquider, sera remboursée, pour les deux tiers, de la manière établie ci-après; l'autre tiers sera conservé en inscriptions au grand livre, et payé sur ce pied, à partir du deuxième semestre de l'an V.

Le tiers de la dette publique conservé en inscriptions est déclaré exempt de toute retenue, présente et future.

XCXIX. Ne sont point compris dans la précédente disposition, les pensions, traitemens et indemnités viagères de toute nature, dont les arrérages seront provisoirement payés, à raison du tiers, et à partir du deuxième semestre de l'an V.

C. Le remboursement des deux tiers sera fait en bons au porteur, délivrés par la trésorerie nationale. Le capital de l'inscription perpétuelle sera calculé au denier vingt, et celui de l'inscription viagère au denier dix.

CI. Les bons au porteur, délivrés en remboursement de la dette publique, seront reçus en paiement des biens nationaux, aux époques et de la manière exprimées ci-après.

CII. Jusqu'à la conclusion de la paix générale, les biens nationaux seront vendus, conformément aux lois subsistantes, et les bons au porteur seront reçus en paiement de la portion du prix payable avec la dette publique.

CIII. Tout propriétaire de rente, soit perpétuelle, soit viagère, pourra payer le prix d'un domaine national qui lui serait adjugé à dater du jour de la publication de la présente loi, de la manière suivante.

La portion dudit prix, payable tant en numéraire qu'en obligations, pourra être acquittée avec le tiers de l'inscription conservée par la présente loi, et le surplus tant avec les bons de remboursement provenant de ladite inscription, qu'avec tous bons semblables, et tous autres effets de la dette publique, conformément aux lois sur la vente des domaines nationaux.

Dans le cas énoncé ci-dessus, l'acquéreur sera tenu d'acquitter la totalité de son prix, dans les vingt jours de l'adjudication.

CIV. Il pourra être composé des associations de rentiers perpétuels ou viagers. Les directeurs de ces associations auront la faculté d'acquérir des biens nationaux, et de les acquitter de la manière énoncée en l'article précédent.

CV. Un mois après la ratification du dernier traité de paix générale, le prix des ventes des domaines nationaux ne pourra être acquitté en totalité qu'avec les bons au porteur provenant du remboursement de la dette publique.

CVI. La vente des biens nationaux sera activée par tous les moyens, de manière à ê r terminée dans l'année qui suivra la paix générale.

CVII. Si, après l'épuisement par vente de la totalité des biens nationaux, en ce non compris les forêts au-dessus de trois cents arpens, il restait encore dans la circulation des bons de remboursement, les porteurs seront remboursés de la manière suivante :

CVIII. Aussitôt après la paix générale, le Gouvernement fera procéder à l'état des biens nationaux, terreins vagues et indefrichés qui peuvent exister dans l'île de Saint-Domingue et autres colonies françaises ; il sera procédé successivement à leur vente, sur les soumissions qui auront été faites, et le prix en sera acquitté en bons de remboursement, soit que la vente ait été faite à Paris, ou dans les colonies.

CIX. Il sera procédé, avec la plus grande activité, à la liquidation générale de la dette publique ; les créanciers qui ne seraient pas encore liquidés, seront autorisés à se rendre adjudicataires des domaines nationaux, en justifiant du dépôt des titres de leurs créances, et en s'obligeant, avec le *visa* provisoire des administrations, à en acquitter le prix de la même manière que les créanciers liquidés. Dans ce cas, les biens vendus resteront sous la main de la nation, et seront administrés pour le compte de l'acquéreur, jusqu'à ce qu'il puisse être mis en possession par le paiement du prix.

CX. Le produit net des contributions administrées par la régie de l'enregistrement, et subsidiairement les autres contributions indirectes, sont et demeurent spécialement affectées, jusqu'à due concurrence, au paiement des rentes conservées et pensions.

CXI. Il sera pourvu incessamment, et par une loi particulière, à l'amélioration du sort de ceux des rentiers de l'état qui se trouveront réduits, par l'effet de la présente loi, à une inscription de 100 livres et au-dessous.

CXII. La présente résolution sera imprimée.

Signé P. A. LALOY, *ex-président ;*
CHOLET, P. J. AUDOUIN, DUHAUT, ROGER-MARTIN, *secrétaires.*

Après une seconde lecture, le Conseil des Anciens APPROUVE la résolution ci-dessus. Le 9 Vendémiaire an VI de la République française.

Signé CRETET, *président ;*
BALIVET, G. F. DENTZEL, PERÉ, *secrétaires.*

Le Directoire exécutif ordonne que la loi ci-dessus sera publiée, exécutée, et qu'elle sera munie du sceau de la République. Fait au palais national du Directoire exécutif, le 9 Vendémiaire an VI de la République française, une et indivisible.

Pour expédition conforme, *signé* I. M. RÉVEILLÈRE-LÉPEAUX, *président* ;
par le Directoire exécutif, *le secrétaire général* LAGARDE,
et scellée du sceau de la République.

A PARIS, de l'Imprimerie du Dépôt des Lois, place du Carrousel.

Et se trouve dans les villes chef-lieux de département, au bureau de correspondance du Dépôt des Lois.

Au nom de la République française.

L O I

Relative à la liquidation de l'arriéré de la dette publique.

Du 24 Frimaire an VI de la République française, une et indivisible.

LE CONSEIL DES ANCIENS, adoptant les motifs de la déclaration d'urgence qui précède la résolution ci-après, approuve l'acte d'urgence.

Suit la teneur de la déclaration d'urgence et de la résolution du 25 Brumaire :

Le Conseil des Cinq-cents, considérant qu'on ne peut trop se hâter de lever toutes les difficultés qui s'opposent encore à l'entière liquidation de l'arriéré de la dette publique, et de régler le mode du remboursement ordonné par la loi du 9 vendémiaire dernier.

Déclare qu'il y a urgence,

Et prend la résolution suivante :

TITRE PREMIER.

Liquidation d'arriérés de diverses natures pendant la révolution, déférée à la trésorerie nationale, à la régie des domaines, au ministre des finances.

ARTICLE PREMIER.

Le ministre des finances continuera de liquider les sommes dues pour cause de restitution d'effets, numéraire, et de toutes autres valeurs saisies ou enlevées par les comités

N°. 9, 10, 11.   A révolutionnaires, ainsi que les sommes et effets gratuitement avancés par des particuliers non fournisseurs, pour la solde ou subsistances des armées, ou fortifications de places.

II. Les citoyens qui ont à réclamer du trésor public des sommes quelconques, soit pour la restitution du prix des domaines nationaux dont les ventes ont été annullées, ou à l'utilité desquelles il a été renoncé, soit en remplacement de la valeur des domaines aliénés par la République, et à raison desquels les anciens propriétaires ont été renvoyés à se pourvoir en indemnité, fourniront leurs demandes en indemnité, appuyées de pièces justificatives, pardevant le directeur des domaines du département dans lequel les ventes ont été faites. Ce directeur procédera à la liquidation provisoire des sommes réclamées; ses opérations seront revues par la régie des domaines à Paris, qui liquidera et arrêtera définitivement sous sa responsailité.

III. La liquidation des sommes dues pour cause de dépôts volontaires ou judiciaires dans les caisses publiques, et celle des dépôts faits en vertu de décrets ou de lois dans les mêmes caisses, seront faites par les commissaires de la trésorerie nationale.

IV. Ils liquideront pareillement les lettres de change venant des colonies, et acceptées à la trésorerie, pour les objets mis à la charge du trésor public, d'après les lois existantes.

V. Les mêmes commissaires liquideront ce qui est dû aux propriétaires des récépissés de l'emprunt en tontine, ouvert par la loi de messidor an III. Le remboursement en sera fait de la manière prescrite pour le paiement des arrérages de la dette publique antérieure au dernier semestre de l'an IV.

TITRE II.

Ampliation de pouvoir donné aux corps administratifs, pour liquider certaines parties de la dette.

VI. Les pouvoirs précédemment accordés aux corps administratifs de liquider définitivement, jusqu'à la somme de 800 frans et au-dessous, les créances exigibles des corps et communautés religieuses, ecclésiastiques et laïques supprimés, ayant pour cause des paiemens d'ouvriers, fournitures de marchandises et autres objets également urgens, sont étendus jusqu'à la somme de 3,000 francs du capital exclusivement : néanmoins ceux desdits créanciers qui auraient déjà déposé leurs titres au liquidateur géénéral, ne pourront être liquides que par lui.

VII. Les liquidations qui auront été faites jusqu'à ce jour par les liquidateurs des commissions exécutives ou agens, au profit de créanciers non comptables, sont déclarées définitives. Le ministre des finances en visera les états et les adressera à la trésorerie, sauf la réclamation des parties intéressées, ainsi qu'il sera prescrit ci-après.

Il sera statué par une loi particulière sur les liquidations déjà faites par les liquidateurs desdites commissions, au profit des comptables, et sur celles restant à faire pour la comptabilité de l'arriéré, depuis le premier juillet 1791 jusqu'à l'établissement de la constitution actuelle.

VIII. Les créances pour autres causes que celles énoncées aux articles précédens, ainsi que celles de 3,000 francs en capital, et au-dessus, et toutes parties procédant d'une dette originairement constituée, en donnant lieu à une inscription de tiers conservé de 50 francs de rente, ne pourront être definitivement liquidées que par le liquidateur général de la dette publique à Paris.

IX. Les corps administratifs ne pourront connaître d'aucune créance ou réclamation au-dessous de 3,000 francs, qui aurait été rejetée par le liquidateur général, sauf aux créanciers à se pourvoir, conformément à l'article V de la loi du 3 brumaire, contre les décisions du liquidateur général, par-devant le ministre des finances.

TITRE III.

Réglement des dépenses et fournitures faites à la République pendant le régime du papier-monnaie.

X. Les sommes dues en papier-monnaie seront réduites en numéraire dans toute la République, aux taux réglés par le tableau du cours tenu par le commissaire de la trésorerie nationale, et annexé à la loi du 5 messidor dernier, concernant les transactions entre particuliers.

XI. Les liquidations qui auraient été faites jusqu'à ce jour, d'après les bases de la loi du 15 germinal, ou sur des décomptes et mémoires réglés ou arrêtés d'après le prix de 1790, sont maintenues, à la charge de les faire viser par le ministre des finances.

XII. La réduction des mémoires dans lesquels les fournitures ne se trouveront pas établies mois par mois, sera faite d'après le terme moyen de la dépréciation du papier-monnaie pendant le cours des trimestres, semestres ou années sur lesquels porteront lesdits mémoires.

TITRE IV.

Forme et objet des états de liquidation de la dette publique.

XIII. Il sera dressé par les administrations chargées de la liquidation des diverses parties de la dette publique ci-dessus désignées, deux états distincts et séparés des liquidations qu'elles auront opérées :

L'un, pour les parties de la dette non constituée, ou dette exigible proprement dite;

L'autre, pour les parties de la dette constituée soit par l'ancien gouvernement, soit par les établissemens supprimés, aux droits desquels la République s'est subrogée.

XIV. Ces états énonceront les noms et prénoms des créanciers, le montant de leur liquidation, la réduction en rente du montant total de la liquidation, tant des capitaux qu'intérêts réunis, dûs antérieurement à la liquidation, pour les parties qui seraient susceptibles de produire des intérêts.

XV. Les commissaires liquidateurs reconnaîtront et inscriront dans leurs états, comme créanciers de la République, les propriétaires apparens des créances qu'ils auront liquidées d'après les titres qui leur auront été remis pour la justification du fonds de la créance.

XVI. La justification de la propriété à la créance reconnue et liquidée se fera par-devant le liquidateur de la trésorerie, afin que cette justification ne puisse retarder l'envoi décadaire des états de liquidation au ministre des finances.

XVII. Les créanciers liquidés seront avertis individuellement de leur liquidation à la forme des lois des 21 septembre 1793, 9 brumaire et 23 messidor an II.

XVIII. Il sera remis par les commissaires liquidateurs, aux créanciers inscrits dans leurs états de liquidation, un certificat indicatif de l'état dans lequel ils sont compris, de leur numéro dans l'état des noms et prénoms sous lesquels ils sont inscrits, et du montant de leur liquidation.

XIX. Ce certificat sera remis au liquidateur de la trésorerie, qui se fera justifier, dans les formes précédemment établies, soit de l'individualité du créancier énoncé au certificat et aux états de liquidation y correspondans, soit de la propriété du porteur dudit certificat à la somme liquidée et comprise auxdits états, soit de la résidence.

XX. Le créancier reconnu pour propriétaire de la somme liquidée, donnera son acquit de remboursement à la trésorerie, au dos de ce certificat.

XXI. La vérité de la signature de cet acquit sera attestée à la forme de la loi du 6 messidor dernier.

XXII. Les états de liquidation de la dette seront adressées par lesdites administrations, toutes les décades, au ministre des finances, pour être par lui visés et envoyés de suite à la trésorerie.

XXIII. Le *visa* du ministre des finances tiendra lieu de ses ordonnances individuelles sur chacune des parties comprises auxdits états.

XXIV. Les états et certificats de liquidation seront expédiés et délivrés par les différens fonctionnaires à ce autorisés par les articles précédens; sans qu'il soit nécessaire qu'un crédit leur soit ouvert à cet égard. Ils feront connaître, à la fin de chaque mois, le montant de la somme qu'ils auront allouée, tant en capital qu'en rentes réduites au denier vingt ; le Directoire exécutif en fera connaître le résultat, tous les mois, au Corps législatif.

TITRE V.

Arriéré depuis l'établissement du régime constitutionnel.

XXV. La liquidation des sommes dues depuis l'établissement du régime constitutionnel, sera faite par les différens ordonnateurs, chacun dans son département : tout ce qui reste dû par les divers ordonnateurs pour le service de l'an IV, demeure compris dans l'arriéré, pour être remboursé en conformité de la loi du 9 vendémiaire dernier et de la présente.

XXVI. Les porteurs d'ordonnances délivrées par les ministres et autres ordonnateurs, pour le service de l'an V, qui préféreront les employer en acquisitions de domaines nationaux, à raison des deux-tiers, et avoir une inscription pour le surplus sur la dette consolidée, plutôt que d'attendre leur paiement, seront admis à jouir de cette faculté : leurs ordonnances seront reçues en conséquence comme une reconnaissance de liquidation ; mais leur inscription au grand-livre n'aura lieu qu'au temps prescrit par l'article XXX de la présente loi.

TITRE VI.

Arrérages de l'an V, et Mode du remboursement.

XXVII. Les créanciers de la République, pour le service de l'an V, qui n'ont pas encore reçu leur ordonnance de paiement, auront l'option ou de la demander en la forme ordinaire ou d'en recevoir le remboursement à la trésorerie de la manière prescrite par les articles précédens pour les créanciers de la dette exigible.

Loi sur la dette publique, 24 Frimaire an VI. N.º 619. A 3

XXVIII. Le remboursement des deux tiers de la dette publique, ordonné par la loi du 9 vendémiaire, liquidée ou à liquider inscrite ou à inscrire, sera fait en bons de deux tiers ou effets au porteur de 50 frans, 25 frans et 5 francs. Les 50 millions en mandats de 5 francs, déposés à la trésorerie nationale, seront employés, comme effets au porteur de pareils coupons, en paiement de biens nationaux acquis postérieurement à la publication de la loi du 9 vendémiaire dernier, ou en paiement de la seconde moitié des biens acquis en vertu de la loi du 16 brumaire.

XXIX. Les huit derniers coupons de l'emprunt forcé qui ne sont point admissibles en paiement des contributions antérieures à l'an VI, seront, ainsi que les deux premiers coupons qui n'auront pas été employés, rapportés à la trésorerie, et convertis en bons de deux tiers affectés au remboursement de la dette publique.

XXX. Il sera pourvu par une loi particulière à l'inscription définitive du tiers des créances exigibles liquidées ou a liquider, payable en inscriptions qui n'auraient pas été employées en domaines nationaux : la même loi statuera sur le temps auquel les intérêts en auront dû courir, et jusqu'alors il sera délivré des inscriptions provisoires dudit tiers consolidé, desquelles inscriptions provisoires les intérêts ne pourront être exigés qu'après l'inscription définitive sur le grand livre, et suivant qu'il sera réglé par la loi à intervenir

XXXI. Ces inscriptions provisoires seront cessibles par endossement, sans aucun droit, et admissibles en paiement de biens nationaux, comme le tiers réservé des anciennes inscriptions.

XXXII. Les inscriptions provisoires ne seront délivrées aux comptables envers la République qu'après l'apurement de leur compte

---

TITRE VII.

Arrérages et intérêts arriérés de la dette publique liquidée et inscrite, antérieurs au deuxième sémestre de l'an IV.

XXXIII. Les arrérages et intérêts de la dette publique inscrite, perpétuelle, viagère, et des pensions, échus antérieurement au dernier semestre de l'an IV, seront liquidés par les commissaires de la trésorerie nationale, en numéraire, au cours du jour des assignats du terme moyen du trimestre de germinal de l'an IV, et payés en effets au porteur conformes à ceux qui sont délivrés pour la dette exigible.

TITRE VIII.

Relevés des déchéances, et facilités pour la production des titres.

XXXIV. Les dispositions des lois précédentes qui prononçaient des déchéances contre les créanciers de la République, soumis à la liquidation de leurs titres, sont révoquées.

En conséquence, les créanciers et pensionnaires qui les avaient encourues, ou auxquels ces lois avaient été appliquées, en sont relevés, et peuvent se présenter de nouveau pour obtenir leur liquidation, sous les modifications énoncées aux articles suivants.

XXXV. Tous créanciers de la République pour créances soumises à la liquidation générale de la dette publique, ou à celle des émigrés, ou à celle de la trésorerie nationale, qui, à l'époque de l'épuisement par vente de la totalité des domaines nationaux affectés par la loi du 9 vendémiaire au paiement de la dette publique, n'auront fait aucune réclamation, seront définitivement déchus de toute répétition envers le trésor public pour les deux tiers de leurs créances remboursables en bons.

XXXVI. Les créanciers qui n'ont pas fourni au directeur général de la liquidation leurs noms, prénoms et l'indication de leur domicile conformément aux lois précédentes, sont tenus de les fournir dans le mois de la publication de la présente loi.

XXXVII. Faute par eux de satisfaire à cette disposition dans le délai ci-dessus, si, après l'examen de leurs réclamations, il manque des titres pour la production desquels ils ne puissent être avertis, le liquidateur général ajournera indéfiniment l'examen de leur demande jusqu'à l'épuisement des créances sur lesquelles les créanciers l'auront mis en état de correspondre avec eux.

XXXVIII. Les créanciers liquidés, mais en retard de satisfaire aux charges de leur liquidation et aux demandes de pièces qui auraient été par le liquidateur général jugées nécessaires à leur liquidation, ne seront liquidés qu'après l'épuisement des créances en général.

XXXIX. Les pièces jugées nécessaires à la liquidation définitive d'une créance, seront délivrées par les commissaires liquidateurs et corps administratifs, sur la déclaration affirmative du créancier ou de son fondé de pouvoir, devant le tribunal de son domicile, qu'il n'est possesseur d'aucune autre expédition dudit titre, et n'en retient aucune relative à ladite créance, sous peine de restitution du montant de sa liquidation, et d'une amende d'une somme égale à sa valeur.

XL. Les dispositions des lois précédentes, et notamment celle du 23 messidor an II, sur la nature des titres à produire, sont maintenues ; et néanmoins, quant aux titres dont

A 4

il existe des minutes, les dépositaires d'icelles sont autorisés, nonobstant les dispositions de la loi du 24 août 1793, à en délivrer des expéditions, extraits et certificats de radiation, aux créanciers qui seront porteurs d'une demande qui leur en aura été faite soit par le liquidateur général, soit par la liquidation de la trésorerie, soit par les corps administratifs : il sera fait mention, sur la minute, de la demande en vertu de laquelle les expéditions, extraits et certificats de radiation auront été délivrés, en certifiant par le notaire, par l'autorité, ou dépositaire des minutes, sur lesdites expositions, etc., que cette mention a été faite sur la minute, et que ladite minute ne rappelle elle-même aucun remboursement antérieur ; à l'effet de quoi les dispositions des lois du 21 frimaire et du 23 messidor an II, qui ordonnaient l'apport des minutes, et le paiement des droits de deux cinquièmes, demeurent abrogées pour l'avenir.

XLI. Lorsqu'un titre sans minute se trouvera perdu, ou que la minute d'un titre dont il n'existe pas d'expédition authentique antérieure au 24 août 1793, se trouvera également l'être, le liquidateur général et les corps administratifs pourront liquider la créance sur les preuves que pourront fournir les registres de l'établissement débiteur, de l'existence, de la bonne foi, et de la possession et jouissance où le réclamant se trouvait de la créance antérieurement à la suppression, et au tems d'icelle.

XLII. Les liquidations préparatoires des corps administratifs, dans le cas où elles sont exigés par les lois, continueront à être faites de la manière et dans la forme prescrites par la loi du 23 messidor an II : ceux desdits certificats qui devaient être délivrés par les municipalités et visés au district, seront délivrés par l'agent national de la commune, et visés par les administrations des municipalités de canton ; et ceux qui devaient l'être par les districts, le seront par lesdites municipalités seules, et sans *visa*.

XLIII. L'avis des corps administratifs, ou le *visa* en tenant lieu, ordonné par l'article XVIII de la loi du 23 messidor, a pour objet de déclarer et constater la légalité des titres produits et visés, la légitimité et la quotité de la créance, si elle a été ou non remboursée en tout ou en partie, si elle est susceptible de produire des intérêts, et d'en déterminer le taux et les retenues, d'après les lois et les usages précédens.

XLIV. Les dispositions de l'article IX de la loi du 23 prairial an III, sont déclarées communes aux pensionnaires de la liste civile.

XLV. Les propriétaires et ci-devant titulaires qui, aux termes des lois précédentes, doivent être liquidés sur leurs quittances de finance, et qui les auraient adirées, seront liquidés, soit sur les certificats de radiation desdites quittances délivrées par les commissaires de la comptabilité, soit sur l'extrait des comptes des ci-devant receveurs des revenus casuels, ou du trésorier de l'épargne, suivant la nature de leurs créances, délivré par tout dépositaires publics desdits comptes et registres desdits ci-devant trésoriers et receveurs.

XLVI. Les officiers non soumis à l'évaluation ni au paiement du centième denier, mais seulement fixés en vertu des édits de 1756 et 1771, et de l'arrêt du conseil du 30 décembre 1774, seront liquidés sur les quittances de finance, et, au défaut, sur les évaluations et fixations portées sur les registres des parties casuelles. -

XLVII. Les formalités particulières aux créances des ci-devant officiers ministériels, et prescrites par les articles XIII et XIV de la loi du 23 messidor an II, demeurent abrogées ; elles seront liquidées comme les autres créances sujètes à règlement, à la seule différence que la taxe tenant lieu de réglement sera faite conformément à l'article XV de ladite loi.

TITRE IX.

Rejet d'opposition au remboursement de la dette mobilisée.

XLVIII. Pour la plus prompte exécution de cette mesure, la république, renonce sur les deux tiers susceptibles de remboursement, à l'utilité des oppositions faites en son nom.

XLIX. Les remboursemens des deux tiers de la dette publique ne seront pas suspendus par les anciennes oppositions qui tiendront seulement sur le tiers consolidé inscrit.

TITRE X.

Des créanciers liquidés et non inscrits.

L. A compter de la promulgation de la présente loi, le liquidateur général de la dette publique, celui de la dette des émigrés du département de la Seine, et les administrations de département chargés de liquider les dettes des émigrés de leur territoire, remettront aux commissaires de la trésorerie nationale les certificats de propriété et les reconnaissances définitives de liquidation que les créanciers auront negligé de retirer.

LI. Les commissaires de la trésorerie se concerteront avec les liquidateurs, sur le mode de retirement et sur les formalités nécessaires à leur décharge.

LII. Les créanciers, porteurs de certificats de propriétés ou de reconnaissances définitives de liquidation, les remettront, sans délai, à la trésorerie nationale.

LIII. Les commissaires de la trésorerie feront inscrire d'office au grand-livre les créances dont les certificats de propriété auront été remis, soit par les liquidateurs, en exécution de de la présente, soit par les créanciers eux-mêmes, s'ils ne sont inscrits sur aucune liste d'émigrés.

LIV. Les commissaires de la trésorerie feront procéder sans délai au calcul des intérêts liquidés dans chaque reconnaissance définitive des créances de 3,000 et au-dessous ; ces intérêts seront cumulés avec le capital.

LV. Le remboursement en sera fait par la trésorerie, de la manière prescrite par le titre VI, pour les parties de la dette exigible.

LVI. Les certificats d'arrérages de rentes ou d'intérêts de la dette exigible consolidée, dans lesquels le liquidateur général de la dette publique a réuni des semestres dont le paiement a dû s'opérer en papier-monnaie, et des semestres dont le quart ou le tiers est payable en numéraire, seront annullés et remplacés dans les bureaux de la direction générale de la liquidation, par de nouveaux certificats divisés en autant de coupons qu'il se trouve de modes particuliers de paiement ordonné par les lois.

TITRE XI.

Des créanciers non liquidés qui voudront participer au rembourse-
ment provisoire des deux tiers de leurs créances, et se rendre
adjudicataires de domaines nationaux.

LVII. Les créanciers soumis à la liquidation, et assujétis par les lois précédentes au *visa* des corps administratifs, à la forme de la loi du 23 messidor an II, tenant lieu de leur liquidation préparatoire, ne seront admis à se rendre adjudicataires qu'en justifiant préalablement d'un certificat du dépôt de leurs titres duement visés.

LVIII. Les créanciers qui voudront se rendre adjudicataires de domaines nationaux, n'en seront mis en possession qu'après avoir justifié du certificat des commissaires liquidateurs, constatant qu'ils leur ont remis leurs titres revêtus de la formalité du *visa* préparatoire des autorités concourant à leur liquidation.

LIX. Ce certificat énoncera les nom et prénom du créancier, son domicile, la nature de sa créance, le montant de la réclamation, et la date de la remise des mémoires en demandes et pièces justificatives.

LX. Le certificat de dépôt ne sera pas transmissible de la propriété de la créance à liquider, conformément aux dispositions de la loi du 11 septembre 1793, qui interdit toute négociation de créances sur la république, autrement que par la voie du transfert des inscriptions au grand-livre.

LXI. Le créancier qui justifiera au liquidateur général qu'il s'est rendu adjudicataire d'un domaine national, sera préféré dans l'ordre du travail des liquidations, au créancier non adjudicataire.

LXII. Cette justification se fera par extrait sommaire du procès-verbal d'adjudication, faisant mention de la remise ou de la représentation du certificat de dépôt aux administrateurs chargés de l'adjudication.

LXIII. Dans le cas où le créancier adjudicataire n'aurait pu être liquidé à l'expiration de l'année de la date de son obligation, il pourra obtenir de la régie des domaines un nouveau délai sur le certificat de l'administration chargée de sa liquidation, constatant que ce n'est pas par le fait du créancier que sa liquidation n'est pas terminée.

LXIV. Si par le résultat de la liquidation, tout ou partie de la créance liquidée se trouve rejettée, il en sera donné avis à la régie des domaines et à la trésorerie, par les commissaires ou administrations qui auraient liquidé.

LXV. En ce cas, le créancier et sa caution seront poursuivis, à l'instant, en paiement du prix de l'adjudication, sans qu'ils puissent obtenir aucun délai. Le domaine adjugé sera remis sous la main de la nation, si l'adjudicataire et sa caution n'acquittaient pas, dans la décade de l'avertissement qu'il en aura reçu, les portions du prix du domaine à lui adjugé qui resteraient à découvert par le rejet de la liquidation.

LXVI. Le créancier déchu de son adjudication, et sa caution, seront successivement poursuivis par la régie des domaines,

1.º En paiement des intérêts de l'obligation souscrite par le créancier adjudicataire ;

2.º En paiement de la valeur présumée des fruits, sur estimation à ses frais, à la déduction du montant des intérêts de son obligation ;

3.º En restitution du montant de la valeur des bons de deux tiers qu'il aura reçus au cours du jour où la trésorerie les lui a fait délivrer ;

4.º En restitution de la valeur des bons de deux tiers formant la différence du prix de son adjudication, et de celle faite sur la folle enchère, si celle-ci est inférieure, et ce, au cours du jour de l'adjudication qui lui aura été faite.

LXVII. Il sera tenu registre, tant par les administrations chargées de liquidations que par la trésorerie, des certificats de dépôt délivrés aux créanciers qui les auront demandés, et des paiemens faits en bons de deux tiers d'après lesdits certificats, à l'effet de connaître le montant des remboursemens ainsi provisoirement effectués, et d'en suivre particulièrement la comptabilité et le recouvrement.

LXVIII. Les créanciers en nom ou ceux par endossement des bons de tiers consolidé sur la dette exigible, qui se seront rendus adjudicataires de domaines nationaux, pourront solder le prix de leur acquisition suivant le mode prescrit par l'article LXXXV ci après.

LXIX. Il sera ouvert à la trésorerie nationale un livre de remboursemens opérés sur la dette exigible par les bons de tiers consolidé. Ce livre sera tenu de manière à pouvoir constater en tout tems le montant de la dette ainsi remboursée qui aura été appliqué en acquit de domaines nationaux.

TITRE XII.

Titres à délivrer aux créanciers, tant pour le tiers conservé que pour les deux tiers mobilisés.

LXX. La trésorerie délivrera aux créanciers de la dette inscrite, un extrait d'inscription du tiers, et des bons au porteur pour les deux autres tiers.

LXXI. La trésorerie délivrera aux créanciers *de la dette exigible*, dénommés aux états des commissaires liquidateurs, deux sortes de bons, l'un au porteur pour les deux tiers de la somme comprise aux états de liquidation, libellé DETTE PUBLIQUE MOBILISÉE ; l'autre pour le dernier tiers, au nom du créancier inscrit auxdits états, libellé TIERS CONSOLIDÉ DE LA DETTE PUBLIQUE.

LXXII. Ce dernier bon sera transmissible par endossement, et admissible en paiement de domaines nationaux comme numéraire, ou en acquit d'obligations contractées par le créancier ou l'endosseur, acquéreur de domaines nationaux, postérieurement à la publication de la loi du 9 vendémiaire dernier.

LXXIII. Les bons nominatifs du tiers consolidé ne seront délivrés aux créanciers compris dans les états de liquidation, que sur le certificat de non-opposition ; et leur transmission par le créancier originaire ne pourra être arrêtée par aucune opposition subséquente.

TITRE XIII.

Mode du remboursement de la dette mobilisée, perpétuelle, viagère.

LXXIV. Le remboursement des deux tiers de la dette publique constituée sera fait sur la représentation de l'ancienne inscription acquittée par les propriétaires y dénommés.

LXXV. Pour être remboursé des deux tiers de la dette viagère, il faudra joindre le certificat de vie de la tête sur laquelle la rente est assise.

LXXVI. Les effets au porteur mentionnés dans l'article XXVIII, seront délivrés, à bureau ouvert, en représentation tant des rentes inscrites sur le grand-livre de la dette publique, que de celles comprises aux états de liquidation adressés à la trésorerie, et seront reçus, pour le montant de leur valeur, en paiement des domaines nationaux.

LXXVII. Pour l'emploi sans fraction des effets au porteur mentionnés dans l'article XXXI, les deux tiers de la dette publique remboursés seront calculés par multiple de 5 francs : s'il reste une fraction de cette somme, et qu'elle excède 250 centimes ou 50 sous, ce qui manquera pour arriver au multiple sera pris sur le tiers consolidé : si la fraction n'est que de 250 centimes, ou de somme inférieure, elle sera retranchée des deux tiers remboursés, et ajoutée au tiers consolidé : de manière, par exemple, qu'une rente de 100 frans, fixée d'abord pour les deux tiers de remboursement à 66 livres 13 sous 4 deniers; et à 33 livres 6 sous 8 deniers pour le tiers consolidé, sera seulement remboursée pour 65 francs, et consolidée pour 35 francs; et qu'une rente de 200 francs, fixée pour les deux tiers de remboursement à 133 francs 6 sous 8 deniers, et à 66 francs 13 sous 4 deniers pour le tiers consolidé, sera remboursée pour 135 francs, et consolidée pour 65.

LXXVIII. Le tiers consolidé sera porté ou réduit en somme ronde de livres ou francs, suivant que la fraction excédera 50 centimes ou 10 sous, ou ne sera que de cette somme, ou de toute autre inférieure.

LXXIX. Les remboursemens qui seront effectués sur les inscriptions au grand-livre, seront mentionnés chacun sur leurs articles correspondans, par la voie d'un transfert au crédit de la République : ceux qui seront effectués sur les états de liquidation de la dette exigible, adressés à la trésorerie par le ministre des finances, seront mentionnés sur des registres particuliers, par lettres alphabétiques, au fur et à mesure des remboursemens.

LXXX. La liquidation des créanciers qui ne se présenteront point, sera faite en la même façon que celle des autres, en ce qui concerne le compte de leurs créances, la délivrance des bons au porteur et l'inscription du tiers consolidé : les bons au porteur leur revenant seront remis, à leurs périls et risques, à la caisse des dépôts de la trésorerie nationale.

LXXXI. Lorsque les inscriptions se trouveront grévées d'usufruit, le montant du capital représentatif de l'usufruit sera déterminé d'après les bases et les calculs établis par la table N.º I.er annexée à la loi du 23 floréal an II, et le remboursement en sera fait sur ce pied à l'usufruitier, en rapportant par lui son acte de naissance et son certificat de vie.

LXXXII. Ce mode est déclaré commun aux opérations dont les liquidateurs généraux et administrations liquidatrices sont chargés par la présente loi.

LXXXIII. Les propriétaires d'inscriptions qui sont autorisés par les précédentes lois à se libérer en inscription de la dette publique, soit vis-à-vis de la nation, soit vis-à-vis de leurs créanciers personnels, ayant hypothèque spéciale ou privilégiée sur l'objet original de leurs inscriptions, pourront donner en paiement, soit leur inscription actuelle, soit un tiers en inscription conservée, et deux tiers en bons de remboursement.

TITRE XIV.

Dispositions générales.

LXXXIV. En conséquence des articles CII, CIII et CV de la loi du 9 vendémiaire dernier, les ventes de domaines nationaux, soit maisons, soit biens ruraux, faites postérieurement à la publication de ladite loi, pourront être acquittées en bons des deux tiers remboursés, tant pour la seconde moitié de la mise à prix, que pour le produit total des enchères : quant à la première moitié de la mise à prix, les acquéreurs seront tenus de fournir ou du numéraire, ou des obligations, ou des inscriptions provenant du tiers conservé.

LXXXV. Les adjudicataires postérieurement à la publication de la loi du 9 vendémiaire dernier, sont admis à acquitter le prix de leur adjudication, entre les mains des commissaires de la trésorerie nationale, par la remise soit d'inscriptions de rentes dont ils sont propriétaires anciens ou par transfert, quelle qu'en soit la date, soit d'inscriptions provisoires provenant de la dette exigible, soit de reconnaissances de liquidation ou d'ordonnances duement visées.

LXXXVI. Ils pourront solder indifféremment avec celui de ces effets qu'ils voudront choisir pour l'affecter à l'un et à l'autre de ces paiemens.

LXXXVII. En recevant les inscriptions définitives ou provisoires, ou des reconnaissances de liquidation et ordonnances duement visées, les commissaires de la trésorerie donneront un récépissé sur le receveur des domaines nationaux, qui sera tenu de l'imputer tant sur la partie de l'adjudication payable en numéraire que sur celle payable en dette publique.

Le récépissé sera donné en une ou plusieurs coupures, au choix du créancier.

LXXXVIII. Dans le cas où les effets ci-dessus, fournis en paiement, excéderaient le prix de l'adjudication, les commissaires de la trésorerie, après avoir annullé ou passé au crédit de la République les valeurs payées par compensation avec le prix de l'adjudication, délivreront à l'adjudicataire une inscription, soit définitive, soit provisoire, de la valeur non-employée, et une reconnaissance pour obtenir les bons des deux tiers de la partie de la dette mobilisée.

LXXXIX. Pour les ventes faites en exécution de la loi du 9 vendémiaire dernier, la partie de l'adjudication payable en numéraire ou en effets représentatifs du tiers consolidé, sera payée dans le mois du jour de l'adjudication, et la partie payable en bons de deux tiers sera payée dans les trois mois du jour où le remboursement des bons de deux tiers se fera à bureau ouvert. Le Directoire exécutif pourra proroger ce délai, s'il y a cause légitime.

XC. Les parties intéressées qui se croiront autorisées à réclamer contre la liquidation des sommes par elles dues, ou dont elle seront déclarées débitrices, pourront se pourvoir par appel au ministre des finances, lequel prononcera définitivement, et sans autre recours, conformément à la loi du 3 brumaire de l'an IV.

XCI. Le recours au ministre des finances contre les décisions du liquidateur général établi par la loi du 3 brumaire, dans le seul intérêt des créanciers de l'État qui croiraient avoir à se plaindre, aura lieu contre les arrêtés des corps administratifs, en matière de liquidation définitive de leur compétence.

XCII. Toutes décisions du ministre des finances sur recours tant des arrêtés de liquidation des corps administratifs que des commissaires liquidateurs et administrateurs chargés d'opérer des liquidations, seront renvoyées pour leur exécution, au liquidateur général de la dette publique, qui demeure chargé de faire inscrire ou acquitter par la trésorerie le resultat des liquidations ainsi opérées, dont le ministre des finances demeure seul en ce cas responsable.

XCIII. S'il s'élève quelques difficultés sur la compétence de l'autorité qui doit procéder à la liquidation des sommes dues par la République, elles seront réglées par le ministre des finances.

XCIV. Afin que le cours des opérations ne soit jamais suspendu ou interrompu, toute difficulté sur l'exécution de la présente loi sera provisoirement réglée par le ministre des finances, sauf le recours au Directoire.

XCV. Le Directoire exécutif déterminera le nombre d'employés nécessaire au liquidateur général de la dette publique, pour l'accélération des travaux relatifs à la liquidation des créances des départemens réunis, et aux attributions nouvelles qui lui sont déférées par la présente loi.

Il réglera, d'après les bases de la loi du 28 prairial dernier, particulière aux employés de cette administration, la quotité des frais de bureau et la nature des traitemens qu'il sera convenable d'accorder, sans que la somme puisse excéder celle fixée pour la dépense actuelle de ses bureaux.

XCVI. Le Directoire est autorisé, dès ce moment, à faire tous réglemens nécessaires pour la plus prompte exécution de la présente loi.

La présente résolution sera imprimée.

Signé VILLERS, *président ;*

BOULAY (de la Meurthe), PORTE, TALOT, GAYVERNON, *secrétaires.*

Après une seconde lecture, le Conseil des Anciens approuve la résolution ci-dessus. Le 24 Frimaire an V de la République française.

Signé ROSSÉE , *président ;*

BLAREAU , LABOISSIÈRE , DEBOURGES , *secrétaires.*

Le Directoire exécutif ordonne que la loi ci-dessus sera publiée , exécutée, et qu'elle sera munie du sceau de la République.

Fait au palais national du Directoire exécutif, le 25 Frimaire an VI de la République française.

Pour expédition conforme , *signé* P. BARRAS, *président ;*
par le Directoire exécutif, *le secrétaire général* LAGARDE.
Et scellé du sceau de la République.

A PARIS. De l'Imprimerie du Dépôt des Lois, place du Carrousel.

TABLEAU DU *TERME MOYEN* par mois, trimestre, semestre et année, de la dépréciation des Papiers-monnaie, dressé pour l'exécution de l'article XII de la Loi du 24 Frimaire an 6, d'après la base indiquée par l'article X de cette même Loi.

			JANVIER.	FÉVRIER.	MARS.	AVRIL.	MAI.	JUIN.	JUILLET.	AOÛT.	SEPTEMBRE.	OCTOBRE.	NOVEMBRE.	DÉCEMBRE.
ASSIGNATS.	1791, par	Mois	91ᵐ p.ᵉ	91ᵐ p.ᵉ	90ᵐ p.ᵉ	89ᵐ p.ᵉ	85ᵐ p.ᵉ	85ᵐ p.ᵉ	87ᵐ p.ᵉ	79ᵐ p.ᵉ	82ᵐ p.ᵉ	84ᵐ p.ᵉ	82ᵐ p.ᵉ	77ᵐ p.ᵉ
		Trimestre		90ᵐ 13ˢ 4ᵈ			86ᵐ 6ˢ 8ᵈ			82ᵐ 13ˢ 4ᵈ			81ᵐ 0ˢ 0ᵈ	
		Semestre			88ᵐ 10ˢ 0ᵈ						81ᵐ 16ˢ 8ᵈ			
		Année					85ᵐ 3ˢ 4ᵈ							
	1792, par	Mois	72ᵐ p.ᵉ	61ᵐ p.ᵉ	59ᵐ p.ᵉ	68ᵐ p.ᵉ	57ᵐ p.ᵉ	58ᵐ p.ᵉ	61ᵐ p.ᵉ	61ᵐ p.ᵉ	72ᵐ p.ᵉ	71ᵐ p.ᵉ	73ᵐ p.ᵉ	72ᵐ p.ᵉ
		Trimestre		64ᵐ 0ˢ 0ᵈ			61ᵐ 0ˢ 0ᵈ			64ᵐ 13ˢ 4ᵈ			72ᵐ 1ˢ 0ᵈ	
		Semestre			62ᵐ 10ˢ 0ᵈ						68ᵐ 6ˢ 8ᵈ			
		Année					65ᵐ 8ˢ 4ᵈ							
	1793, par	Mois	51ᵐ p.ᵉ	52ᵐ p.ᵉ	51ᵐ p.ᵉ	43ᵐ p.ᵉ	36ᵐ p.ᵉ	36ᵐ p.ᵉ	23ᵐ p.ᵉ	22ᵐ p.ᵉ	27ᵐ p.ᵉ	28ᵐ p.ᵉ	33ᵐ p.ᵉ	48ᵐ p.ᵉ
		Trimestre		51ᵐ 6ˢ 8ᵈ			43ᵐ 13ˢ 4ᵈ			24ᵐ 0ˢ 0ᵈ			36ᵐ 6ˢ 8ᵈ	
		Semestre			47ᵐ 10ˢ 0ᵈ						30ᵐ 3ˢ 4ᵈ			
		Année					38ᵐ 16ˢ 8ᵈ							
	1794, par	Mois	40ᵐ p.ᵉ	41ᵐ p.ᵉ	36ᵐ p.ᵉ	36ᵐ p.ᵉ	34ᵐ p.ᵉ	36ᵐ p.ᵉ	34ᵐ p.ᵉ	31ᵐ p.ᵉ	28ᵐ p.ᵉ	28ᵐ p.ᵉ	24ᵐ p.ᵉ	20ᵐ p.ᵉ
		Trimestre		39ᵐ 0ˢ 0ᵈ			33ᵐ 6ˢ 8ᵈ			31ᵐ 0ˢ 0ᵈ			24ᵐ 0ˢ 0ᵈ	
		Semestre			36ᵐ 3ˢ 4ᵈ						27ᵐ 10ˢ 0ᵈ			
		Année					31ᵐ 16ˢ 8ᵈ							
	1795, par	Mois	18ᵐ 0ˢ 0ᵈ	17ᵐ 1ˢ 0ᵈ	14ᵐ 0ˢ 0ᵈ (20 premiers jours)									
		Trimestre		16ᵐ 6ˢ 8ᵈ										

AN III.

			GERMINAL.	FLORÉAL.	PRAIRIAL.	MESSIDOR.	THERMIDOR.	FRUCTIDOR.	VENDÉM.ᵉ	BRUMAIRE.	FRIMAIRE.	NIVÔSE.	PLUVIÔSE.	VENTÔSE.
	6 derniers mois an 3. 6 premiers mois an 4. par	Mois	11ᵐ 3ˢ 0ᵈ	7ᵐ 10ˢ 0ᵈ	3ᵐ 17ˢ 6ᵈ	3ᵐ 3ˢ 6ᵈ	2ᵐ 19ˢ 0ᵈ	2ᵐ 5ˢ 3ᵈ	1ᵐ 19ˢ 0ᵈ	0ᵐ 17ˢ 0ᵈ	0ᵐ 12ˢ 2ᵈ	0ᵐ 9ˢ 2ᵈ	0ᵐ 8ˢ 4ᵈ	0ᵐ 6ˢ 10ᵈ
		Trimestre		7ᵐ 13ˢ 6ᵈ			2ᵐ 16ˢ 0ᵈ			1ᵐ 1ˢ 8ᵈ			0ᵐ 8ˢ 1ᵈ	
		Semestre			5ᵐ 4ˢ 9ᵈ						0ᵐ 14ˢ 10ᵈ			
		Année					2ᵐ 19ˢ 9ᵈ							

AN IV. ... AN V.

			GERMINAL.	FLORÉAL.	PRAIRIAL.	MESSIDOR.	THERMIDOR.	FRUCTIDOR.	VENDÉM.ᵉ	BRUMAIRE.	FRIMAIRE.	NIVÔSE.	PLUVIÔSE.	VENTÔSE.
MANDATS.	6 derniers mois an 4. 3 mois 3 jours an 5. par	Mois	18ᵐ 3ˢ 6ᵈ	13ᵐ 3ˢ 9ᵈ	7ᵐ 14ˢ 3ᵈ	6ᵐ 16ˢ 3ᵈ	3ᵐ 2ˢ 2ᵈ	3ᵐ 13ˢ 1ᵈ	4ᵐ 1ˢ 9ᵈ	3ᵐ 17ˢ 4ᵈ	2ᵐ 13ˢ 2ᵈ	2ᵐ 0ˢ 4ᵈ (3 premiers jours)		
		Trimestre		13ᵐ 0ˢ 7ᵈ			4ᵐ 10ˢ 9ᵈ			3ᵐ 10ˢ 5ᵈ				
		Semestre			8ᵐ 15ˢ 8ᵈ									

A PARIS, DE L'IMPRIMERIE DE LA RÉPUBLIQUE. Germinal an 6.
Et se trouve au dépôt des Lois, Place du Carrousel.

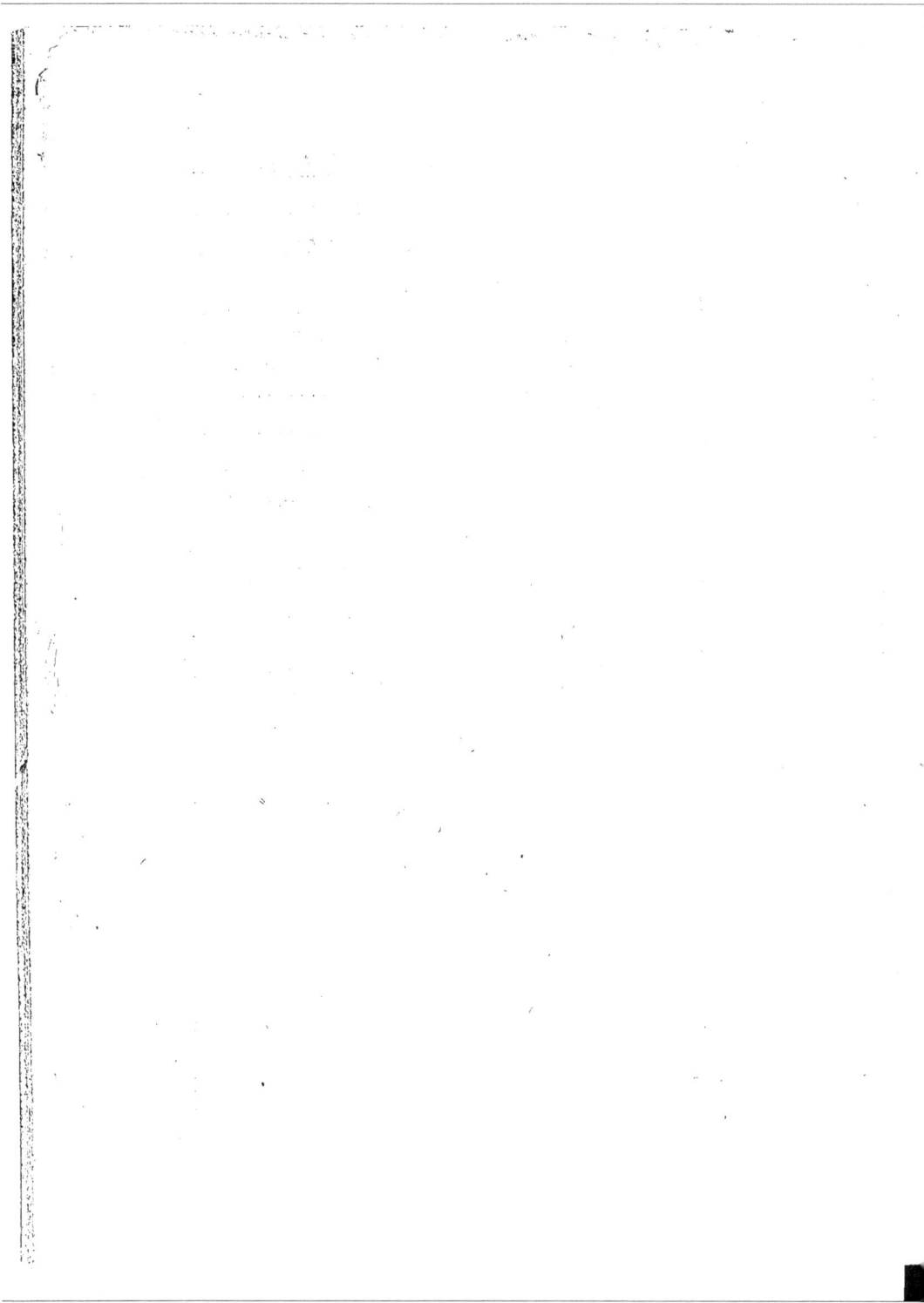

Au nom de la République française.

L O I

*Relative à la formation d'un nouveau grand-livre du tiers conso-
lidé de la dette publique.*

Du 8 Nivose an VI de la République française, une et indivisible.

LE CONSEIL DES ANCIENS, adoptant les motifs de la déclaration d'urgence qui précède la résolution ci-après, approuve l'acte d'urgence.

Suit la teneur de la Déclaration d'urgence et de la Résolution du 26 Brumaire:

Le Conseil des Cinq-cents, considérant qu'il est instant de prendre toutes les mesures nécessaires pour que les créanciers de la dette consolidée puissent disposer de leurs créances avec autant de promptitude et de facilité qu'il sera possible,

Déclare qu'il y a urgence, et prend la résolution suivante :

ARTICLE PREMIER.

Il sera formé un nouveau grand-livre du tiers consolidé des parties de la dette publique, précédemment inscrites ou liquidées, et des parties comprises aux états de la dette constituée à liquider, qui devront être inscrites sur le grand-livre en vertu de la présente loi.

II. Les parties comprises dans l'état de liquidation de la dette constituée, seront inscrites au nouveau grand-livre pour le tiers du montant en rente, calculé sur le pied du denier vingt de la liquidation totale.

III. Il ne sera pas fait d'inscription de somme procédant du tiers consolidé, inscrit ou à inscrire, au-dessous de cinquante francs de rente; il sera fait une loi particulière sur les portions de rente inférieures à cette somme.

IV. Il ne sera plus reçu à l'avenir d'oppositions sur le tiers conservé de la dette publique, inscrite ou à inscrire. (*Voyez ci-après la loi qui répare une omission dans cet article.*)

N.° 9.

Celles faites sont maintenues ; mais le débiteur saisi pourra offrir de rembourser l'opposant à due concurrence avec le tiers conservé ; et le créancier qui refuserait son remboursement, peut y être contraint en justice, si mieux il n'aime donner main-levée de l'*opposition*.

Cependant les comptables envers la République ne pourront, en aucun temps, disposer de leurs inscriptions avant l'apurement de leur compte, certifié par le bureau de comptabilité, si mieux ils n'aiment fournir caution.

V. Il ne sera pas fait un nouveau grand-livre de la dette viagère ; les créanciers seront seulement débités des deux tiers sur le livre déja existant, et la République sera créditée d'autant.

VI. Les jouissans à l'époque du remboursement auront seuls droit au remboursement des deux tiers de l'inscription de la dette viagère.

VII. Lorsque la jouissance de la rente viagère sera grevée de la faculté de réméré, le remboursement des deux tiers n'en sera pas moins fait au jouissant ; et le vendeur, pour rentrer dans le tiers conservé de sa rente, n'aura plus à fournir que le tiers du prix qu'il avait reçu.

VIII. Les rentes viagères constituées au profit et sur la tête d'un défenseur de la patrie, tué en défendant la liberté, ou mort par suite de blessures reçues sur le champ de bataille, conservées par l'article V de la loi du 8 messidor an II, appartiendront à sa femme, et seront constituées pour le tiers, tant sur sa tête que sur celle des enfans et des père et mère dudit défenseur, avec réversibilité d'abord au profit desdits enfans en commun, ensuite au profit des survivans jusqu'au décès du dernier, et enfin au profit des père et mère conjointement, et du survivant d'eux.

IX. Le remboursement des deux tiers sera fait à celui ou ceux qui se trouveront alors en jouissance, d'après l'ordre établi par l'article précédent.

X. Pour activer la liquidation de toutes les rentes viagères dues par la nation, assises sur têtes génevoises, génoises, hollandaises, lyonnaises, et autres conjointes, connues vulgairement sous le nom *de trente têtes*, et mettre les créanciers de ces rentes en état de recevoir le plus promptement possible le remboursement des deux tiers, il est dérogé à la loi du 8 floréal an III, en ce qui concerne ladite liquidation.

XI. La liquidation de ces rentes se fera par la trésorerie nationale, d'après les tables annexées à la loi du 23 floréal an 11 ; en conséquence il sera formé un capital du montant de ces rentes, telles qu'elles existaient au 1er. germinal an V, lequel, conformément à l'article XXIV de ladite loi, ne pourra excéder le capital primitivement fourni.

XII. Les propriétaires de ces rentes, soit dès l'origine, soit comme délégataires ou porteurs d'action, pourront convertir ledit capital en une rente viagère sur leur propre tête, ou même sur une autre tête à leur choix.

XIII. Dans ce cas, ils seront liquidés et inscrits au grand-livre de la dette viagère pour une somme annuelle, calculée sur le capital liquidé, d'après le taux accordé à l'âge de la tête désignée par les tables ci-dessus rappelées, pourvu toutefois que cette somme annuelle n'excède pas le dixième du capital consolidé.

XIV. Ils seront tenus de faire leur option et d'en fournir la déclaration avec leur acte de naissance, s'il ne l'a déjà été, ou celui de la tête qu'ils auront choisie, au liquidateur de la trésorerie, d'ici au premier germinal an VI, inclusivement.

XV. Après ledit jour 1er. germinal an VI, ceux qui n'auront point fourni leur déclaration d'option, seront censés avoir opté pour le perpétuel, et seront en conséquence inscrits au grand-livre de la dette consolidée, pour une somme annuelle représentative de l'intérêt à cinq pour cent du capital liquidé.

XVI. Pourront néanmoins les créanciers qui voudront être liquidés en perpétuel, sans attendre le délai ci dessus fixé, fournir au liquidateur de la trésorerie une déclaration formelle de cette option.

XVII. En conséquence des dispositions ci-dessus, le paiement des arrérages de ces rentes aura lieu suivant le nouveau mode de liquidation, à partir du 1er. germinal an V.

XVIII. Le compte de la république sera crédité en masse et par lettres, sur les états sommaires arrêtés par les commissaires de la trésorerie, des deux tiers remboursés à chaque créancier de la dette publique, perpétuelle ou viagère.

XIX. La trésorerie nationale demeure autorisée à employer le nombre de commis qu'elle croira nécessaire pour la plus grande accélération des opérations relatives au remboursement de la dette mobilisée, et à la formation du nouveau grand-livre de la dette perpétuelle consolidée.

La commission de surveillance de la trésorerie présentera incessamment au Corps législatif l'état des fonds extraordinaires nécessaires pour cette dépense.

XX. Les commissaires de la trésorerie nationale seront autorisés à prendre les mesures d'ordre nécessaires pour la réduction et confection du grand-livre, ainsi que pour la délivrance des bons au porteurs.

La présente résolution sera imprimée.

Signé VILLERS, *président ;*
BOULAY, (de la Meurthe) TALOT, PORTE, GAYVERNON, *secrétaires.*

Après une seconde lecture, le Conseil des Anciens APPROUVE la résolution ci-dessus. Le 8 nivôse an VI de la République française.

Signé MARRAGON, *présid.* KAUFFMANN, LAVEAUX, MENUAU, MÉRIC, *secrét.*

2°. *LOI qui répare une omission dans celle du 8 nivôse an VI, relative à la formation d'un nouveau grand-livre.*

Du 8 Nivôse an VI.

LE CONSEIL DES ANCIENS, adoptant les motifs de la déclaration d'urgence qui précède la résolution ci-après, approuve l'acte d'urgence.

Suit la teneur de la déclaration d'urgence et de la Résolution du 19 Frimaire :

Le Conseil des Cinq-cents, considérant qu'il est instant de réparer une omission dans la rédaction de la résolution du 26 brumaire dernier sur la formation du grand-livre ,

Déclare qu'il y a urgence, et prend la résolution suivante :

L'Article IV de ladite résolution, portant qu'il ne sera plus reçu, à l'avenir d'oppositions aux inscriptions sur le grand-livre, n'aura son effet qu'à dater de deux mois après la publication de la présente loi.

La présente résolution sera imprimée.

Signé BOULAY , (de la Meurthe) *président ;*
GUILLEMARDET, ROEMERS, ALEX. VILLETARD, *secrétaires.*

Après une seconde lecture, le Conseil des Anciens APPROUVE la résolution ci-dessus. Le 8 Nivôse an VI de la République française.

Signé MARRAGON , *président ;*
ET. LAVEAUX, KAUFFMANN, MENUAU, MÉRIC, *secrétaires.*

Le Directoire exécutif ordonne que les lois ci-dessus seront publiées, exécutées, et qu'elles seront munies du sceau de la République.

Fait au palais national du Directoire exécutif , le 9 nivôse an VI de la République française , une et indivisible.

Pour expédition conforme, *signé* P. BARRAS , *président. ;*
Par le Directoire exécutif, *le secrétaire-général,* LAGARDE.
Et scellé du sceau de la République.

A Paris. De l'Imprimerie du Dépôt des Lois , place du Carrousel.

Au nom de la République française.

L O I

Interprétative d'un article de celle du 24 Frimaire an VI, concernant la liquidation de l'arriéré de la dette publique.

Du 22 Ventose an VI de la République Française, une et indivisible.

LE CONSEIL DES ANCIENS, adoptant les motifs de la déclaration d'urgence qui précède la résolution ci-après, approuve l'acte d'urgence.

Suit la teneur de la Déclaration d'urgence et de la Résolution du 21 Ventose :

Le Conseil des Cinq-cents, considérant qu'il est instant de réparer les omissions faites dans la rédaction des lois sur la dette publique,

Déclare qu'il y a urgence,

Et après avoir déclaré l'urgence, prend la résolution suivante :

ARTICLE PREMIER.

L'article XXXIV, titre VIII de la loi du 24 frimaire an VI, est applicable aux déchéances encourues par les porteurs de billets gagnans dans les loteries énoncées au décret du 27 vendémiaire an IV : ils seront visés par le ministre des finances.

II. La présente résolution sera imprimée.

Signé HARDY, *président;*
ESCHASSERIAUX jeune, QUIROT, JACOMIN, *secrétaires.*

N°. 2.   A

Après une seconde lecture, le Conseil des Anciens APPROUVE la résolution ci-dessus. Le 22 Ventose an VI de la République française.

Signé BORDAS, *président*;
HÉRARD, GAUTHIER (de l'Ain), BAZOCHE, *secrétaires.*

Le Directoire exécutif ordonne que la loi ci-dessus sera publiée, exécutée, et qu'elle sera munie du sceau de la République.

Fait au palais national du Directoire exécutif, le 22 Ventose an VI de la République française, une et indivisible.

Pour expédition conforme, *signé* MERLIN, *président*;
par le Directoire exécutif, *le secrétaire général*, LAGARDE;
et scellé du sceau de la République.

A PARIS,

DE L'IMPRIMERIE DU DEPOT DES LOIS

place du Carrousel.

Et se trouve dans les villes chef-lieux de département, au bureau de correspondance du Dépôt des Lois.

ARRÊTÉ

DU DIRECTOIRE EXECUTIF,

Concernant les titres des créances liquidées en exécution de la loi du 24 Frimaire an IV.

Du 13 Germinal an VI de la République française, une et indivisible.

LE DIRECTOIRE EXÉCUTIF, vu la loi du 24 frimaire an VI, concernant la liquidation de l'arriéré, vu l'article XCVI de cette loi, qui l'autorise à faire tous réglemens nécessaires pour sa plus prompte exécution ; vu son arrêté du 29 pluviose dernier ;

Considérant qu'aux termes de l'art. IV de cette loi, la trésorerie nationale, pour sa décharge tant des effets de remboursement que de l'inscription provisoire ou définitive à délivrer au créancier liquidé, n'a d'autre titre à retirer de ses mains que son certificat de liquidation par lui acquitté, lorsqu'il se trouve d'ailleurs compris sur un état visé par le ministre des finances;

Que ce ministre, aux termes de cette même loi, n'est point chargé de retirer et de garder devers lui les titres et pièces des créances comprises dans les états de liquidation assujétis à son *visa* ;

Considérant qu'il est nécessaire de faire cesser les doutes élevés par divers fonctionnaires liquidateurs sur la destination ultérieure des titres et pièces des créances, après leur liquidation ;

Considérant, en outre, qu'il est essentiel d'empêcher que, dans aucun temps et par quelque cause que ce soit, les titres de ces créances puissent être em-

N°. 9.

ployés de nouveau contre la république; ouï le rapport du ministre des finances,

ARRÊTE:

ARTICLE PREMIER.

Les titres et pièces des créances comprises dans des états de liquidation arrêtés par les divers fonctionnaires chargés de l'exécution de la loi précitée du 24 frimaire an VI, resteront déposés entre leurs mains à l'appui de leur comptabilité comme liquidateurs, jusqu'à ce qu'il en est autrement ordonné par le Corps législatif.

II. A mesure des états de liquidation qui seront par eux arrêtés, chacun d'eux sera tenu, sur sa responsabilité, de faire estampiller les titres fondamentaux de chacune des créances y comprises, de ces mots, *Liquidation consommée en exécution de la loi du 24 frimaire an VI*, lesquels seront placés sur le milieu de la première et de la dernière page du titre.

Le présent arrêté sera inséré au Bulletin des lois.

Pour expédition conforme, *signé* MERLIN, *président ;*
Par le Directoire exécutif, *le secrétaire général*, LAGARDE.

A PARIS,

DE L'IMPRIMERIE DU DEPOT DES LOIS

place du Carrousel.

Et se trouve dans les villes chef-lieux de département, au bureau de correspondance du Dépôt des Lois.

Au nom de la République française.

L O I

Relative à la liquidation de la dette des neuf départemens réunis.

Du 5 Prairial an VI de la République française, une et indivisible.

LE CONSEIL DES ANCIENS, adoptant les motifs de la déclaration d'urgence qui précède la résolution ci-après, approuve l'acte d'urgence.

Suit la teneur de la Déclaration d'urgence et de la Résolution du 4 Floréal :

Le Conseil des Cinq-cents, considérant que les dispositions de la loi du 9 vendémiaire an VI, touchant la liquidation de la dette publique et la vente des domaines nationaux, ne permettent pas de différer la fixation du mode de liquidation de la dette publique particulière aux neuf départemens réunis,

Déclare qu'il y a urgence,

Le Conseil, après avoir déclaré l'urgence, prend la résolution suivante :

ARTICLE PREMIER.

Il sera procédé, d'après les formes et les lois rendues jusqu'à ce jour rela-

N.° 9.

tivement aux autres parties de la dette publique, et d'après les principes, lois et usages territoriaux, à la liquidation des dettes des ci-devant administrations provinciales et subalternes, telles qu'états, châtellenies, communes, et généralement des dettes des pays enclavés et composant aujourd'hui le territoire des neuf départemens réunis par la loi du 9 vendémiaire an IV ;

Comme aussi à la liquidation des dettes du clergé en corps, des diocèses des ci-devant pays réunis et états, et de tous les établissemens, corporations ecclésiastiques et laïques situés dans l'étendue du même territoire, à l'actif et passif desquels la République a succédé.

II. Sont déclarées à la charge de la République les dettes contractées par les ci-devant administrations provinciales et subalternes, états, châtellenies, communes, corporations, communautés ecclésiastiques et laïques, et autres établissemens de la Belgique, d'après les formes, lois et réglemens établis et subsistant dans le pays avant leur réunion et suppression.

III. Sont déclarées antérieures à la réunion, et nationales, les dettes desdits pays réunis contractées avant la publication de la loi du 9 vendémiaire an IV.

IV. Sont comprises dans les dettes dont la République se charge, celles qui auraient été contractées directement par la maison d'Autriche avant la guerre, et hypothéquées sur le sol desdits pays réunis, et dont les contrats seront revêtus des formalités d'usage ; le tout conformément à l'article IV du traité de *Campo-Formio*, et sans préjudice de ce qui pourra être statué définitivement sur cet objet, en conséquence dudit article.

V. A l'égard des dettes des établissemens ecclésiastiques, tant réguliers que séculiers, contractées postérieurement à la réunion, et avant la publication des lois relatives à leurs suppressions respectives, pour gages de domestiques, salaires d'ouvriers, ouvrages et fournitures reconnus nécessaires, entretien et réparations, et autres objets urgens, ainsi que de celles contractées depuis la réunion, jusqu'au 5 brumaire an IV, époque de l'établissement du régime constitutionnel, sous l'autorisation d'arrêtés des représentans du peuple en mission, ou du comité de salut public, elles sont également déclarées nationales.

VI. Les dettes desdits pays, des administrations provinciales et subalternes, des communes, des cantons et des administrations d'arrondissement, contractées, après la publication de la loi du 9 vendémiaire an IV, en vertu de délibérations légalement prises, et qui auraient pour objet l'établissement de la liberté, sont aussi déclarées nationales.

VII. Interprétant, en tant que de besoin, les articles VI et VIII du titre II de la loi du 24 frimaire dernier, la liquidation définitive des créances ci-dessus déclarées nationales, est déférée pour celle de la dette exigible, seulement au-dessous de 3000 francs aux administrations centrales de département; et la liquidation du surplus desdites créances exigibles, ensemble de celle de la dette constituée de quelque somme et pour quelque cause que ce soit, est déférée au liquidateur général de la dette publique, à Paris, exclusivement.

VIII. Les corps administratifs des neuf départemens réunis, adresseront, dans le délai d'un mois de la publication de la présente loi, au liquidateur général de la dette publique, les états du passif des divers établissemens de la ci-devant Belgique, et correspondront à cet effet directement avec lui pour les renseignemens et instructions préparatoires à cette liquidation.

Les registres, délibérations, arrêtés et réglemens des ci-devant pays d'états réunis, seront fournis par extraits en tout ce qui pourra être nécessaire aux opérations du liquidateur général, et, sur ses demandes, par les corps administratifs et par tout dépositaire desdits objets.

IX. Toutes les fois que la loi exige, pour la liquidation d'une créance, la vérification des registres de l'établissement débiteur, et qu'il sera constaté par certificats authentiques que lesdits registres ont existé, mais qu'ils ont été incendiés, détruits, ou perdus par un fait qui ne peut être imputé au créancier, la présomption légale qui pourrait résulter en faveur du créancier, de l'énoncé ou du silence du registre, lui demeurera acquise; et le liquidateur général est autorisé, en procédant à la liquidation, à prendre droit de cette présomption légale.

X. Le *visa* préparatoire des corps administratifs précédera le dépôt des pièces à la liquidation générale; et ce *visa*, dont l'objet est déterminé par l'art. XLIII de la loi du 24 frimaire an VI, sera donné soit par les administrations centrales de département, soit par celles de canton qui seraient dépositaires des registres et pièces de comptabilité et renseignemens des anciens établissemens de leur territoire, débiteurs originaires desdites créances.

Les dispositions ci-dessus et celles des articles VII, VIII et IX sont déclarées applicables aux liquidations des créances de toute l'étendue de la République, précédemment assujetties à la formalité des certificats et *visa;* en conséquence l'art. XLII de la loi du 24 frimaire an VI est rapporté.

XI. Les mémoires et pièces justificatives des créances résultant d'arrêtés de compte des receveurs, caissiers et autres agens comptables des corporations et établissemens ecclésiastiques et laïques supprimés des pays réunis, seront visés, tant par les administrations centrales de canton que par celles de département, et indiqueront que les comptes desdits agens comptables ont été vus, vérifiés et approuvés définitivement.

XII. Les créances de même nature réclamées par les trésoriers et receveurs des communes, et par tous autres receveurs et dépostaires des deniers publics, assujettis par les lois qui régissaient les départemens réunis avant leur réunion à la France, à compter devant les administrations provinciales subalternes, pays d'états, châtellenies, ne seront examinées et liquidées définitivement par le liquidateur général, qu'autant qu'il lui apparaîtra d'un certificat de décharge de leur comptabilité, délivré par lesdites administrations, pays d'états et châtellenies, antérieurement à la suppression desdits établissemens. L'authenticité, à l'époque de ce certificat, sera attestée par les administrations centrales de département, au pied desdits certificats.

XIII. Les comptables qui n'auraient pas obtenu ce certificat de décharge, seront renvoyés, par le liquidateur général, aux commissaires de la comptabilité, pour compter devant eux en la forme des lois rendues pour les comptables des deniers publics, et d'après les principes, règles, usages, en vigueur dans lesdits pays avant leur réunion, et être liquidés de leurs avances, s'il y a lieu, par lesdits commissaires, en arrêtant leurs comptes.

XIV. Les créanciers de la ci-devant Belgique seront libres de faire traduire, sur les lieux, leurs titres de créance écrits en langue allemande, italienne et flamande, ou autre idiôme, par un traducteur juré et attaché au tribunal civil de leur département; cette traduction sera écrite sur papier timbré, et légalisée par le président du tribunal civil, mais ne sera sujette à aucun droit d'enregistrement.

XV. Le directeur de la liquidation est autorisé à faire traduire dans ses bureaux, sur papier libre, les titres de créances qui n'auraient pas été traduits avant le dépôt à la liquidation générale.

XVI. La loi du 22 août 1790, relative aux pensions, et celles subséquentes, interprétatives, seront applicables aux pensionnaires et aux employés et fonctionnaires salariés des ci-devant administrations provinciales ou subalternes, états, châtellenies, communes, corporations, communautés, ecclésiastiques et laïques, et autres établissemens de même nature supprimés, de tous les pays réunis à l'ancien territoire de la France; celles des lois sur les pensions qui sont appliquées à des pensionnaires et salariés d'anciens établissemens supprimés en France, qui seraient de même nature que quelques-uns des établissemens supprimés desdits pays réunis, seront appliquées aux pensionnaires et salariés desdits établissemens des pays réunis.

XVII. La loi du 31 juillet 1791, et autres subséquentes explicatives de ladite loi, seront appliquées à ceux des employés de tous les anciens établissemens desdits pays réunis, dont les fonctions auraient été pareilles à celles des employés supprimés de l'ancien territoire de la France, auxquels ladite loi était applicable.

XVIII. Pour la liquidation desdites pensions, seront comptés seulement les services faits et rendus dans lesdits pays réunis, ou pour lesdites administrations, états, châtellenies, corporations, communes, communautés et autres établissemens : tous services qui seraient étrangers auxdits pays ou établissemens, seront rejetés.

XIX. Les services faits et rendus pour la France avant la réunion, seront ajoutés à ceux qui doivent être comptés suivant l'article qui précède.

XX. Pour parvenir à ladite liquidation, les prétendans à pensions seront tenus de remettre au liquidateur général, 1.º un mémoire contenant leurs noms et prénoms, la date de leur naissance, leur demeure, le montant des pensions les causes de leurs pensions, et un détail de leurs services et traitement, 2.º les pièces justificatives de leurs services et pensions; 3.º un certificat de résidence ; 4.º une affirmation faite par eux devant l'administration municipale de leur canton, qu'ils ne jouissent d'aucune pension sur un gouvernement étranger.

XXI. Le liquidateur général fera ce travail conformément aux dispositions de la loi du 15 brumaire an IV.

XXII. Les administrations centrales des départemens desdits pays réunis feront parvenir au liquidateur général de la dette publique à Paris, des états cerfiés d'eux; 1.º des pensions dues par lesdites administrations, états, communes et établissemens, et de l'époque jusqu'à laquelle lesdites pensions ont été payées; 2.º des services desdits pensionnaires salariés ayant droit à pension, suivant les dispositions des présentes.

Le directeur général correspondra avec les administrations centrales et de canton pour tous les renseignemens qui pourraient lui être nécessaires relativement auxdites liquidations.

XXIII. En attendant la liquidation, les pensionnaires pourront toucher provisoirement les pensions dont ils jouissent d'après les proportions ordonnées pour les anciens pensionnaires de la France, en rapportant le certificat prescrit par la loi du 22 vendemiaire an V.

XXIV. Les pensions qui seront liquidées, seront payées comme les autres pensions.

XXV. A l'égard de ceux qui ont continué leurs services pour la France depuis la réunion, lors leur retraite ils s'adresseront au ministre du département duquel ils dépendent, pour obtenir la pension à laquelle ils auraient alors droit, et leurs services pour lesdits pays et établissemens leurs seront comptés, ainsi que ceux faits pour la France antérieurement à la réunion.

XXVI. A l'égard des charges et offices pour lesquels il aurait été fait des versemens, à titre de finance ou cautionnement, dans les caisses particulières des administrations provinciales subalternes, pays d'états, châtellenies, communes, il sera pourvu, s'il y a lieu, au mode de leur liquidation, par une loi particulière, et d'après les renseignemens qui seront pris sur la nature et régime des charges et offices.

XXVII. Interprétant, en tant que de besoin, l'article XCV de la loi du 24 frimaire dernier, dans le cas où l'accélération des travaux relatifs aux créances des départemens réunis exigeroit une augmentation d'employés, le Directoire exécutif demeure autorisé à régler, d'après les bases de la loi du 28 prairial dernier, particulière aux employés de la liquidation générale, les frais de bureau et la nature des traitemens qu'il sera convenable d'accorder, sans néanmoins que cette augmentation de dépense puisse en aucun cas excéder, pour l'an VI, la somme de 180.000 francs en sus des fonds précédemment décrétés.

Ce fonds de 180,000 francs sera pris sur celui affecté aux dépenses imprévues.

XXVIII. Les lettres et paquets adressés au liquidateur général par les corps administratifs, et par le liquidateur général auxdits corps administratifs et autorités constitués, relativement au visa préparatoire des créances, et aux renseignemens par lui demandés pour ses opérations, seront chargés en franchise et acquittés à Paris par le liquidateur général; il en sera remboursé sur les ordonnances du ministre des finances sur le fonds assigné pour les dépenses imprévues, d'après les états certifiés par lui et par l'administration des postes.

XXIX. La présente résolution sera imprimée.

Signé, POULLAIN-GRANDPREY, président;
J. B. LECLERC, BARDOU-BOISQUETIN, GAURAN, secrétaires.

Après une seconde lecture, le Conseil des Anciens APPROUVE la résolution ci-dessus. Le 5 Prairial an VI de la République française.

Signé REGNIER, président;
PERRIN, P. A. LALOY, BOISSET, secrétaires.

Le Directoire exécutif ordonne que la loi ci-dessus sera publiée, exécutée, et qu'elle sera munie du sceau de la République.

Fait au Palais national du Directoire exécutif, le 6 Prairial an VI de la République française, une et indivisible.

Pour expédition conforme, *signé* MERLIN, *président ;*
par le Directoire exécutif, *le secrétaire général,* LAGARDE.

A PARIS,

DE L'IMPRIMERIE DU DÉPOT DES LOIS,

place du Carrousel.

Et se trouve dans les villes chef-lieux de département, au bureau de correspondance du Dépôt des Lois.

Au nom de la République française.

L O I

Portant établissement d'un Bureau de liquidation provisoire de la comptabilité intermédiaire.

Du 2 Messidor an VI de la République française, une et indivisible.

LE CONSEIL DES ANCIENS, adoptant les motifs de la déclaration d'urgence qui précède la résolution ci-après, approuve l'acte d'urgence.

Suit la teneur de la déclaration d'urgence et de la Résolution du 27 Germinal :

Le Conseil des Cinq-cents, considérant qu'il n'existe aucun mode uniforme de liquidation et de comptabilité des différens ministères, commissions exécutives, agences, et de toutes personnes qui, à quelque titre que ce soit, ont administré des fonds publics dans l'espace de temps compris entre le premier juillet 1791 et le régime constitutionnel;

Considérant que les opérations auxquelles cette nature de comptabilité a donné lieu, ont été assises jusqu'à présent sur des bases incertaines qui ont embarrassé le travail au lieu de l'accélérer;

N.° 9   A

Considérant enfin combien il est instant de ramener cette partie à une centralisation et une uniformité desquelles on puisse se promettre des résultats exacts et satisfaisans,

Déclare qu'il y a urgence.

Le Conseil, après avoir déclaré l'urgence, prend la résolution suivante :

ARTICLE PREMIER.

Toutes les commissions chargées, à quelque titre que ce soit, de l'examen des marchés, de la préparation, liquidation, formation et examen ou réglement des comptes relatifs à la gestion des ministères, commissions exécutives, agences, administrations et préposés en dépendans, depuis le premier juillet 1791 jusqu'à la mise en activité de la comptabilité constitutionnelle, sont supprimées; elles cesseront toutes fonctions dans le mois de la promulgation de la présente loi, pendant lequel temps elles seront tenues, chacune en ce qui la concerne, de former un état général de leurs travaux, indicatif,

1.º Des comptabilités et liquidations comprises dans leurs attributions;

2.º De celles déja réglées provisoirement;

3.º De la situation actuelle des autres.

Cet état sera fait double, et remis, l'un à la comptabilité nationale, l'autre à la commission de liquidation ci-après créée.

Les employés qui ne seront point replacés, percevront un mois de leur traitement, à dater du jour de leur suppression, à titre d'indemnité.

II. Il sera établi un bureau de liquidation provisoire de la comptabilité intermédiaire, composée de cinq membres, qui seront nommés par le Directoire exécutif, et mis sous la surveillance du ministre des finances.

III. Ce bureau sera chargé, sous sa responsabilité, de provoquer la reddition de tous les comptes, tant en deniers qu'en matières, des gestions, administrations, marchés, fournitures et dépôts de tous les objets appartenant à la République, ou perçus en son nom pendant l'espace de temps désigné par le premier article.

IV. Le même bureau liquidera les droits respectifs de la nation et des comptables compris dans l'article III, et généralement tout l'arriéré des ministères et commissions exécutives, depuis le premier juillet 1791 jusqu'à la mise en activité de la comptabilité constitutionnelle.

V. Tous les comptables compris dans les dispositions des articles précédens, leurs héritiers et ayant-cause, seront tenus d'adresser au bureau de liquidation, dans les deux mois qui suivront la publication de la présente loi, tous les comptes de leur gestion, d'y joindre les pièces à l'appui, et, à défaut de comptes, des bordereaux et les pièces à l'appui.

VI. Ceux qui, en exécution de l'article VIII de la loi du 30 germinal an II, de celle du 13 frimaire an III, et autres lois subséquentes, auront fourni à la trésorerie nationale leurs comptes ou bordereaux, et tout ou partie des pièces justificatives, seront tenus d'en donner avis, et d'en justifier dans le même délai, au bureau de liquidation.

VII. Le délai est étendu à six mois pour tous ceux qui, absens du territoire Français, sont en Europe, et à un an pour tous ceux qui sont dans une des trois autres parties du globe.

VIII. La trésorerie nationale adressera, dans le mois de la publication des présentes, au bureau de liquidation, copie de l'état nominatif qu'elle a dû former en exécution de l'article premier de la loi du 23 ventose an IV, de toutes les personnes qui, soit en leur nom particulier, soit comme membres ou agens de compagnies, et pour les causes mentionnées dans la loi du 21 ventose, ont touché des sommes dans les caisses publiques.

IX. A défaut par les comptables, leurs héritiers ou ayant-cause, de satisfaire aux dispositions des articles V et VI dans les délais ci-dessus fixés, leurs biens seront séquestrés ; et tous les fruits et revenus qui écherront pendant la durée du séquestre, seront acquis à la nation : ce séquestre ne sera levé que sur le certificat du bureau de liquidation, constatant la remise des comptes ou bordereaux, avec les pièces justificatives.

X. Si, trois mois après l'établissement du séquestre, les comptables n'ont pas présenté leurs comptes ou bordereaux de comptes, ils seront contraints par vente de leurs biens en la même forme que pour les domaines nationaux, et par emprisonnement de leurs personnes.

XI. Il sera procédé, par les commissaires-liquidateurs, à la confection des comptes, des états de situation ou bordereaux de comptes de ceux qui ne les auront pas joints à leurs pièces de comptabilité.

XII. Ils procéderont aussi à la liquidation, formation, vérification et arrêtés provisoires des comptes de tous les comptables dont les biens auront été séquestrés, sur les pièces et renseignemens que les commissaires du bureau de

A 2.

liquidation se seront procurés; à l'effet de quoi ils sont autorisés à faire les recherches nécessaires.

XIII. Le bureau de liquidation sera, en conséquence, autorisé à correspondre avec toutes les administrations publiques, les ex-membres des établissemens supprimés, les comptables ou tous autres, pour les opérations dont ils sont chargés.

XIV. Tous dépositaires, à titre quelconque, de pièces faisant partie des comptabilités désignées dans l'article III, seront tenus et pourront être contraints, même par corps, à la requête des membres de ce bureau, de les leur remettre.

XV. Les commissaires-liquidateurs sont autorisés à donner décharges valables des pièces qui leur seront remises.

XVI. Les commissaires de la trésorerie nationale seront tenus de remettre à la commission de liquidation provisoire les pièces relatives à la comptabilité intermédiaire, étrangères à la gestion des comptables désignés dans l'article VI de la loi du 29 septembre 1791.

Les registres dont la remise sera également faite à la commission de liquidation, tiendront lieu d'inventaire. Il sera pris les moyens convenables pour prévenir les déplacemens, et utiliser, par cette précaution, les travaux faits jusqu'à présent sous la direction de la trésorerie nationale.

Elle communiquera, sans déplacement, aux liquidateurs, les comptes de ses comptables directs, à la première réquisition qui en sera faite.

XVII. Au moyen de la remise prescrite ci-dessus, les bureaux établis par la trésorerie nationale pour la réception, classement, vérification des pièces relatives à la comptabilité intermédiaire extérieure, demeurent supprimés.

XVIII. Les comptes formés, examinés, et provisoirement réglés par la commission de liquidation, seront vérifiés, définitivement arrêtés et apurés par les commissaires de la comptabilité nationale, à l'effet de quoi la commission de liquidation leur transmettra de suite et sans délai des expéditions de ses décisions et arrêtés, les comptes avec les pièces justificatives à l'appui.

XIX. Les liquidations faites et les comptes arrêtés provisoirement par les commissions et établissemens supprimés par la présente loi, qui avaient caractère pour préparer et consommer ces opérations, ainsi que par la trésorerie nationale, ne seront point vérifiés de nouveau par la commission de liquidation; elle en relèvera seulement le résultat, et fera passer de suite ces comptes et leurs pièces justificatives à la comptablilité nationale, pour les vérifier et arrêter définitivement.

XX. Il n'est rien dérogé aux dispositions de l'article VII de la loi du 24 frimaire an VI, relativement aux liquidations faites au profit des créanciers non comptables.

XXI. Les décisions et arrêtés de la commission de la liquidation, pris et signés par trois membres au moins, seront exécutoires par provision.

XXII. Les comptables qui seront reconnus en avance, en seront remboursés par le trésor public de la manière prescrite par la loi du 24 frimaire an VI, à la charge par eux de donner bonne et suffisante caution jusqu'à l'arrêté définitif pour la représentation, s'il y échet, des sommes ou valeurs qu'ils auront reçues. Cette caution sera reçue par l'agent de la trésorerie nationale, lequel est autorisé à faire à ce sujet tous actes conservatoires. Les comptables qui seront reconnus reliquataires seront contraints au paiement des sommes et prix des matières dont ils seront redevables, conformément aux articles VII et VIII du troisième chapitre de la loi du 28 pluviose an III, et à celles des 21 et 23 ventose an IV.

XXIII. La commission de liquidation adressera tous les mois au Directoire exécutif et aux commissaires de la comptabilité nationale, l'état de ses travaux : ceux-ci inséreront dans les états de trimestre qu'ils sont tenus d'adresser au Corps législatif, en exécution des lois du 18 frimaire et 19 thermidor an IV, le tableau ou résumé des états de mois qui leur auront été remis par la commission de liquidation.

XXIV. Les dispositions de la présente loi ne sont pas applicables aux comptables directs de la trésorerie nationale désignés dans les articles VII et VIII du titre II de la loi du 29 septembre 1791, relative à la nouvelle forme de comptabilité, ni à l'établissement chargé de la formation des comptes des faillis et condamnés; elles ne le sont point à la comptabilité ancienne, ni aux parties de cette comptabilité qui se prolongent au-delà du premier juillet 1791, et qui, en vertu des lois et décisions particulières, restent dans les attributions données aux commissaires de la comptabilité nationale.

XXV. Le Corps législatif réglera les dépenses du bureau de liquidation sur l'état qui lui en sera présenté par le Directoire exécutif.

XXVI. Les dispositions des lois précédemment rendues, contraires à celles de la présente, sont rapportées.

XXVII. La présente résolution sera imprimée.

Signé Pison-du-Galland, *président;*
Duchesne, Boullé, (du Morbihan), *secrétaires.*

Après une seconde lecture, le Conseil des Anciens approuve la résolution ci-dessus. Le 2 Messidor an VI de la République française.

Signé Marbot, *président;*
Moreau, Pierre Guyomard, Joseph Cornudet, Bar, *secrétaires.*

Le Directoire exécutif ordonne que la loi ci-dessus sera publiée, exécutée, et qu'elle sera munie du sceau de la République.

Fait au palais national du Directoire exécutif, le 3 Messidor an VI de la République française, une et indivisible.

Pour expédition conforme, *signé* Reubell, *président;*
par le Directoire exécutif, *le secrétaire général,* Lagarde.
Et scellé du sceau de la République.

A PARIS,

DE L'IMPRIMERIE DU DEPOT DES LOIS,

Place du Carrousel.

Et se trouve dans les villes chef-lieux de départemens, au bureau de correspondance du Dépôt des Lois.

Au nom de la République française.

L O I

Relative à la liquidation des Rentes perpétuelles et viagères de 600 francs et au-dessous.

Du 12 Brumaire an VII de la République française, une et indivisible.

LE CONSEIL DES ANCIENS, adoptant les motifs de la déclaration d'urgence qui précède la résolution ci-après, approuve l'acte d'urgence.

*Suit la teneur de la **Déclaration** d'urgence et de la **Résolution** du 6 Brumaire :*

Le Conseil des Cinq-cents, considérant que par les lois des 9 vendémiaire et 8 nivose an VI, il a été statué qu'il serait pris des mesures particulières à l'égard des rentiers dont l'inscription se trouverait réduite à 200 francs et

---

CONSEIL DES CINQ-CENTS. --- *Du 16 et 27 Fructidor an VII*, rapports par les représentans Poullain-Grandprey et Crassous. --- *Du 27 Vendémiaire an VII*, autre rapport du représentant Poullain-Grandprey. --- *Du 4 et 6 Brumaire*, discussion en comité secret.
CONSEIL DES ANCIENS. ---- *Du 7 Brumaire an VII*, création d'une commission. --- *Du 8*, rapport par le représentant Vernier, et opinion du représentant Langlois.

N.º 9.

au‑dessous par l'effet de la loi du 24 frimaire, et que d'un autre côté, il est statué qu'il ne pourra exister sur le grand-livre de la dette publique aucune inscription au‑dessous de 50 francs de rente; qu'il est pressant de s'occuper de la classe des rentiers peu fortunés, et d'accélérer en même tems la liquidation,

Déclare qu'il y a urgence, et prend la résolution suivante :

ARTICLE PREMIER.

Tout créancier actuel de 600 francs de rente perpétuelle et au‑dessous, jusqu'à 99 francs, liquidée ou à liquider, sera, sur la déclaration comme il n'a point d'autre partie de rente en perpétuel à réunir, liquidé, moitié en tiers consolidé, et moitié en bons de deux tiers mobilisés.

II. Tout créancier qui a 99 francs et au-dessous de rente constituée en perpétuel, liquidée ou à liquider, sera, sur pareille déclaration, liquidé pour 50 francs de rente, en tiers consolidé; et pour le surplus, seulement en bons de deux tiers mobilisés.

III. Tout créancier en rentes constituées en perpétuel, liquidées ou à liquider, dont la créance est au-dessous de 50 francs de rente, sera, sur pareille déclaration, liquidé pour la totalité de sa créance, en tiers consolidé provisoire.

IV. Les mêmes dispositions seront appliquées aux créanciers des rentes viagères.

V. Tout créancier qui serait reconnu avoir fait une fausse déclaration, perdra toutes ses parties de rente sur l'État.

VI. La présente résolution sera imprimée.

Signé DUBOIS, (des Vosges) président ;
G. BERGASSE, GERLA, BONNAIRE (du Cher), secrétaires.

Après une seconde lecture, le Conseil des Anciens APPROUVE la résolution ci-dessus. Le 12 Brumaire an VII de la République française.

Signé PERÈS, (de la Haute-Garonne) président ;
LEMERCIER, JUDEL, VIMAR, DEPERE, secrétaires.

Le Directoire exécutif ordonne que la loi ci-dessus sera publiée, exécutée, et qu'elle sera munie du sceau de la République.

Fait au palais national du Directoire exécutif, le 13 Brumaire, an VII de la République française, une et indivisible.

Pour expédition conforme, *signé* TREILHARD, *président;*
Par le Directoire exécutif, *le secrétaire-général,* LAGARDE.
Et scellé du sceau de la République.

A PARIS, de l'Imprimerie du Dépôt des Lois, place du Carrousel.

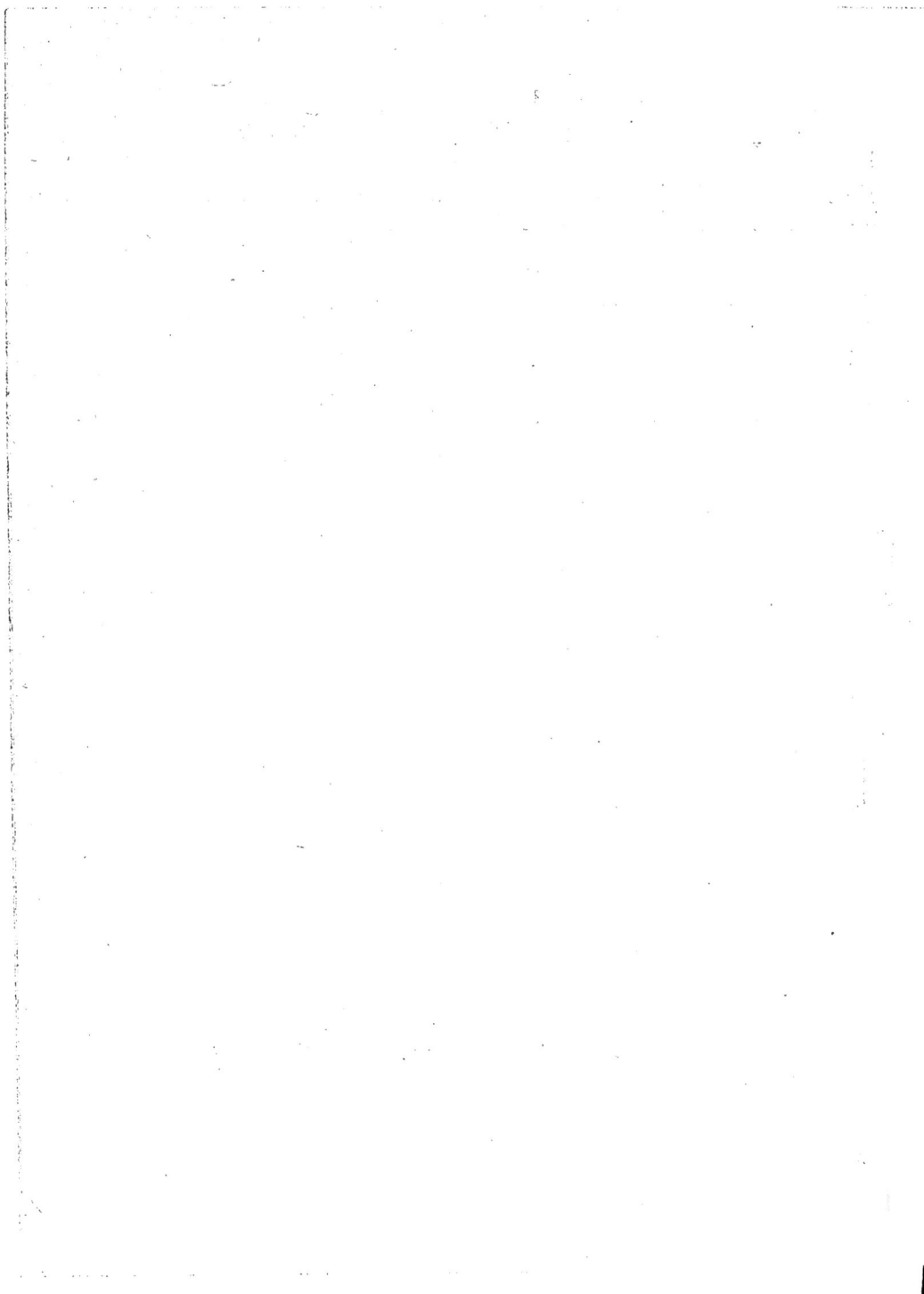

Au nom de la République française.

L O I

Qui fixe le délai dans lequel devront être produits les titres de créances pour la liquidation de la dette des neuf Départemens réunis le 9 Vendémiaire an IV.

Du 9 Frimaire an VII de la République française, une et indivisible.

Le Conseil des Anciens, adoptant les motifs de la déclaration d'urgence qui précède la résolution ci-après, approuve l'acte d'urgence.

Suit la teneur de la Déclaration d'urgence et de la Résolution du 6 Brumaire :

Le Conseil des Cinq-cents, considérant qu'il est d'un grand intérêt pour la République de terminer promptement la liquidation ordonnée par la loi du 24 fructidor, et de ne pas supporter pendant long-temps les frais des établissemens qui en sont chargés ; et que d'autre part les créanciers doivent ou profiter de la faculté qui leur est donnée, ou être censés y avoir renoncé, afin que les comptes n'éprouvent point de retard,

Déclare qu'il y a urgence, et prend la résolution suivante :

Conseil des Cinq-cents. — *Du 13 vendémiaire an VII*, rapport par le représentant Poulain-Grandprey. — *Des 4 et 6 brumaire*, discussion en comité secret.
Conseil des Anciens. — *Du 16 brumaire*, rapport par le représentant du peuple Laussat. — *Du 28*, opinions de Cretet et Vernier. — *Du 9 frimaire*, opinions des représentans Jourdain, Cornudet, et résumé du rapport.

N.º 9.

ARTICLE PREMIER.

Les créanciers de la République qui doivent être liquidés en exécution des lois des 9 vendémiaire et 24 frimaire an VI, ainsi qu'en vertu de la loi du 5 prairial dernier, relatives à la liquidation de la dette des neuf départemens réunis, seront tenus de produire leurs titres aux fonctionnaires publics chargés de les vérifier d'ici au premier germinal prochain exclusivement, à peine de déchéance.

II. Les créanciers liquidés seront tenus de retirer leur certificat, et de les échanger contre les bons de remboursement émis par la trésorerie nationale, dans les six mois de la date de l'avis qui leur en sera donné, à peine de déchéance.

III. La présente résolution sera imprimée.

Signé DUBOIS (des Vosges), *président;*
G. BERGASSE, GERLA, BONNAIRE (du Cher), *secrétaires.*

Après une seconde lecture, le conseil des Anciens APPROUVE la résolution ci-dessus. Le 9 Frimaire an VII de la République française.

Signé MOREAU (de l'Yonne), *président;*
BARENNES, MICHIELS, BELLEGARDE, THABAUD, *secrétaires.*

Le Directoire exécutif ordonne que la loi ci-dessus sera publiée, exécutée, et qu'elle sera munie du sceau de la République.

Fait au palais national du Directoire exécutif, le 9 Frimaire an VII de la République française, une et indivisible.

Pour expédition conforme, *signé* L. M. RÉVEILLÈRE-LÉPEAUX, *président;*
Par le Directoire exécutif, *le secrétaire-général,* LAGARDE.
Et scellé du sceau de la République.

PARIS, de l'Imprimerie du Dépôt des Lois, Place du Carrousel.

ARRÊTE

DU DIRECTOIRE EXÉCUTIF,

Concernant le mode de liquidation des dépôts ou versemens faits dans les caisses publiques.

Du 5 Nivose an VII de la République française, une et indivisible.

Le Directoire exécutif, vu le rapport du ministre des finances sur le mode de liquidation des dépôts volontaires ou judiciaires faits dans les caisses publiques, et ceux versés dans les mêmes caisse sen vertu de décrets ou de lois; vu aussi l'article XCVI de la loi du 24 frimaire dernier, relative à la liquidation de l'arriéréde la dette publique, qui autorise le Directoire exécutif à faire tous réglemens nécessaires pour la plus prompte exécution de ladite loi ; considérant qu'il est instant d'applanir toutes les difficultés qui peuvent entraver la liquidation desdits dépôts, et d'en fixer en conséquence les bases et le mode,

ARRÊTE ce qui suit :

ARTICLE PREMIER.

Les dépôts ou versemens originairement faits en numéraire dans les caisses nationales, à quelque titre que ce soit, antérieurement au premier vendémiaire an V, et quelque conversion qu'ils aient pu subir depuis en papier-monnaie, seront liquidés sans réduction, conformément à la loi du 24 frimaire dernier et remboursés dans les valeurs déterminées par cette loi.

II. Il en sera de même des dépôts ou versemens en argenterie, bijoux et autres,

N.º 9.

objets mobiliers, lorsqu'ils n'existeront plus en nature, ou que l'identité n'en pourra être régulièrement constatée, et le remboursement en sera fait d'après leur valeur estimative.

III. Continueront à être restitués en nature, les objets mobiliers compris dans l'article II, seulement lorsqu'ils existeront et que l'identité en aura été légalement reconnue, conformément aux lois des 15 germinal an IV, et 30 pluviose an V.

IV. Tous dépôts faits, soit en assignats, soit en mandats ou promesses de mandats, seront liquidés d'après le cours du jour qu'ils ont été faits ou versés dans les caisses de la trésorerie nationale : ces dépôts seront ensuite remboursés selon la loi du 24 frimaire.

V. La liquidation des divers dépôts ou versemens mentionnés aux articles ci-dessus, sera faite par les autorités auxquelles elle a été déléguée par les lois et réglemens précédens.

VI. Le ministre des finances est chargé de l'exécution du présent arrêté, qui sera imprimé et inséré au Bulletin des lois.

Pour expédition conforme, *signé* REVELLIERE-LÉPEAUX, *président* ; par le Directoire exécutif, *le secrétaire général*, LAGARDE.

A PARIS,

DE L'IMPRIMERIE DU DEPOT DES LOIS,

Place du Carrousel.

Et se trouve dans les villes chef-lieux de départemens, au bureau de correspondance du Dépôt des Lois.

Au nom de la République française.

L O I,

ET ARRÊTÉ DU DIRECTOIRE EXÉCUTIF,

Concernant le paiement des rentes et pensions.

Des 22 et 24 Floréal an VII de la République française, une et indivisible.

1.⁹ *LOI contenant des mesures pour assurer et faciliter le paiement des rentes et pensions.*

Du 22 Floréal an VII de la République française, une et indivisible.

Le Conseil des Anciens, adoptant les motifs de la déclaration d'urgence qui précède la résolution ci-après, approuve l'acte d'urgence.

Suit la teneur de la déclaration d'urgence et de la Résolution du 14 Floréal :

Le Conseil des Cinq-cents, après avoir entendu le rapport d'une commission spéciale sur un message du Directoire exécutif ;

Considérant qu'il n'est pas moins instant que juste d'assurer les paiemens actuels et futurs des intérêts de la dette publique, et de les dégager de plusieurs formalités gênantes et coûteuses qui les retardent,

Déclare qu'il y a urgence,

Le Conseil, après avoir déclaré l'urgence, prend la résolution suivante :

Conseil des Cinq-cents. — *Du 6 Floréal an VII*, rapport par le représentant Delbrel.
Conseil des Anciens. — *Du 22 Floréal an VII*, rapport par le représentant Cretet.

N.° 9.

ARTICLE PREMIER.

A compter de la publication de la présente, les rentiers et pensionnaires de la République seront payés du second sémestre de l'an VI, et des sémestres suivans, sans qu'il puisse être exigé d'eux d'autres pièces ou formalités que celles mentionnées ci-après, et sans qu'il leur soit fait aucune retenue pour raison de leurs contributions.

II. Les intérêts de la dette publique continueront d'être acquittés avec des *bons* au porteur ou délégations applicables tant aux contributions directes qu'aux patentes, quel qu'en soit le porteur, ainsi qu'il a été établi par la loi du 28 vendémiaire dernier.

Les *bons* ne pourront servir à payer les centimes additionnels applicables aux dépenses administratives.

Le Directoire exécutif est chargé d'activer, autant que possible, la délivrance des *bons* qui doivent être remis aux rentiers et pensionnaires ; de manière que ce qui sera échu au premier jour d'un sémestre, soit entièrement acquitté dans les six mois qui suivront cette échéance.

Les contribuables pourront verser les *bons* directement dans les caisses des préposés aux recettes, comme dans celles des receveurs généraux de département et à la tré·orerie nationale.

III. Ces *bons* continueront d'être numérotés par *un, deux, trois*, etc. pour chaque sémestre, et en porteront la désignation.

L'état des paiemens de chaque décade, avec indication des numéros par premier et dernier, sera adressé au Corps législatif et inscrit au Bulletin des lois.

IV. Tout contrefacteur de ces *bons* sera puni comme faux monnoyeur.

V. Les arrérages dus pour rentes perpétuelles, seront payés au porteur de l'extrait d'inscription au grand-livre, sur la représentation qu'il en fera.

Il en donnera son acquit au payeur.

VI. Les arrérages de la dette viagère et des pensions seront payés de même au porteur de l'extrait d'inscription ou du brevet de pension.

Il en donnera également son acquit au payeur.

Il sera rapporté à l'appui un certificat de vie du rentier viager ou pensionnaire.

VII. Il ne sera plus reçu à l'avenir d'opposition au paiement desdits arrérages, à l'exception de celle qui serait formée par le propriétaire de l'inscription ou du brevet de pension.

Cette disposition n'aura son effet qu'à dater de deux mois après la publication de la présente.

VIII. L'opposition du propriétaire sera faite aux bureaux des payeurs de la trésorerie nationale, chargés du paiement des arrérages, par une déclaration écrite, et qui sera signée de lui ou d'un fondé de pouvoir spécial.

Elle sera annullée de la même manière.

IX. Chaque paiement sera indiqué au dos de l'extrait d'inscription ou du brevet de pension, par l'application qui y sera faite d'un timbre énonçant le terme ou le sémestre pour lequel le paiement aura eu lieu, et dont il aura été donné acquit.

X. Les certificats de vie seront délivrés sans frais par les municipalités. Ils seront signés de deux administrateurs, et visés par le commissaire du Directoire exécutif près l'administration du canton.

Ils ne seront assujétis à d'autres formalités ni à aucun autre droit que celui du papier timbré du timbre de vingt-cinq centimes.

XI. Toutes dispositions d'autres lois, contraires à la présente, sont abrogées.

XII. La présente résolution sera imprimée.

Signé HEURTAUT-LAMERVILLE, *président;*
LAURENT (du bas-Rhin), BAUDET, A. C. MEMBRÈDE, SOUILHÉ, *secrétaires.*

Après une seconde lecture, le Conseil des Anciens APPROUVE la résolution ci-dessus. Le 22 Floréal an VII de la République française.

Signé DEDELAY, *président;*
F. CURIAL, LOISEL, (d'Ille et Villaine), CHAMPION (du Jura), BOURDON (de l'Oise), *secrétaires.*

Le Directoire exécutif ordonne que la loi ci-dessus sera publiée, exécutée, et qu'elle sera munie du sceau de la République.

Fait au Palais national du Directoire exécutif, le 23 Floréal an VII de la République française, une et indivisible

Pour expédition conforme, *Signé* P. BARRAS, *président;*
par le Directoire exécutif, *le secrétaire général* LAGARDE.
et scellé du sceau de la République.

2.º ARRÊTÉ du Directoire exécutif, sur l'exécution de la loi du 22 Floréal an VII, relative au paiement des rentes et pensions.

Du 25 Floréal an VII de la République française, une et indivisible.

LE DIRECTOIRE EXÉCUTIF, après avoir entendu le rapport du ministre des finances sur l'exécution de la loi du 22 floréal, relative au paiement des rentes et pensions ;

Considérant que pour l'exécution de la loi du 28 vendémiaire dernier et de l'arrêté du 5 frimaire suivant, les commissaires de la trésorerie avaient fait fabriquer à l'avance une quantité de bons au porteur de vingt à vingt-cinq francs suffisante pour acquitter les arrérages du deuxième semestre de l'an VI ;

Considérant que si ces bons n'étaient pas employés à leur destination originaire, le papier sur lequel ils ont été imprimés serait une perte réelle, en ce qu'il porte des caractères particuliers que les contrefacteurs n'ont pu imiter ;

Considérant aussi que ce papier est d'autant plus précieux pour l'impression de ces bons, que le commerce n'en offre pas de semblable ;

Considérant enfin que le rejet de ces bons entraînerait une suspension de paiemens, dans un moment où le Corps législatif vient de prendre les mesures les plus propres à les accélérer,

ARRÊTE :

ARTICLE PREMIER.

Les bons de vingt à vingt-cinq francs, qui avaient été fabriqués pour le paiement des arrérages des rentes et pensions du deuxième semestre de l'an VI dans la forme déterminée par l'arrêté du 5 frimaire an VII, continueront d'être employés pour le service de ce semestre, sans remplir désormais, des noms des parties prenantes et des contribuables, les deux mentions qui sont insérées.

II. Les commissaires de la trésorerie feront fabriquer sans délai, pour le paiement des arrérages du 1.er semestre de l'an VII, des bons au porteur, aussi de vingt et vingt-cinq francs, conformes aux dispositions de la loi du 22 floréal présent mois.

III. Le ministre des finances et les commissaires de la trésorerie sont chargés de l'exécution du présent arrêté, qui sera inséré dans le Bulletin des lois, et affiché.

Pour expédition conforme *Signé* P. BARRAS , *président ;*
par le Directoire exécutif, *le secrétaire général ,* LAGARDE.

PARIS, de l'Imprimerie du Dépôt des Lois, place du Carrousel.

Au nom de la République française.

L O I

Relative aux transferts de la dette publique.

Du 28 Floréal de l'an VII de la République française, une et indivisible.

LE CONSEIL DES ANCIENS, adoptant les motifs de la déclaration d'urgence qui précède la résolution ci-après, approuve l'acte d'urgence.

Suit la teneur de la déclaration d'urgence et de la résolution du 28 Floréal :

Le Conseil des Cinq-cents, considérant qu'il importe au crédit de l'Etat de faciliter les transferts des inscriptions au grand-livre de la dette publique, en les dégageant des formalités qui tendent à déprécier cette propriété; et qu'il est instant d'adopter ce qui est commandé par l'intérêt général comme pour le plus grand avantage des rentiers,

Déclare qu'il y a urgence.

Le Conseil, après avoir déclaré l'urgence, prend la résolution suivante :

A R T I C L E   P R E M I E R.

A compter de la publication de la présente, les transferts des inscriptions de la dette publique seront faits à la trésorerie nationale, de la manière ci-après.

CONSEIL DES CINQ-CENTS. — *Des 6 et 28 floréal an VII.* Rapports par le représentant Duchâtel.
CONSEIL DES ANCIENS. — *Du 26 floréal.* Rapport par le représentant Cratel, et Opinions des représentans Huguet, Cornet, Lemenuet, Vernier, Lassée et Legrand.

N.º 9.

II. Il sera établi et tenu à la trésorerie nationale, près le grand-livre, des registres destinés à servir de minutes aux transferts et mutations de propriétés de la dette publique.

Ces registres seront imprimés et conçus d'après le modèle annexé à la présente.

III. Le vendeur se présentera au bureau chargé de recevoir les transferts, pour y faire sa déclaration, il y remettra l'extrait d'inscription qu'il entend transférer et dont la signature sera biffée en sa présence. Il lui sera expédié un bulletin de cette remise.

La minute du transfert sera signée par le vendeur ou son fondé de pouvoir spécial.

IV. Deux jours après le transfert, l'acheteur pourra se présenter en personne ou par le porteur du bulletin qui aura été remis au vendeur, pour retirer l'extrait de la nouvelle inscription de la rente qu'il aura acquise. Cet extrait d'inscription lui sera délivré sur-le-champ.

Il en donnera décharge en marge de la minute du transfert.

V. Les transferts qui seront faits au profit de la République, le seront de la même manière : il sera délivré au cédant, en remplacement de l'extrait d'inscription, un extrait du transfert, qu'il remettra à la caisse des recettes pour en obtenir la rescription qui devra servir à le libérer de la dette pour laquelle il aura fait le transfert.

Les inscriptions ainsi transférées seront éteintes.

VI. En cas de mutations autres que celles ci-dessus exprimées, le nouvel extrait d'inscription sera délivré à l'ayant-droit, sur le simple rapport de l'ancien extrait d'inscription, et d'un certificat de propriété ou acte de notoriété contenant ses nom, prénom et domicile, la qualité en laquelle il procède et possède, l'indication de sa portion dans la rente, et l'époque de sa jouissance.

Le certificat qui sera rapporté, après avoir été dûment légalisé, sera délivré par le notaire détenteur de la minute, lorsqu'il y aura eu inventaire ou partage, par acte public ou transmission gratuite, à titre entre vifs ou par testament.

Il le sera par le juge de paix du domicile du décédé, sur l'attestation de deux citoyens, lorsqu'il n'existera aucun desdits actes en forme authentique.

Si la mutation s'est opérée par jugement, le greffier dépositaire de la minute délivrera le certificat.

Quant aux successions ouvertes à l'étranger, les certificats délivrés par les magistrats autorisés par les lois du pays, seront admis lorsqu'ils seront rapportés dûment légalisés par l'agent de la République française.

VII. Les certificats fournis en exécution de l'article précédent, opéreront la décharge de la trésorerie nationale, et seront admis dans le jugement de ses comptes par la comptabilité nationale.

VIII. Toutes dispositions d'autres lois contraires à la présente, sont abrogées.

IX. La présente résolution sera imprimée.

Signé HEURTAULT-LAMERVILLE, *président;*
SOUILHÉ, BAUDET, A. C. MEMBRÈDE, LAURENT (du Bas-Rhin), *secrétaires.*

Après une seconde lecture, le Conseil des Anciens APPROUVE la résolution ci-dessus. Le 28 Floréal an VII de la République française.

Signé P. DEDELAY , *président;*
F. CURIAL, LOŸSEL (d'Ille-et-Vilaine), CHAMPION (du Jura), *secrétaires.*

Le Directoire exécutif ordonne que la loi ci-dessus sera publiée, exécutée, et qu'elle sera munie du sceau de la République.

Fait au palais national du Directoire exécutif, le 29 Floréal an VII de la République française , une et indivisible.

Pour expédition conforme, *signé* P. BARRAS, *président;*
par le Directoire exécutif, *le secrétaire général,* LAGARDE.

Et scellé du sceau de la République.

MODÈLE. DÉCLARATION DE TRANSFERT.

EN EXÉCUTION de la loi du

Du

(1) Noms des vendeurs *s*
et des fondés de pouvoirs. *présenté l citoyen* (1)

(2) Noms de l'acheteur. *l quel déclaré qu' entend que l citoyen* (2)

(3) Indication de la somme *s*
de l'inscription transférée. *inscrit en lieu et place pour* (3)

avec jouissance du
dont l dit citoyen
propriétaire sur le grand-livre de la dette publique, n.° vol.
lettre et dont remis extrait qui été
à l'instant bâtonné ; et signé

Signé HEURTAULT-LAMERVILLE, *président;* LAURENT (du Bas-Rhin), SOUILHÉ, BAUDET, A. C. MEMBRÈDE , *secrétaires.*

Du 28 Floréal , an VII de la République française.

Signé P. DEDELAY , *président;* CHAMPION (du Jura), F. CURIAL, LOYSEL (d'Ille-et-Vilaine), *secrétaires.*

A PARIS. DE L'IMPRIMERIE DU DÉPÔT DES LOIS, PLACE DU CARROUSEL,